普通高校“十三五”规划教材·统计学系列

统计学

——原理、应用与商务实践

舒 波◎主编

陈红梅 李春娟 孙 微◎副主编

清华大学出版社

北 京

内容简介

本书基于OBE教学理念和CDIO的教学体系，包含绪论、描述性统计中的表和图、描述统计中的测度指标、抽样分布与抽样估计、假设检验、实验设计和方差分析、相关与回归分析、时间序列分析、指数分析法、实验与三级项目内容及要求。本书在内容模块上包括本章与各小节能力培养提示、案例与案例问题、案例思考与商务实践、习题等，并紧密结合目前Excel和SPSS统计软件的应用，提出统计实验和课程项目的主要内容与要求。本书致力于促进统计学原理与商务实践相结合，培养学生将理论应用于实践，适合经济管理类本科学生使用，也是商务数据分析的基础教材之一。

图书在版编目(CIP)数据

统计学：原理、应用与商务实践/舒波主编. —北京：清华大学出版社，2019（2022.7重印）
（普通高校“十三五”规划教材. 统计学系列）
ISBN 978-7-302-52837-1

Ⅰ. ①统… Ⅱ. ①舒… Ⅲ. ①统计学－高等学校－教材 Ⅳ. ①C8

中国版本图书馆CIP数据核字(2019)第075724号

责任编辑：张 伟
封面设计：李伯骥
责任校对：王荣静
责任印制：丛怀宇

出版发行：清华大学出版社
网 址：http://www.tup.com.cn，http://www.wqbook.com
地 址：北京清华大学学研大厦A座 邮 编：100084
社 总 机：010-83470000 邮 购：010-62786544
投稿与读者服务：010-62776969，c-service@tup.tsinghua.edu.cn
质量反馈：010-62772015，zhiliang@tup.tsinghua.edu.cn
课件下载：http://www.tup.com.cn，010-83470332
印 装 者：三河市龙大印装有限公司
经 销：全国新华书店
开 本：185mm×260mm 印 张：13.25 字 数：302千字
版 次：2019年5月第1版 印 次：2022年7月第3次印刷
定 价：39.00元

产品编号：082291-01

前言

近几年，高校各专业的教学改革已经成为教学工作的常态。随着互联网时代的发展，慕课、微课等新的教学模式不断出现，许多新的教学理念和教学体系受到高校的高度关注。笔者所在的燕山大学目前正在开展各专业的教学改革，OBE 教学理念和 CDIO 教学体系已经在一些专业中开展，面向学生产出的课程教学亟须合适的教材相配套。

统计分析方法是社会科学相关领域的从业者和研究者的必备工具。在国内外高校的经济管理专业中，统计学是一门专业基础课，特别强调统计分析方法的应用。统计分析方法包括描述统计学和推断统计学。从内容的掌握难易程度上看，描述统计学更容易掌握，而推断统计学相对有一定难度。在多年的经济管理专业统计学课程教学中我们发现，经济管理类本科学生在毕业论文和其他创新性项目报告中，应用推断统计学方法逐渐增多，这是一种非常好的趋势。但是，本科生对于推断统计方法应用的条件、领域、实验设计方案等方面的理解还存在不足。因此，如果在统计教材的设计上就关注这些问题，将更有利于学生掌握这些方法，并真正能够科学、严谨地去应用。

目前已有的统计学教材仍然是以理论基础、公式提出、例题（公式应用）为主，书后练习题也是针对公式使用的训练。一般教材所呈现给学生内容普遍缺乏问题解析的过程及实验方案建构方面的内容，在使用案例方面也较少有与学生互动的系统训练内容。

因此，本书的特殊性与创新性在于：

第一，在统计分析思维方面，本书基于 OBE 教学理念和 CDIO 的教学体系，在清晰章节知识对能力培养的方向基础上，首先提出案例与案例问题，然后阐述理论内容，说明原理、方法和应用条件，利用软件予以实现的过程，最后再结合案例内容与学生互动，让学生提出解决方案并利用软件解决案例问题。另外，在案例问题解决的基础上，组织学生讨论商务领域中应用该统计方法能够解决的多样问题。

第二，在内容模块组织上，本书改变原有统计学原理的只以理论为主的教学内容框架，在内容模块上包括本章与各小节能力培养提示、案例与案例问题、案例思考与商务实践、习题等，同时又包含实验、三级项目内容，并紧密结合目前 Excel 和 SPSS 统计软件的应用。

第三，在交互式内容设计方面，本书将案例和统计分析实验结合起来，提供案例分析情境；给学生读者提供商务领域统计分析方法的应用素材，增加统计分析方案设计选题；等等。本书还包含实验和三级项目内容。实验内容的安排是基于对统计分析方法原理的理解及统计分析软件的应用，而三级项目是为指导学生开展统计分析方法综合应用、统计思维系统应用的过程。通过多种形式，让读者在统计学原理基础上，增加学生与教师的互动资料，实现利用统计分析方法科学解决商务实践中的多类数据分析问题。

本书共包含10章，每章均有本章与各小节能力培养提示、案例与案例问题、基本理论、案例思考及商务实践讨论互动内容。主要基本理论包括：第1章绪论，阐述统计的内涵与分科、起源与发展、统计数据的规律性与大数据、统计方法的应用与误用，并介绍基本概念和统计分析软件的基本功能。第2章主要阐述描述性统计中的表和图，包含不同计量数据的统计图，并说明统计表的做法。第3章主要阐述描述统计学的集中性指标与离散性指标，包含均值、四位分数、中位数、众数、几何平均数等集中性指标和标准差、方差、离散系数等离散性指标，同时也说明偏态系数和峰度系数。第4章阐述几种常见的统计分布和区间估计的基本原理，包含正态分布、t分布和卡方分布，总体均值和比例的区间估计。第5章阐述假设检验的内容，包含单个总体参数的假设检验和两个总体参数的假设检验。第6章阐述实验设计和方差分析，包含完全随机化设计、随机区组设计和因子设计，单因素和双因素方差分析原理与方法。第7章为相关与回归分析，包含相关分析、简单线性回归分析、多元线性回归分析等。第8章为时间序列分析，包含时间序列的基本分析、构成因素分析及移动平均、指数平滑、趋势方程、季节指数等一系列方法。第9章为指数分析法，包含综合统计指数的编制、统计指数体系和常见的统计指数等内容。第10章为实验与三级项目内容及要求。每章内容中均有统计分析方法的可视化软件应用内容。

本书由在统计学教学方面拥有丰富教学经验的舒波、陈红梅、李春娟、孙微编写，其中舒波编写第2章、第3章、第8章，陈红梅编写第1章、第4章、第5章，李春娟编写第6章、第7章，孙微编写第9章、第10章，全书由舒波统稿。

期待本书能够帮助读者建立统计分析的系统思维，更好地应用统计分析方法。本书适于经济管理相关专业的本科学生、研究生和其他应用统计分析方法的商务实践领域的人员使用，也可以作为大数据分析专业的基础入门教材。

舒　波

2018年11月于燕山大学

目录

第 1 章

绪　　论

※本章与各小节能力培养提示

按照"工程教育认证标准(2015)版"12 条毕业要求,结合经济管理专业方向,本章对应于教学毕业要求(1)(2),即(1)将经济管理基础知识应用于实践中;(2)能够据此分析实际经济管理问题。本章的教学目标是掌握统计的内涵,了解统计学的起源和发展,理解数据的规律性和大数据的概念,掌握统计中的基本概念,了解统计分析软件。

章节名称	培养能力提示
1.1　统计的内涵与统计学的分科	掌握统计的三大含义,了解统计分类
1.2　统计学的起源与发展	了解统计学发展的过程、关键发展阶段
1.3　数据规律性与大数据	理解数据呈现的规律性和大数据的概念
1.4　统计方法的应用与误用	理解统计方法在实践中的正确应用
1.5　基本概念	掌握统计总体、变量、样本等基本概念
1.6　统计分析软件简介	了解 Excel、SPSS、R 语言、Phython 等统计分析软件的基本功能

※案例与案例问题

起名为"波澜"恰当吗?

中美纯水有限公司欲为其新推出的一种纯水产品起一个合适的名字,为此专门委托当地的策划咨询公司,取了一个名字"波澜"。这个名字合适吗?后来中美纯水有限公司委托调查统计研究所,进行了一次全面的市场研究。如果你是策划咨询公司该项目的负责人,该如何思考以下两个问题?

问题一:一个好的纯水产品的名字应当具备什么条件?

问题二:统计研究所的人员应当如何对这个问题开展统计调查?

1.1　统计的内涵与统计学的分科

1.1.1　统计的内涵

当今社会,统计在管理领域发挥着极为重要的作用,管理者常将它比作"仪表"。国外有人做过专门调查，据说在企业管理中，有 2/3 以上的数据处理和决策分析问题，都要通过统计手段来解决。他们认为，统计是数字化时代人才和管理干部必须具备的技能。特别是今天的大数据时代，通过数据收集、整理和分析可以得到有用的信息，为决策者提供决策支持。

1. 统计工作

统计工作是收集、整理和分析统计数据的活动。它是统计基础也是最前期活动。社会经济活动中，为了能使活动更加科学合理，在决策前需要有理论作为基础。通过收集数据，按照目的对数据进行整理，最后通过科学的方法进行分析，得到对决策有用的信息，为决策提供支持。

2. 统计数据

统计数据是统计工作的成果。统计工作的目的就是得到对决策有用的信息数据，这些有用的信息数据是以统计表和统计图形式表现出来的，所以统计数据是统计工作的最终成果。

3. 统计学

统计学是指导统计工作的理论，如数理统计学、社会统计学、经济统计学及应用统计学等。统计学起源于英国，英文是“statistics”，该词的含义为统计数据或统计资料。从中可以看出统计的目的及结果应为统计数据或统计资料，统计学与统计数据及统计资料息息相关，没有统计数据作为研究对象，统计学的方法就没有用武之地，统计学也就失去了其存在的意义。1869 年的第七次国际统计会议上，在讨论关于统计学的定义时，据说竟有 180 余种之多。那么，究竟什么是统计学呢？《不列颠百科全书》对统计学的定义是“收集和分析数据的科学和艺术”。当前，统计理论界认为：统计学是一门收集、整理、显示和分析统计数据的科学，其目的是探索数据内在的数量规律性。正是因为统计学总是在和数据打交道，因而我们也可称统计学为“数据的科学”。也可以说，统计学是在统计工作过程中对其经验的概括与总结，将统计工作过程中的经验和实践上升到理论就形成了统计学。按照研究对象分类，统计学可以分为工业统计学、农业统计学、教育统计学等；按照研究方法分类，统计学可以分为数理统计学、抽样统计学、回归统计学等。

统计工作是统计基础，即统计实践，是收集、整理和分析统计数据的活动，它是最前期的活动；统计数据是统计工作的最终过程与成果，是统计的结果；统计学是对统计工作的概括与总结，统计学是统计的理论。统计三个含义的关系十分密切：统计工作和统计数据是过程与成果的关系；统计工作和统计学是实践与理论的关系。

1.1.2 商务统计学

商务统计学是一套用于商务环境下将数据转化为有意义的信息的工具和方法。其研究对象为商务领域中的数据规律性。

1.1.3 统计学的分科

1. 描述统计学

描述统计学是研究数据收集、整理和描述的统计学分支。其主要内容包含收集数据、整理数据、展示数据、描述性分析,主要目的是描述数据特征和找出数据的基本规律。

2. 推断统计学

推断统计学是研究如何利用样本数据来推断总体特征的统计学分支。其主要内容包含参数估计和假设检验,主要目的是对总体特征作出推断。

1.2 统计学的起源与发展

1.2.1 统计学的起源

统计学起源于收集数据的活动,小至个人的事情,大到治理一个国家,都有必要收集种种有关的数据。如果统计方法的应用可以追溯到远古时代,那么最早出现的结绳记事,其实就是统计的应用。但是,真正出现统计学的系统概念和理论框架,还要从300多年前说起。

统计学的英文statistics最早是源于现代拉丁文statisticum collegium(国会)以及意大利文statista(国民或政治家)。德文statistik,最早是由Gottfried Achenwall(1749)所使用的,代表对国家的资料进行分析的学问,也就是"研究国家的科学"。19世纪统计学在广泛的数据以及资料中探究其意义,并且由John Sinclair引进到英语世界。

1.2.2 统计学的发展

德国的斯勒兹曾说过:"统计是动态的历史,历史是静态的统计。"世界统计学的发展过程经历了300余年。

1. 统计学的初创时期

统计学的萌芽产生在欧洲。17世纪中叶至18世纪中叶是统计学的初创时期。在这一时期,统计学理论初步形成了一定的学术派别,主要有国势学派和政治算术学派。

国势学派又称记述学派,产生于17世纪的德国。由于该学派主要以文字记述国家的显著事项,故称记述学派。其主要代表人物是海尔曼·康令和阿亨华尔。海尔曼·康令是第一个在德国黑尔姆斯太特大学以"国势学"为题讲授政治活动的学者。阿亨华尔在格丁根大学开设"国家学"课程,其主要著作是《近代欧洲各国国势学纲要》,书中讲述了"一国或多数国家的显著事项",主要用对比分析的方法研究了国家组织、领土、人口、资源财富和国情国力,比较了各国实力的强弱,以为德国的君主政体服务。因在外文中"国势"与"统计"词义相通,后来正式命名为"统计学"。该学派在进行国势比较分析中,偏重事物性质的解释,而不注重数量对比和数量计算,但却为统计学的发展奠定了经济理论基础。该学派后来发生了分裂,分化为图表学派和比较学派。

政治算术学派产生于19世纪中叶的英国,创始人是威廉·配第(1623—1687),其代表作是于1672年完成的《政治算术》一书。这里的"政治"是指政治经济学,"算术"是指统计方法。在这部书中,他利用实际资料,运用数字、重量和尺度等统计方法对英国、法国和荷兰三国的国情国力,做了系统的数量对比分析,从而为统计学的形成和发展奠定了方法论基础。因此马克思说:"威廉·配第——政治经济学之父,在某种程度上也是统计学的创始人。”

政治算术学派的另一个代表人物是约翰·格朗特(1620—1674)。他以1604年伦敦教会每周一次发表的“死亡公报”为研究资料，在1662年发表了《关于死亡率的自然观察和政治观察》的论著。书中分析了60年来伦敦居民死亡的原因及人口变动的关系，首次提出通过大量观察，可以发现新生儿性别比例具有稳定性和不同死因的比例等人口规律，并且第一次编制了“生命表”，对死亡率与人口寿命做了分析，从而引起了普遍的关注。他的研究清楚地表明了统计学作为国家管理工具的重要作用。

2. 统计学的发展时期

18世纪末至19世纪末是统计学的发展时期。在这一时期，各种学派的学术观点已经形成，并且形成了两个主要学派，即数理统计学派和社会统计学派。

1) 数理统计学派

18世纪，由于概率理论日益成熟，为统计学的发展奠定了基础。19世纪中叶，概率论被引进统计学而形成数理统计学派。其奠基人是比利时的阿道夫·凯特勒(1796—1874)，其主要著作有《论人类》《概率论书简》《社会制度》和《社会物理学》等。他主张用研究自然科学的方法研究社会现象，正式把古典概率论引进统计学，使统计学进入一个新的发展阶段。由于历史的局限性，阿道夫·凯特勒在研究过程中混淆了自然现象和社会现象的本质区别，对犯罪、道德等社会问题，用研究自然现象的观点和方法作出一些机械的、庸俗化的解释。但是，他把概率论引入统计学，使统计学在“政治算术”所建立的“算术”方法的基础上，在准确化道路上大大跨进了一步，为数理统计学的形成与发展奠定了基础。

2) 社会统计学派

社会统计学派产生于19世纪后半叶，创始人是德国经济学家、统计学家克尼斯(1821—1898)，主要代表人物有恩格尔(1821—1896)、梅尔(1841—1925)等。他们融合了国势学派与政治算术学派的观点，沿着阿道夫·凯特勒的“基本统计理论”向前发展，但在学科性质上认为统计学是一门社会科学，是研究社会现象变动原因和规律性的实质性科学，以此同数理统计学派通用方法相对立。社会统计学派在研究对象上认为统计学是研究整体而不是个别现象，而且认为由于社会现象的复杂性和整体性，必须对总体进行大量观察和分析，研究其内在联系，才能揭示现象的内在规律。这是社会统计学派的“实质性科学”的显著特点。

社会经济的发展，要求统计学提供更多的统计方法；社会科学本身也不断地向细分化和定量化发展，也要求统计学能提供更有效的调查整理、分析资料的方法。因此，社会统计学派也日益重视方法论的研究，出现了从实质性方法论转化的趋势。但是，社会统计学派仍然强调在统计研究中必须以事物的质为前提和认识事物质的重要性，这同数理统计学派的计量不计质的方法论性质是有本质区别的。

3. 20世纪的统计学

20世纪初以来，科学技术迅猛发展，社会发生了巨大变化，统计学进入了快速发展时期。归纳起来有以下几个方面。

(1) 由描述统计向推断统计发展。描述统计是对所收集的大量数据资料进行加工整理、综合概括，通过图示、列表和数字，如编制次数分布表、绘制直方图、计算各种特征数等，对资料进行分析和描述。而推断统计，则是在收集、整理观测的样本数据基础上，对有关总体作出推断。其特点是根据带随机性的观测样本数据以及问题的条件和假定(模型)，而对未知事物作出的，以概率形式表述的推断。目前，西方国家所指的科学统计方法，主要就是指推断统计来说的。

(2) 由社会、经济统计向多分支学科发展。20 世纪以前，统计学的领域主要是人口统计、生命统计、社会统计和经济统计。随着社会、经济和科学技术的发展，到今天，统计的范畴已覆盖社会生活的一切领域，几乎无所不包，成为通用的方法论科学。它被广泛用于研究社会和自然界的各个方面，并发展成为有着许多分支学科的科学。

(3) 统计预测和决策科学的发展。传统的统计是对已经发生和正在发生的事物进行统计，提供统计资料和数据。20 世纪 30 年代以来，特别是第二次世界大战以来，由于经济、社会、军事等方面的客观需要，统计预测和决策科学有了很大发展，使统计走出了传统的领域而被赋予新的意义和使命。

(4) 信息论、控制论、系统论与统计学的相互渗透和结合，使统计科学进一步得到发展并日趋完善。信息论、控制论、系统论在许多基本概念、基本思想、基本方法等方面有着共同之处，三者从不同角度、侧面提出了解决共同问题的方法和原则。信息论、控制论、系统论的创立和发展，彻底改变了世界的科学图景和科学家的思维方式，也使统计科学和统计工作从中吸取了营养，拓宽了视野，丰富了内容，出现了新的发展趋势。

(5) 计算技术和一系列新技术、新方法在统计领域不断得到开发和应用。近几十年间，计算机技术不断发展，使统计数据的收集、处理、分析、存储、传递、印制等过程日益现代化，提高了统计工作的效能。计算机技术的发展，日益扩大了传统的和先进的统计技术的应用领域，促使统计科学和统计工作发生了革命性的变化。如今，计算机科学已经成为统计科学不可分割的组成部分。随着科学技术的发展，统计理论和实践深度与广度方面也不断发展。

(6) 统计在现代化管理和社会生活中的地位日益重要。随着社会、经济和科学技术的发展，统计在现代化国家管理和企业管理中的地位，以及在社会生活中的地位，越来越重要。人们的日常生活和一切社会生活都离不开统计。英国统计学家哈斯利特说：“统计方法的应用是这样普遍，在我们的生活和习惯中，统计的影响是这样巨大，以致统计的重要性无论怎样强调也不过分。”甚至有的科学还把我们的时代叫作“统计时代”。显然，20 世纪统计科学的发展及其未来，已经被赋予了划时代的意义。现代统计学的代表人物首推比利时统计学家阿道夫·奎特莱(Adolphe Quelet)，他将统计分析科学广泛应用于社会科学、自然科学和工程技术科学领域，因为他深信统计学是可以用于研究任何科学的一般研究方法。

4. 21 世纪的统计学

在科学技术飞速发展的今天，统计学广泛吸收和融合相关学科的新理论，不断开发应用新技术和新方法，深化和丰富了统计学传统领域的理论与方法，并拓展了新的领域。今天的统计学已展现出强大的生命力。

随着科学融合趋势的兴起，统计学的研究触角已经向新的领域延伸，新兴起了探索性数据的统计方法的研究。研究的领域向复杂客观现象扩展。21 世纪统计学研究的重点将由确定性现象和随机现象转移到对复杂现象的研究，如模糊现象、突变现象及混沌现象等新的领域。可以这样说，复杂现象的研究给统计学开辟了新的研究领域。

统计学的家族越来越庞大，包含统计学史、理论统计学、统计调查分析理论、统计核算理论、统计监督理论、统计预测理论、统计逻辑学、统计法学、描述统计学、推断统计学、经济统计学、宏观经济统计学、微观经济统计学、管理统计学、科学技术统计学、农村经济调查、社会统计学、教育统计学、文化与体育统计学、卫生统计学、司法统计学、社会福利与社会保障统计学、生活质量统计学、人口统计学、环境与生态统计学、自然资源统计学、环境统计学、生态平衡统计学、国际统计学、国际标准分类统计学、国际核算体系与方法论体系、国际比较统计学、生物统计学、商务统计学、工程统计学、心理统计学、化学统计学、档案统计学、社会经济统计学、水文统计学、数理统计学、统计语言学、统计物理学、化学统计学、运动统计学等。

随着计算机的迅速普及，统计软件 SAS（Statistical Analysis System）、SPSS（Statistical Package for Social Science）、Excel、Phython、R 语言等软件的开发和使用，使得统计学在全世界的应用与研究出现了崭新的局面。

1.3 数据规律性与大数据

1.3.1 数据规律性

统计数据是“统计”一词的第二种含义。对这一含义的理解应从两方面入手：其一，统计数据是统计实践活动的成果；其二，统计数据应是统计研究对象数量状况及其内在规律性的客观、真实反映，换言之，统计数据是有规律性的，这种规律性是由统计研究对象的内在必然联系决定的。例如，美国几乎每年有 4 万人死于车祸；酒店中的超额订房，是指在酒店订房已满的情况下，再适当超过酒店现有的客房增加订房数量，以弥补因订不到房、临时取消或提前离店而可能造成的空房损失。超额预订之所以存在就是因为预订的顾客总是存在一定比率的订房取消的情况。下面，我们通过几个例子来详细说明统计数据的规律性问题。

【例 1-1】 在一家超市中，人们发现了一个特别有趣的现象：尿布与啤酒这两种风马牛不相及的商品居然摆在一起，但这一奇怪的举措居然使尿布和啤酒的销量大幅增加了，这可不是一个笑话，而是一直被商家所津津乐道的发生在美国沃尔玛连锁超市的真实案例。原来，美国的妇女通常在家照顾孩子，所以她们经常会嘱咐丈夫在下班回家的路上为孩子买尿布，而丈夫在买尿布的同时又会顺手购买自己爱喝的啤酒。这个发现为商家带来了大量的利润，但是如何从浩如烟海却又杂乱无章的数据中，发现啤酒和尿布销售之间的联系呢？这又给了我们什么样的启示呢？这就是我们探索的数据规律性。

【例 1-2】 就单独的一个家庭来观察，其新生婴儿的性别可能是男，也可能是女。在不对生育人口进行任何限制的条件下，可能有的家庭几个孩子都是男性，而有的家庭几个孩子都是女性。表面上看，新生婴儿的性别比例似乎没有什么规律可循，但若对大量家庭的新生婴儿进行观察就会发现，新生婴儿中男孩略多于女孩，大致为每出生 100 个女孩就相应地出生107个男孩。107∶100这个性别比例就是新生婴儿性别比的数量规律。而且这一比例古今中外都大致相同,这是由人类自然发展的内在规律所决定的。

【例1-3】 XO Communications通过使用IBM SPSS预测分析软件,减少了将近一半的顾客流失率。XO现在可以预测顾客的行为,发现行为趋势,并找出存在缺陷的环节,从而帮助公司及时采取措施,保留顾客。此外,IBM新的Netezza网络分析加速器,将通过提供单个端到端网络、服务、顾客分析视图的可扩展平台,帮助通信企业制定更科学、合理的决策。电信业者透过数以千万计的顾客资料,能分析出多种使用者行为和趋势,卖给需要的企业,这是全新的资料经济。中国移动通过大数据分析,对企业运营的全业务进行有针对性的监控、预警、跟踪,系统在第一时间自动捕捉市场变化,再以最快捷的方式推送给指定负责人,使他在最短时间内获知市场行情。NTT DoCoMo把手机位置信息和互联网上的信息结合起来,为顾客提供附近的餐饮店信息,接近末班车时间时,提供末班车信息服务。这些信息的提供既有利于相关的商家盈利,又方便了用户。

上述三个例子说明,通过大量观察或试验得到的统计数据有其内在的规律性,这种规律性由客观事物本身的必然性所决定,而这种规律性需要利用统计方法去探索。

为什么统计方法能够通过对数据的大量观察和处理而研究与探索出其内在的数量规律性呢?这是由客观事物本身的特点和统计方法的特性共同决定的。从客观事物方面来说,根据辩证法的基本原理,任何客观事物都是必然性和偶然性的对立统一。同样,任何一个数据也是必然性和偶然性共同作用的结果,是二者作用的对立统一。必然性反映了事物本质的特征和联系,是比较稳定的,因而它决定了事物的内在本质是有规律可循的。偶然性反映了该事物每个表现形式的差异。如果客观事物只有必然性一个方面的特征,事物的表现形式就会比较简单,就可以比较容易把握它的规律性。正是由于偶然性的存在,造成了事物的表现形式与必然性和规律性发生偏移,从而形成了表面形式的千姿百态,形成了数据表现形式的千差万别。这样,必然性的数量规律性就被掩盖在表面的差异之中了。

1.3.2 大数据

大数据由巨型数据集组成,这些数据集大小常超出人类在可接受时间下的收集、应用、管理和处理能力。大数据的大小经常改变,截至2012年,单一数据集的大小从数太字节(TB)至数十兆亿字节(PB)不等。有关大数据的定义,麦肯锡全球研究所这样解释:一种规模大到在获取、存储、管理、分析方面大大超出了传统数据库软件工具能力范围的数据集合,具有海量的数据规模、快速的数据流转、多样的数据类型和价值密度低四大特征。

在一份2001年的研究与相关的演讲中,麦塔集团(META Group,现为高德纳)分析员道格·莱尼(Doug Laney)指出数据增长的挑战和机遇有三个方向:量(volume,数据大小)、速(velocity,数据输入输出的速度)与多变(variety,多样性),合称“3V”或“3Vs”。高德纳与现在大部分大数据产业中的公司,都继续使用3V来描述大数据。高德纳于2012年修改对大数据的定义:“大数据是大量、高速及/或多变的信息资产,它需要新型的处理方式去促成更强的决策能力、洞察力与最优化处理。”另外,有机构在3V之外定义第4个V:真实性(veracity)为第四特点。目前,公认的大数据具有四个基本特征:一是数据体量巨大。百度资料表明，其新首页导航每天需要提供的数据超过 1.5 PB(1 PB＝1024 TB)，这些数据如果打印出来将超过 5 000 亿张 A4 纸。有资料证实，到目前为止，人类生产的所有印刷材料的数据量仅为 200 PB。二是处理速度快。数据处理遵循"1 秒定律"，可从各种类型的数据中快速获得高价值的信息。三是数据类型多样。现在的数据类型不仅是文本形式，更多的是图片、视频、音频、地理位置信息等多类型的数据，个性化数据占绝大多数。四是价值密度低。以视频为例，1 h 的视频，在不间断的监控过程中，可能有用的数据仅仅只有一两秒。

大数据的处理过程包含四个方面：第一，采集。大数据的采集是指利用多个数据库来接收发自客户端[Web(全球广域网)、App(手机软件)或者传感器形式等]的数据，并且用户可以通过这些数据库来进行简单的查询和处理工作。比如，电商会使用传统的关系型数据库 MySQL 和 Oracle 等来存储每一笔事务数据，除此之外，Redis 和 MongoDB 这样的 NoSQL 数据库也常用于数据的采集。在大数据的采集过程中，其主要特点和挑战是并发数高，因为同时可能会有成千上万的用户进行访问和操作，如火车票售票网站和淘宝，它们并发的访问量在峰值时达到上百万，所以需要在采集端部署大量数据库才能支撑，并且如何在这些数据库之间进行负载均衡和分片的确是需要深入地思考与设计。第二，导入/预处理。虽然采集端本身会有很多数据库，但是如果要对这些海量数据进行有效的分析，还应该将这些来自前端的数据导入到一个集中的大型分布式数据库，或者分布式存储集群，并且可以在导入基础上做一些简单的清洗和预处理工作。也有一些用户会在导入时使用来自 Twitter 的 Storm 来对数据进行流式计算，以满足部分业务的实时计算需求。第三，统计/分析。统计与分析主要是利用分布式数据库，或者分布式计算集群来对存储于其内的海量数据进行普通的分析和分类汇总等，以满足大多数常见的分析需求，在这方面，一些实时性需求会用到 EMC 的 GreenPlum、Oracle 的 Exadata，以及基于 MySQL 的列式存储 Infobright 等，而一些批处理，或者基于半结构化数据的需求可以使用 Hadoop。第四，挖掘。与前面统计和分析过程不同的是，数据挖掘一般没有什么预先设定好的主题，主要是在现有数据上面进行基于各种算法的计算，从而起到预测(predict)的效果，并实现一些高级别数据分析的需求。比较典型的算法有用于聚类的 Kmeans、用于统计学习的 SVM(支持向量机)和用于分类的 NaiveBayes，主要使用的工具有 Hadoop 的 Mahout 等。该过程的特点和挑战主要是用于挖掘的算法很复杂，并且计算涉及的数据量和计算量都很大，常用数据挖掘算法都以单线程为主。

大数据分析技术包括数据采集技术、数据存取技术、基础架构、数据处理、统计分析、数据挖掘、模型预测和结果呈现技术。其中统计分析需要的技术有假设检验、显著性检验、差异分析、相关分析、t 检验、方差分析、卡方分析、偏相关分析、距离分析、回归分析、简单回归分析、多元回归分析、逐步回归、回归预测与残差分析、岭回归、Logistic 回归分析、曲线估计、因子分析、聚类分析、主成分分析、因子分析、快速聚类法与聚类法、判别分析、对应分析、多元对应分析(最优尺度分析)、bootstrap 技术等。数据挖掘技术包括分类(classification)、估计(estimation)、预测(prediction)、相关性分组或关联规则(affinity grouping or association rules)、聚类(clustering)、描述和可视化(description and visualization)、复杂数据类型挖掘(Text、Web、图形图像、视频、音频等)。可见，大数据分析必须以统计学为基础。

大数据需要借由计算机对数据进行统计、比对、解析方能得出客观结果。美国在2012年就开始着手大数据，奥巴马更在同年投入2亿美元在大数据的开发中，更强调大数据会是“未来石油”。

1.4 统计方法的应用与误用

1.4.1 统计方法的应用示例

统计方法是指有关收集、整理、分析和解释统计数据，并对其反映的问题作出一定结论的方法。

以下给出几个简单的生活案例应用，我们可以从中体会统计方法应用的魅力。

【例1-4】 众所周知，《红楼梦》一书共120回，自从胡适作《红楼梦考证》以来，一般都认为前80回为曹雪芹所写，后40回为高鹗所续。然而长期以来这种看法一直都饱受争议。能否从统计上作出论证？从1985年开始，复旦大学的李贤平教授带领他的学生做了这项很有意义的工作，他们创造性的想法是将120回看成是120个样本，然后确定与情节无关的虚词出现的次数作为变量，巧妙地运用数理统计分析方法，看看哪些回目出自同一人的手笔。一般认为，每个人使用某些词的习惯是特有的。于是李教授用每个回目中47个虚词(之、其、或、呀、吗、咧、罢、可、便、就等)出现的次数(频率)，作为《红楼梦》各个回目的数字标志。之所以要抛开情节，是因为在一般情况下，同一情节大家描述的都差不多，但由于个人写作特点和习惯的不同，所用的虚词是不会一样的。利用多元分析中的聚类分析法进行聚类，果然将120回分成两类，即前80回为一类，后40回为一类，很形象地证实了不是出自同一人的手笔。之后又进一步分析前80回是否为曹雪芹所写，这时又找了一本曹雪芹的其他著作，做了类似计算，结果证实了用词手法完全相同，断定前80回为曹雪芹一人手笔，是他根据《石头记》写成的，中间部分则根据《风月宝鉴》写成，还有一些别的增加成分。而后40回是否为高鹗写的呢？论证结果推翻了后40回是高鹗一人所写，而是曹雪芹亲友将其草稿整理而成，宝黛故事为一人所写，贾府衰败情景为另一人所写，等等。这个论证在红学界轰动很大，李教授及其学生用多元统计分析方法支持了红学界的观点，使红学界大为赞叹。

【例1-5】 某市发生一起出租车肇事逃逸案件，当时目击证人仅有一位，据证人陈述，肇事车为绿色。该市出租车仅有蓝、绿两种颜色，其中50%的出租车为绿色，目前已排除了外市出租车肇事的可能性。同时，为了验证证人的辨色能力，还专门对其进行了辨色测试，测试结果表明，无论对蓝色还是绿色，证人都能以95%的概率判断正确。即若出租车为蓝色(绿色)，证人100次中能有95次准确地判断出出租车为蓝色(绿色)。现在的问题是公安部门是否应该完全相信证人的目击，而把调查完全放在该市的绿色出租车上。通过统计中贝叶斯公式的计算，我们会发现证人的目击并不能成为调查的依据，仍然需要将调查的重点放在蓝色出租车上。

【例1-6】 某车间有200台车床，由于检修、测量、调换刀具等种种原因，即使在生产期间，各台车床还是时常需要停工，若每台车床有 60%的时间在开动，而每台车床开动时需要耗电 1 kW，那么应该供给这个车间多少电力才能保证此车间正常生产？显然，若供给这个车间 200 kW 的电力则此车间便能正常生产，但这样做很不划算，因为每台车床的开工率只有 60%，也就是说，平均起来这个车间中同时工作的车床只有 120 台，供给 200 kW 的电力太多了。那么供给 120 kW 的电力呢？又太少了点，因为有时同时工作的车床数会超过 120 台，则 120 kW 的电能就不够用了，因而导致一些车床无法工作，那么到底给多少电能才能既保证生产正常又节约电力呢？事实上供给这个车间 141 kW 的电就够了，虽然在这时也可能碰到因电力不足导致部分车床无法运转的情况，但是这种机会非常小，小于 1‰，也就是说在 8 h 的工作中只有 30 s 会碰到这种情况，这显然影响不大，但是节约出来的 59 kW 电能却可以用于很多别的用途。这里的计算涉及统计学中的中心极限定理和正态分布。

1.4.2 统计方法的误用

如果不能对统计分析方法正确地理解，就容易出现统计方法的误用。不同的统计分析方法均有其适用条件。例如，在描述统计学中，均值计算中的技术问题十分重要，何时用算术平均值？何时用几何平均值？以及何时用中位数？这不能由研究者根据主观意愿随意确定，而要根据随机变量的分布特征确定。在相关分析中，简单地计算 Pearson 积矩相关系数，而且既不给出正态分布检验结果，也不明确指出所计算的相关系数就是 Pearson 积矩相关系数，这都是误用统计方法的表现。

统计分析方法的无意误用，可能造成巨大的损失。历史上，一个典型的无意误用的例子是美国《文学摘要》杂志社由于误用统计抽样调查方法而倒闭。《文学摘要》杂志社自 1912 年开始进行民意测验预测美国总统选举，其民意测验以精确性著称，因为它成功预测了美国 1912 年到 1932 年的历次总统选举。1936 年，美国进行总统选举，竞选的是民主党的罗斯福和共和党的兰登，罗斯福是在任的总统。为了预测总统候选人谁能当选，《文学摘要》杂志社采用了大规模的模拟选举，他们以电话簿上的地址和俱乐部成员名单上的地址发出 1 000 万封信，收到回信 200 万封，在调查史上，样本容量这么大是少见的。杂志社花费了大量的人力和物力，他们相信自己的调查统计结果，即兰登将以 57%对 43%的比例获胜，并大力进行宣传。最后选举结果却是罗斯福以 62%对 38%的巨大优势获胜，连任总统。这个调查使《文学摘要》杂志社威信扫地，不久只得关门停刊。误用的原因主要是抽样框选择、无回答误差极大等错误。统计方法有意的误用，有时会成为广告商、政治家等虚夸的手段。

1.5 基本概念

1.5.1 总体

总体是指根据一定的目的和要求，统计所要研究的所有基本单位的总和。它是由客观存在的、在同一性质基础上结合起来的许多个别事物组成的整体。例如：2018年12月31日，我国的人口总数；2018年河北省的选民总数；某学校的全体学生总人数；某地区生产经营状况良好的所有工业企业；2018年11月11日，某电商网站的交易额；等等。以上都是研究对象的总和，每一个总和都包括了研究总体的所有单位。总体的特征包含同质性、大量性、差异性。总体可分为有限总体与无限总体、全及总体与抽样总体。

1.5.2 变量

变量是指总体中个体单位所具有的特征或特性。变量是针对总体中每一个基本单位的属性都存在着差异而言的。变量的具体表现即取值称为变量值。例如，某用户第一季度的用电量分别为100 kW·h、120 kW·h、90 kW·h，其中，100、120、90称为变量值。变量分为定性变量和定量变量、确定性变量和随机变量、连续性变量和离散变量。

1.5.3 样本

样本是指总体的一部分个体。例如，做饮料口感检验时抽取的部分饮料罐，考察广告效果时抽取的部分企业，等等。

总体和样本的区别与联系体现在：第一，总体是所要研究的对象，而样本则是所要观测的对象，样本是总体的代表和缩影。第二，样本是用来推断总体的。第三，总体和样本的角色是可以改变的。第四，总体和样本都具有大量性、同质性和差异性三个特征。

1.6 统计分析软件简介

目前，国际上已开发出的专门用于统计分析的软件很多，比较著名有SAS、SPSS、R语言等，Excel也有相应的统计分析模块。此外，还有BMDP和STATISTICA等软件，本书仅介绍前四种。

1.6.1 SAS统计软件

SAS翻译成汉语是统计分析系统，最初由美国北卡罗来纳州立大学两名研究生研制，1976年创立SAS公司，2003年全球员工总数近万人，统计软件采用按年租用制，年租金收入近12亿美元。SAS系统具有十分完备的数据访问、数据管理、数据分析功能。在国际上，SAS被誉为“数据统计分析的标准软件”。SAS系统是一个模块组合式结构的软件系统，共有30多个功能模块。随着计算机应用的普及和信息事业的不断发展，越来越多的单位使用了SAS软件。尤其在教育、科研领域等大型机构，SAS软件已成为专业研究人员实用的进行统计分析的标准软件。

由于SAS系统是从大型机上的系统发展而来的，其操作至今仍以编程为主，人机对话界面不太友好，系统地学习和掌握SAS，需要花费一定的精力。而对大多数实际部门工作者而言，需要掌握的仅是如何利用统计分析软件来解决自己的实际问题，因此往往会与大型SAS软件系统失之交臂。但不管怎样，SAS作为专业统计分析软件中的巨无霸，现在鲜有软件在规模系列上与之抗衡。

1.6.2 SPSS统计软件

SPSS翻译成汉语是社会学统计程序包，20世纪60年代末由美国斯坦福大学的三位研究生研制，1975年在芝加哥组建SPSS总部。2013年8月被IBM收购之后，SPSS的更新都是一年一个版本，如今SPSS更名为IBM SPSS。迄今，SPSS公司已有40余年的成长历史。

SPSS for Windows的分析结果清晰、直观、易学易用，而且可以直接读取Excel及DBF数据文件，现已推广到多种操作系统的计算机上，最新的版本采用DAA（Distributed Analysis Architecture，分布式分析系统），全面适应互联网，支持动态收集、分析数据和HTML格式报告，领先于诸多竞争对手。2009年7月28日，IBM公司宣布将用12亿美元现金收购统计分析软件提供商SPSS公司。SPSS for Windows是一个组合式软件包，它集数据录入、整理、分析功能于一身。用户可以根据实际需要和计算机的功能选择模块，以降低对系统硬盘容量的要求，有利于该软件的推广应用。SPSS的基本功能包括数据管理、统计分析、图表分析、输出管理等。SPSS统计分析过程包括描述性统计、均值比较、一般线性模型、相关分析、回归分析、对数线性模型、聚类分析、数据简化、生存分析、时间序列分析、多重响应等几大类，每类中又分为几个统计过程，如回归分析中又分线性回归分析、曲线估计、Logistic回归、Probit回归、加权估计、两阶段最小二乘法、非线性回归等多个统计过程，而且每个过程中又允许用户选择不同的方法及参数。SPSS也有专门的绘图系统，可以根据数据绘制各种图形。SPSS输出结果虽然漂亮，但是很难与一般办公软件如Office或是WPS 2000直接兼容，如不能用Excel等常用表格处理软件直接打开，只能采用复制、粘贴的方式加以交互。在撰写调查报告时往往要用电子表格软件及专业制图软件来重新绘制相关图表，这已经遭到诸多统计学人士的批评；而且SPSS作为三大综合性统计软件之一，其统计分析功能与另外两个软件即SAS和BMDP相比仍有一定欠缺。

虽然如此，由于SPSS for Windows操作简单，已经在我国的社会科学、自然科学的各个领域发挥了巨大作用。该软件还可以应用于经济学、数学、统计学、物流管理、生物学、心理学、地理学、医疗卫生、体育、农业、林业、商业等各个领域。

1.6.3 Excel电子表格与统计功能

Excel电子表格是Microsoft公司推出的Office系列产品之一，是一个功能强大的电子表格软件。特点是对表格的管理和统计图制作功能强大，容易操作。Excel的数据分析插件Xlstat也能进行数据统计分析，但不足的是运算速度慢、统计方法不全。

1.6.4 R语言

R是统计领域广泛使用的诞生于1980年左右的S语言的一个分支，是一个免费开源软件。它有UNIX、Linux、MacOS和Windows版本，都是可以免费下载和使用的。

R是S语言的一种实现。而S语言是由AT&T贝尔实验室开发的一种用来进行数据探索、统计分析和作图的解释型语言。最初 S 语言的实现版本主要是 S-PLUS。S-PLUS是一个商业软件，它基于 S 语言，并由 MathSoft 公司的统计科学部进一步完善。后来 Auckland 大学的 Robert Gentleman 和 Ross Ihaka 及其他志愿人员开发了一个 R 系统。R 是基于 S 语言的一个 GNU 项目，所以也可以当作 S 语言的一种实现，通常用 S 语言编写的代码都可以不作修改地在 R 环境下运行。R 的语法来自 Scheme。R 的使用与 S-PLUS 有很多类似之处，这两种语言有一定的兼容性。S-PLUS 的使用手册，只要稍加修改就可作为 R 的使用手册。所以有人说：R 是 S-PLUS 的一个"克隆"。

R 是一套完整的数据处理、计算和制图软件系统。其功能包括：数据存储和处理系统；数组运算工具(其向量、矩阵运算方面功能尤其强大)；完整连贯的统计分析工具；优秀的统计制图功能；简便而强大的编程语言；可操纵数据的输入和输出，可实现分支、循环，用户可自定义功能。

另外，还有 Stata 统计软件、Epinfo 软件、Minitab、Statistica、SPLM 统计软件、CHISS 统计软件、SASD 统计软件、PEMS 统计软件、DAS 统计软件、SDAS 统计软件、NoSA 统计软件、S-PLUS、Phython 等软件，这里不再详细介绍。

※案例思考与商务实践

1. 案例思考

第一，一个好的名字至少应该满足以下两个条件。

(1) 会使消费者联想到正确的产品——"纯水"。

(2) 会使消费者产生与正确产品密切相关的联想，如"纯净""清爽"等。

第二，统计研究所做了以下调查并得到以下数据信息和结论。

统计研究所根据公司的需求确定了 8 种产品、8 个名称和 8 种有感觉的代码及其表现的含义，以备调查之用。

调查的代码和含义如表 1-1 所示。

表 1-1 调查的代码和含义

代码	含义	代码	含义	代码	含义
Name1	玉泉	Product1	雪糕	Feel1	清爽
Name2	雪源	Product2	纯水	Feel2	甘甜
Name3	春溪	Product3	碳酸饮料	Feel3	欢乐
Name4	期望	Product4	果汁饮料	Feel4	纯净
Name5	波澜	Product5	保健食品	Feel5	安闲
Name6	春山绿	Product6	空调	Feel6	个性
Name7	中美纯	Product7	洗衣机	Feel7	兴奋
Name8	雪浪花	Product8	毛毯	Feel8	高档

第三，选择800名被调查者，对以上产品、品牌名称和被调查者对品牌名称的感觉进行汇总，得到的数据见表1-2。

表1-2 调查数据

代码	Name1	Name2	Name3	Name4	Name5	Name6	Name7	Name8
Product1	50	442	27	21	14	50	30	258
Product2	508	110	272	51	83	88	605	79
Product3	55	68	93	36	71	47	37	77
Product4	109	95	149	41	36	125	44	65
Product5	34	29	45	302	37	135	42	18
Product6	11	28	112	146	113	39	28	31
Product7	30	12	54	64	365	42	8	316
Product8	2	4	17	36	29	272	9	35
Feel1	368	322	167	53	57	129	149	170
Feel2	217	237	142	41	34	95	119	116
Feel3	19	25	185	105	123	44	22	193
Feel4	142	140	128	47	38	12	330	68
Feel5	16	16	106	166	81	164	21	36
Feel6	2	14	9	72	94	41	37	42
Feel7	4	11	10	78	248	35	17	81
Feel8	3	5	19	107	63	126	63	49

调查后可以发现，“波澜”(Name5)与“洗衣机”(Product7)产品相联系，引起的感觉是“兴奋”，因此“波澜”不是合适的纯净水品牌名称。中美纯水有限公司的产品是“纯水”(Product2)，如果想要给人们一种“纯净”(Feel4)的感觉，那么“中美纯”(Name7)将是最好的商品名称。如果想要使该名称给人们一种“清爽”(Feel1)的感觉，那么“玉泉”(Name1)将是最好的商品名称。中美纯水有限公司接受了调查统计研究所的建议，没有用“波澜”这个名称，而用了“中美纯”作为品牌的名称。实践证明，它的确是一个成功的品牌名称。

2. 商务实践

请分小组讨论北京等大城市开展的汽车限号的政策，讨论汽车限号可能对交通和车主产生的影响。如果对各城市限号政策是否合理进行论证，你会怎么进行调查？如何用数据说明你的观点？

习　　题

1. 解释统计学、商务统计学、推断统计学和描述统计学的概念。

2. 说明大数据所具有的特征。

3. 什么是总体？什么是样本？二者关系如何？试举例说明。

4. 怎样理解统计学与数据之间的关系？

5. 一位社会学家想知道，当地成年职业女性对政府的托儿补助有什么意见。

(1) 他从当地的一家企业拿到 520 个会员的名单，从这 520 个名单中随机抽取了 100 人，寄问卷给她们，但只回收了 42 份问卷。

(2) 他从统计局拿到一份当地人口的名单，选择了其中 100 名成年女性，寄问卷给她们，但只回收了 42 份问卷。

上述调查中，总体和样本分别是什么？

第2章

描述性统计中的表和图

※本章与各小节能力培养提示

按照“工程教育认证标准(2015)版”12条毕业要求，结合经济管理专业方向，本章对应于教学毕业要求(1)(2)(5)，即：(1)将经济管理基础知识应用于实践中；(2)能够据此分析实际经济管理问题；(5)能够应用信息技术。本章的教学目标是掌握统计数据描述中表和图的种类、画法、适用条件和应用注意事项等基本的经济管理知识，并能用表和图两种工具说明案例统计数据的规律性，会使用 Excel 和 SPSS 统计分析软件作出基本的统计图表，应用于实际问题。

章节名称	培养能力提示
2.1　数据的计量尺度	了解数据的四类计量尺度的概念
2.2　统计数据的获得	了解间接和直接获取数据的方法
2.3　统计数据的整理	掌握统计数据的整理过程，掌握统计数据的预处理，能够根据原始数据编制分布数列，了解洛伦兹曲线和基尼系数
2.4　统计表的构成与可视化软件应用	掌握统计数据描述中的统计表的构成、种类、制作方法，能应用统计软件制作出规范、美观的统计表
2.5　定性数据的统计图及其可视化软件应用	掌握定性数据所使用的统计图的种类、特征、作图方法，能应用统计软件制作出规范、美观的统计图
2.6　定量数据的统计图及其可视化软件应用	掌握定量数据所使用的统计图的种类、特征、作图方法，能应用统计软件制作出规范、美观的统计图

※案例与案例问题

北京市海淀区信息服务业发展现状分析(2007)

信息服务业具有高附加值、高关联度、高智力投入的先导战略产业属性，已经成为国际竞争的焦点和各国竞相发展的战略性先导产业。近年来，随着产业环境的不断优化，北京市海淀区信息服务业产业规模不断扩大，技术水平进一步提升，产业结构明显改善，对海淀区经济发展的贡献度也越来越高。2007年，海淀区政府考虑为了满足社会快速增长的信息服务需求，信息服务业既面临更新、更高的要求和挑战，同时也将获得更加广阔的发展空间，将成为海淀区经济发展的重要增长点。但是，2007 年北京市海淀区的信息服务业发展现状需要收集怎样的数据？用哪些统计图表可以予以表现呢？这是我们研究海淀区信息服务产业现状必须考虑的问题。

问题一：我们已经知道了 2004—2007 年海淀区信息服务业发展的主要指标，包括信息服务业增加值(亿元)、信息服务业固定资产总额(万元)、信息服务业利润(亿元)、信息服务业实收资本(亿元)、信息服务业资产(亿元)、信息服务业从业人员数(万人)、信息服务业工资总额(亿元)、信息服务业人均工资、元/(年·人)]、信息服务业国税(万元)、信息服务业地税(万元)，你如何做一张统计表？

问题二：如果需要说明海淀区信息服务业目前所拥有的优势，你准备收集哪些数据并用哪些统计图来表示？

2.1　数据的计量尺度

某公司通过网络销售品牌运动装，为了了解消费群体的特征和对现有产品的满意情况，在网上设计了调查问卷。问卷中有以下几个问题。

您的学历？(　　)

A. 大学本科　　B. 研究生　　C. 专科　　D. 专科以下

您对所购买的运动装的满意程度？(　　)

A. 非常满意　　B. 比较满意　　C. 基本满意　　D. 不太满意

E. 很不满意

如果满分为 10 分，您对物流服务的直接评分为(　　)。

您一年所购买的品牌运动装平均花费为(　　)。

A. 200 元以内　　B. 200～500 元　　C. 500～1 000 元　　D. 1 000 元以上

这几个问题所能获得的数据具有不同的特征，数据计量的尺度不同，在后续的分析中需要使用不同的统计分析方法。按照一般分类方法，数据有四种计量尺度，即列名尺度、顺序尺度、间隔尺度和比率尺度。

2.1.1　列名尺度

列名尺度(nominal scale)也称定名尺度或分类尺度，是对事物进行平行的分类。列名尺度计量层次最低，各类别可以指定数字代码表示，使用时必须符合类别穷尽和互斥的要求。数据表现为“类别”具有“＝”或“≠”的数学特性。例如，某高校经济管理学院按照 6 个专业进行分类，那么分类数据的名称为“专业”，数据的具体表现分别为“工业工程专业”“国际贸易专业”“经济学专业”“旅游管理专业”“会计学专业”“工商管理专业”。这 6 个专业符合互斥且穷尽的要求，但这些数据没有顺序大小的区分。以上数据的具体表现是用文字来表示的，也可以把以上数据具体表现用数字来代替，如将工业工程专业用数字“1”来表示，将国际贸易专业用数字“2”来表示等，但数字没有大小的区分。再如，某企业员工按照性别可以分为男性和女性，即分类数据的名称为“性别”，数据的具体表现分别为“男”和“女”。也可以用“0”表示男性，用“1”表示女性，或者用“0”表示女性，用“1”表示男性。这种数据的计量尺度均为列名尺度。

2.1.2 顺序尺度

顺序尺度(ordinal scale)也称定序尺度，是对事物分类的同时给出各类别的顺序。因此，顺序尺度比列名尺度精确，能说明各类别的表现程度的顺序，但不能测量出类别之间的准确差值。顺序尺度的数据虽然表现为“类别”，但能表达出顺序或程度的高低，具有“>”或“<”的数学特性。例如，考核成绩分为“优秀”“良好”“一般”“及格”“不及格”，虽然数据的五种具体表现各不相同，表现了不同的类别，但同时也说明了程度的大小。例如从成绩上看，“优秀”好于“良好”，“良好”好于“一般”，“一般”好于“及格”，“及格”好于“不及格”。这种计量尺度就是顺序尺度。再如，如果要考察旅游者对旅游目的地的满意程度，可以使用顺序尺度计量，分为“非常满意”“比较满意”“基本满意”“不太满意”“很不满意”等。美国社会心理学家李克特于1932年提出5点量表，该量表由一组陈述组成，每一陈述有“非常同意”“同意”“不一定”“不同意”“非常不同意”五种回答，分别记为5、4、3、2、1，每个被调查者的态度总分就是他对各道题的回答所得分数的加总，这一总分可说明他的态度强弱或他在这一量表上的不同状态。其实这种量表的表现形式就是顺序尺度计量方法的一种应用(但转换成数据后已经具有间隔尺度的特征)。

2.1.3 间隔尺度

间隔尺度(interval scale)也称定距尺度，是对事物的准确测度，比定序尺度更精确，数据表现为“数值”，是更高级的数据。它不仅能将事物区分为不同类型，也能进行排序，而且可以准确地指出类别之间的差距是多少。间隔尺度是对事物类别或次序之间间距的测度，该尺度通常使用自然或物理单位作为计量尺度，如考试成绩用“分”、温度用“摄氏度”等。因此，定距尺度的计量结果表现为数值。这种计量尺度具有“+”或“-”的数学特性。例如，数据名称为温度，如果数据的具体表现分别为“-10 ℃”“0 ℃”“10 ℃”，第一个温度“-10 ℃”比第二个温度“0 ℃”低10 ℃，比第三个温度“10 ℃”低20 ℃。由于这种尺度的每一间隔都是相等的，只要给出一个度量单位，就可以准确地指出两个计数之间的差值。间隔尺度没有绝对零点，如上例中“0 ℃”是个实实在在的温度，而不是没有温度。

2.1.4 比率尺度

比率尺度(ratio scale)也称定比尺度，是对事物的准确测度。与定距尺度处于同一层次，数据表现为“数值”，但是有绝对零点，这种利用计量尺度的数据既能做加减运算，又能做乘除运算。例如，为了调查居民的身高，数据名称为“身高”，数据的具体表现分别为“1.71 m”“0.60 m”“1.80 m”等。但身高的数据表现可能为“0 m”吗？不能，因为“0 m”身高的居民根本就不存在。所以身高有绝对的零点，属于比率尺度计量的数据。“1.80 m”的居民比“0.60 m”的居民高1.2 m，也可以认为“1.80 m”的居民是“0.60 m”的居民身高的3倍。同样，企业收入、利润等数据均可以用比率尺度来度量。请思考企业生产的产品产量能够用比率尺度来度量吗？

表2-1为四种计量尺度的比较。可见，比率尺度是最高级的数据计量尺度，具有分

类、排序、加减和乘除的功能；间隔尺度不具有乘除的功能；顺序尺度具有分类和排序的功能；列名尺度为最低级别的计量尺度，仅有分类的功能。

表 2-1　四种计量尺度的比较

功　能	列名尺度	顺序尺度	间距尺度	比率尺度
分类（＝，≠）	√	√	√	√
排序（＜，＞）		√	√	√
间距（＋，－）			√	√
比值（×，÷）				√

2.2　统计数据的获得

信息和数据的获得能力是在现代社会中个人和组织拥有竞争力的重要能力之一，获得统计数据是统计数据分析的第一步。统计数据的来源有两种途径：其一，来源于已有的数据，我们称为第二手数据或间接的数据；其二，来源于直接组织的调查、观察和科学试验，我们称为第一手数据或直接的数据。

2.2.1　间接获取数据

在科学研究和管理决策中，要善于利用已经存在的现成数据。目前，许多统计数据可以通过互联网获取。通过搜索引擎输入关键词获取感兴趣的数据，政府部门、企业的网站、微博、微信都可能有我们感兴趣的数据。例如在研究区域经济发展时需要的数据可以通过国家统计局、各地方政府统计局网站查询。另外，还可以从经济信息中心、专业调查公司、数据库公司、信息咨询机构购买数据；从专业期刊、统计年鉴、图书等资料查取数据；从博览会、展销会、交易会及专业性、学术性研讨会等会议上获取数据资料。

恰当地运用间接数据在实际中往往能够节约时间和费用，并取得较好的成果和效益。因此，间接数据成为许多数据分析人员在进行实证分析、案例研究时的首选数据来源。但在应用时要注意：①了解并正确理解间接数据中变量的含义、计算口径和计算方法，以防止误用、错用他人的数据；②引用间接数据时要注明数据来源，尊重他人的劳动成果和知识产权。

2.2.2　直接获取数据

如果依据研究目的，找不到现成的数据，就必须直接获取数据。直接获取数据的途径有组织统计调查或者进行科学实验。例如：如果某酒店想知道商务客人的满意度，可以设计调查问卷开展抽样调查；如果该酒店想比较商务客人、普通客人对预订时间的心理承受能力，就可以通过设计实验获得所需数据。本章先介绍统计调查，科学实验部分的内容会在方差分析的实验设计初步中介绍。统计调查包括普查、重点调查、典型调查、抽样调查等，这里主要介绍普查和抽样调查。

1. 普查

普查是为了某一特定目的，专门组织的一次性全面调查。普查一般是用于摸清国情、国力的重要调查方法，包括人口普查、农业普查、工业普查、经济普查等。普查通常是一次性或周期性的，一般需要规定统一的标准调查时间，数据的规范化程度较高，应用范围比较狭窄。以人口普查为例，世界各国一般均为10年或5年进行一次，固定于一年中的某一时点。例如2020年我国进行的第七次人口普查，时间为11月1日零时，总人口为14.12亿，比2010年第六次人口普查的人口数增加了5.38%。普查所花费的人力、物力、财力资源较多，只能间隔较长时间进行一次。但在国情、国力方面，普查所获得资料的准确和详细程度是其他调查不能相比的。

2. 抽样调查

1）抽样调查的特点

抽样调查是一种非全面调查，它是从全部调查研究对象中，抽选一部分单位进行调查，并据以对全部调查研究对象作出估计和推断的一种调查方法。显然，抽样调查虽然是非全面调查，但它的目的却在于取得反映总体情况的信息资料，因而，也可起到全面调查的作用。

2）抽样调查的种类

根据抽选样本的方法，抽样调查可以分为概率抽样和非概率抽样两类。概率抽样是按照概率论和数理统计的原理从调查研究的总体中，根据随机原则来抽选样本，并从数量上对总体的某些特征作出估计推断，对推断出可能出现的误差可以从概率意义上加以控制。概率抽样包括简单随机抽样、系统抽样、分层抽样法、整群抽样、多阶段抽样等类型。习惯上将概率抽样称为抽样调查，其具有经济性、时效性强、适应面广、准确性高等特点。

主要的概率抽样和非概率抽样的方法如表2-2所示。

表2-2　主要的概率抽样和非概率抽样的方法

抽样名称	抽样方法	主要特点
概率抽样	简单随机抽样法	从总体中选择出抽样单位，从总体中抽取的每个可能样本均有同等被抽中的概率。抽样时，处于抽样总体中的抽样单位被编排成$1\sim n$编码，然后利用随机数码表或专用的计算机程序确定处于$1\sim n$的随机数码，那些在总体中与随机数码吻合的单位便成为随机抽样的样本。这种抽样方法简单，误差分析较容易，但是需要样本容量较多，适用于个体之间差异较小的情况
	系统抽样法	系统抽样法又称等距抽样法、机械抽样法，是从随机点开始在总体中按照一定的间隔（“每隔第几”的方式）抽取样本。最主要的优点是简便易行，且当对总体结构有一定了解时，充分利用已有信息对总体单位进行排队后再抽样，则可提高抽样效率

续表

抽样名称	抽样方法	主 要 特 点
概率抽样	分层抽样法	根据某些特定的特征，将总体分为同质、不相互重叠的若干层，再从各层中独立抽取样本，是一种不等概率抽样。分层抽样利用辅助信息分层，各层内应该同质，各层间差异尽可能大。这样的分层抽样能够提高样本的代表性、总体估计值的精度和抽样方案的效率，抽样的操作、管理比较方便。但是抽样框较复杂，费用较高，误差分析也较为复杂。此法适用于母体复杂、个体之间差异较大、数量较多的情况
	整群抽样法	先将总体单元分群，可以按照自然分群或按照需要分群，随机选择群体作为抽样样本，调查样本群中的所有单元。整群抽样样本比较集中，可以降低调查费用。例如，在进行居民出行调查中，可以采用这种方法，以住宅区的不同将住户分群，然后随机选择群体为抽取的样本，能非常有效地降低成本。此法优点是组织简单，缺点是样本代表性差
	多阶段抽样法	多阶段抽样是采取两个或多个连续阶段抽取样本的一种不等概率抽样。多阶段抽样的单元是分级的，每个阶段的抽样单元在结构上也不同，多阶段抽样的样本分布集中，能够节省时间和经费。调查的组织复杂，总体估计值的计算也较复杂
非概率抽样	方便抽样法	是指研究者根据现实情况，以自己方便的形式抽取偶然遇到的人作为调查对象，或者仅仅选择那些离得最近、最容易找到的人作为调查对象。如在街头路口把行人作为调查对象，任选若干位行人进行访问调查。它不是严格按随机抽样原则来抽取样本，所以失去了大数定律的存在基础，也就无法确定抽样误差，无法正确地说明样本的统计值在多大程度上适合于总体。虽然根据样本调查的结果也可在一定程度上说明总体的性质、特征，但不能从数量上推断总体
	定额抽样	又称配额抽样。与分层抽样中的比例抽样相似，也是按调查对象的某种属性或特征将总体中所有个体分成若干类或层，然后在各层中主观抽样。例如，根据人口的性别、年龄构成来给调查人员规定不同性别、年龄的被调查人数，以此来反映总体的信息。这种抽样方法使用时关键是对总体元素的结构特征要认识准确，这样才能选准定额，从而控制好样本的代表性
	立意抽样	是指调查者根据研究的目标和自己主观的分析，来选择和确定调查对象的方法。这种抽样方法多应用于总体小而内部差异大的情况，以及在总体边界无法确定或因研究者的时间与人力、物力有限时采用。例如，要对福建省旅游市场状况进行调查，有关部门选择厦门、武夷山、泰宁金湖等旅游风景区作为样本调查。该类抽样结果受研究人员的倾向性影响大，一旦主观判断偏差，则极易引起抽样偏差
	滚雪球抽样	当我们无法了解总体情况时，可以从总体中的少数成员入手，对他们进行调查，向他们询问还知道哪些符合条件的人；再去找那些人并询问他们知道的人，如同滚雪球一样。例如，艾滋病、吸毒人群等流行病学的调查
	自愿抽样	被调查者自愿参加，如拨打热线电话等

3）抽样调查的步骤

抽样调查的步骤：①界定总体；②制定抽样框；③实施抽样调查并推测总体；④分割总体；⑤决定样本规模；⑥决定抽样方式；⑦确定调查的信度和效度。

4）抽样调查的适用范围

抽样调查的适用范围：①不能进行全面调查的事物。有些事物在测量或试验时有破坏性，不可能进行全面调查。如电视的抗震能力试验、灯泡的耐用时间试验等。②有些总体从理论上讲可以进行全面调查，但实际上不能进行全面调查的事物。如了解某个森林有多少棵树、职工家庭生活状况如何等。③抽样调查方法可以用于工业生产过程中的质量控制。④利用抽样推断的方法，可以对于某种总体的假设进行检验，来判断这种假设的真伪，以决定取舍。

5）样本推断总体的质量

抽样调查数据之所以能用来代表和推算总体，主要是因为抽样调查本身具有其他非全面调查所不具备的特点，主要是：①调查样本是按随机的原则抽取的，在总体中每一个单位被抽取的机会是均等的，因此，能够保证被抽中的单位在总体中的均匀分布，不致出现倾向性误差，代表性强；②要以抽取的全部样本单位作为一个"代表团"，用整个"代表团"来代表总体，而不是用随意挑选的个别单位代表总体；③所抽选的调查样本数量，是根据调查误差的要求，经过科学的计算确定的，在调查样本的数量上有可靠的保证；④抽样调查的误差，是在调查前就可以根据调查样本数量和总体中各单位之间的差异程度进行计算，并控制在允许范围以内，调查结果的准确程度较高。基于以上特点，抽样调查被公认为是非全面调查方法中用来推算和代表总体的最完善、最有科学根据的调查方法。

当然，抽样调查也会遇到调查的误差和偏误问题。通常抽样调查的误差有两种：一种是抽样误差(sampling error)，一种是非抽样误差(non-sampling error)。

抽样误差是由于抽样的随机性所带来的误差，它描述的是所有样本可能的结果与总体真值之间的平均性差异。由于存在无法避免的随机性原因，所以样本的结构无法充分或完全代表总体的特征。换句话说，由于随机性导致的前后抽取的一个又一个样本，彼此不尽相同。在任何一个特定的样本中研究总体中的某些单位将被包含在内，而其他单位会被排除在外，从而会有样本统计量随机而变，由此产生的误差我们称为抽样误差。抽样误差的大小主要受样本量大小、总体变异性、抽样方式、抽样组织形式等方面的影响。但根据数理统计的原理，对于概率抽样，抽样误差是可以加以估算并进行控制的。因此，抽样误差从原理上而言，是一定存在的。

非抽样误差相对于抽样误差而言，是除抽样误差之外的，由于其他原因造成的样本观察结果与总体真值之间的差异。根据非抽样误差产生的方式和出现的阶段不同，可以进行以下分类：①按产生的方式，非抽样误差可以分为登记性误差和系统性误差。登记性误差是指在调查过程中，由于工作出现失误而造成的误差。系统性误差是指在抽取样本单位时，由于加入主观意愿，破坏了随机抽样原则，使样本不足以代表总体而造成的误差。②按产生的环节，非抽样误差可以分为设计误差、调查误差和汇总误差。设计误差是指在抽样设计阶段产生的误差。产生设计误差的主要原因是由于采用了有缺陷的抽样框(抽样框误差)或者是调查问卷设计不科学所造成的。调查误差是指在调查过程中产生的误差。这种误差按照产生的人员来分类，主要包括调查人员误差和被调查人员误差两种。汇总误差是指在调查数据汇总、整理和数据传输过程中产生的误差。从原理上来说，非抽样误差应该是可以避免的。但由于非抽样误差产生的原因多种多样，因此控制起来比较困难。

抽样调查可以通过抽样设计，并采用一系列科学的方法，把抽样误差控制在允许的范围之内；另外，由于调查单位少，代表性强，所需调查人员少，工作误差比全面调查要小。特别是在总体包括的调查单位较多的情况下，抽样调查结果是非常可靠的。

2.3　统计数据的整理

2.3.1　统计数据的整理过程

统计整理就是对收集到的初始数据进行审核、分组、汇总，使之条理化、系统化，变成能反映总体特征的综合数据的工作过程。对已整理过的资料（包括历史资料）进行再加工也属于统计整理。统计整理的全过程包括对统计资料的审核、分组、汇总和编制统计图表四个环节，需要按照一定的步骤进行：①对收集到的资料进行全面审核（这一步骤也称数据的预处理），以确保统计资料符合统计研究目的的要求，资料准确无误。②根据研究目的和统计分析的需要，选择整理的标志，并进行划类分组。③在分组的基础上，将各项资料进行汇总，得出反映各组和总体数量特征的各种指标。④统计资料的显示，即通过编制统计表和绘制统计图，将整理出的资料简洁明了、系统有序地显示出来。⑤对统计数据分门别类地系统积累。

2.3.2　统计数据的预处理

1. 数据的审核

对调查资料进行审核是统计整理的第一步。首先，要对审核资料的完整性和及时性审核。审核资料的完整性，就是看调查单位或填报单位是否齐全，规定的项目是否都有答案，应报资料的数量是否符合规定。审核资料的及时性，就是看调查单位或填报单位所填资料是否具有时效性。其次，要审核资料的正确性。通常需要采用逻辑检查、计算检查等技巧。逻辑检查需要从理论上或常识上检查资料是否有悖常理、有无不切实际或不符合逻辑的地方。例如，一张调查表中，性别用“0”和“1”表示，可是出现数字 5 就是不合情理的。再如，年龄是 9 岁，而薪金为 5 000～10 000 元，其中必有一个是错误的。也要检查各项目之间有无相互矛盾的地方。例如，企业的净产值大于同期总产值就是明显的逻辑错误。计算检查即检查各项指标的计算口径、计量单位是否符合规定，并通过各种计算方法来检查各指标间的数字是否相互衔接。在利用历史资料（或其他间接资料）时，应审核资料的可靠程度、指标含义、所属时间与空间范围、计算方法和分组条件与规定的要求是否一致。一般可以从调查资料的历史背景、调查者收集资料的目的以及资料来源等，来判断资料的可靠程度，也可以从指标间的相互关系以及指标的变动趋势来检查它的正确性。对不能满足现有要求、缺漏或有疑问的资料，要进行有科学根据的推算、弥补和订正。这里需要特别注意的是，使用经别人发表的次级数据应弄清楚以下问题：原收集数据的目的与数据的来源如何？原使用单位是否与所欲研究者一致，如不一致应如何调整始为合用？原来收集所得的数字，可靠程度如何？如可靠当然可以取用，如不可靠，应寻求原因，力谋解决。原来收集方法如何？有无重复或遗漏之处？如根据两种以上不同原始来源的数据，使用之前应查明其内容互异之处，寻求错误原因再定取舍。

2. 统计数据的分组

1）统计分组的概念

根据社会经济现象的特点和统计研究的目的要求，按照一定的标志把总体划分为若干不同性质的组或类型，称为统计分组。统计分组的对象是总体，统计分组的标志可以是品质标志，也可以是数量标志。我们将数据分成四种计量尺度，即列名尺度、顺序尺度、间隔尺度和比率尺度。其中列名尺度和顺序尺度的数据是按照事物的性质与属性划分的，因而又称按品质标志分组；间隔尺度和比率尺度是按照事物的数量标准划分的，又称数量标志分组。

2）统计分组的原则

统计分组必须遵循两个原则：第一，穷尽原则。就是使总体中的每一个单位都应有组可归，或者说各分组的空间足以容纳总体所有的单位。例如，从业人员按文化程度分组，分为小学毕业、中学毕业和大学毕业三组，那么，那些文盲或识字不多的以及大学以上的学历者则无组可归。所以，可将分组适当调整为文盲及识字不多、小学程度、中学程度、大学及大学以上，就符合了分组的穷尽原则。第二，互斥原则。就是在特定的分组标志下，总体中的任何一个单位只能归属于某一组，不能同时或可能归属于几个组。例如，某商场把服装分为男装、女装、童装三类，这不符合互斥原则，因为童装也有男、女装之分。

3）统计分组的界限划分

分组标志确定后，分组界限便成为数据分组的重要问题。如果按照品质标志分组，有两种分组的界限划分：其一，组限是自然形成的或比较明显的。例如，人口按性别、按文化程度、按党派分组等。其二，存在属性之间的过渡形式，使分组界限难以确定。这种比较复杂的属性分组，国家有关部门都制定有标准的分类目录，分组时可以依据分类目录来确定组限。例如，人口按职业分组，企业按行业分组，产品按经济用途分组，等等。如果按数量(变量)标志分组，各组数量界限的确定必须能反映事物质的差别。例如，学生学习成绩分组，不能把 55 分和 65 分合为一组，因为这样的分组未区分及格与不及格的质的差别。同时，应根据被研究的现象总体的数量特征，采用适当的分组形式，确定相宜的组距、组限和组数。

按照分组的范围表现可以分为单项式分组与组距式分组两种。

单项式分组就是用一个变量值(标志值)作为一组，形成单项式变量数列。单项式分组一般适用于离散型变量且变量变动范围不大的场合。例如，本科大学生按照年龄分组，可以分为 17 岁、18 岁、19 岁、20 岁、21 岁、22 岁、23 岁(假设没有小于 17 岁和大于 23 岁的学生)7 组。

组距式分组就是将变量依次划分为几段区间，一段区间表现为“从……到……”距离，把一段区间内的所有变量值归为一组，形成组距式变量数列。区间的距离就是组距。对于连续型变量或者变动范围较大的离散型变量，适宜采用组距式分组。例如，反映居民居住水平情况按人均居住面积分组，可分为 10 m^2 以下、10～20 m^2、20～30 m^2、30 m^2 以上 4 组。再如了解某班学生成绩情况，按成绩进行组距式分组。在组距式分组中，每组包含许多变量值，在每一组变量值中，其最小值为下限，最大值为上限。组距是上下限之间的距离，相邻两组的界限，称为组限。间断组距式分组是指组限不相连的分组。例如，儿童按年龄分组，可分为未满 1 岁、1～2 岁、3～4 岁、5～9 岁、10～14 岁。连续组距式分组是组限相连（或称相重叠）的分组，即以同一数值作为相邻两组的共同界限的分组。例如，工人按工时定额完成程度分组，可分为 90％～100％、100％～110％、110％～120％等组。如果变量值只是在整数之间变动，如企业数、职工数、机器设备台数等离散型变量，可采用间断组距式分组，也可采用连续组距式分组。如果变量值在一定范围内的表现既可以是整数，也可以是小数，如产值、身高、体重等连续型变量，只能采用连续组距式分组。在进行连续组距式分组时应注意，由于以同一个数值作为相邻两组共同的界限，为了遵循统计分组穷尽和互斥原则，所以统计上规定，凡是总体某一个单位的变量值是相邻两组的界限值时，这一个单位归入作为下限值的那一组内，即所谓"上限不在内"原则。例如学生成绩分组，把 70 分的学生归入 70～80 分组内，把 80 分的学生归入 80～90 分组内。

按数量标志进行组距式分组，还可分为等距分组和不等距（或称异距）分组。等距分组就是标志值在各组保持相等的组距，即各组的标志值变动都限于相同的范围。凡是在标志值变动比较均匀的情况下，都可采用等距分组。例如，工人的年龄、工龄、工资的分组；零件尺寸的误差、加工时间的分组；农产品单位面积产量、单位产品成本的分组；等等。等距分组有很多好处，它便于绘制统计图，也便于进行各类运算。但分组的形式应服从分组的要求，即性质相同的单位应合并在一个组内，性质不同的应当分开。现象的差别取决于现象的本质，而不在于数学形式，必须根据现象的本质特征和统计研究的目的任务来确定分组的等距与否。在下列情况下，就必须考虑采用异距分组：第一，标志值分布很不均匀的场合。例如，学生成绩如果密集于某一范围，如 60～80 分或 70～90 分，其他部分则分布十分稀少，在这种场合若仍以 10 分为组距进行等距式分组，则无法显示出分布的规律性，会使这一密集的分数段分布的信息损失过大。因此，合理的做法是，在分布比较密集的区间内使用较短的组距，在分布比较稀少的其余部分使用较长的组距，形成各组的组距不相等的异距分组。第二，标志值相等的量具有不同意义的场合。例如，生命的每一个月对于新生婴儿和对于成年人是大不一样的，此时，进行人口疾病研究的年龄分组，应采用异距式分组，即 1 岁以下按月分组，1～10 岁按年分组，11～20 岁按 5 年分组，21 岁以上按 10 年或 20 年分组，等等。第三，标志值按一定比例发展变化的场合。例如，百货商场营业额差别很大，如营业额 5 万元至 5 000 万元，可采取公比为 10 的不等距分组 5 万～50 万元、50 万～500 万元、500 万～5 000 万元。若用等距分组，即使组距为 100 万元，也得分为 50 组，显然是不合适的。

2.3.3　分布数列

当我们要反映数据分布的情况时，通常会考虑做分布数列。分布数列亦称"次数分配""频数分布""次数分布"，它是统计总体单位或样本单位按一定的标志分组后，将各组的单位数(称"次数"或"频数")按组排列所构成的数列。分布数列有变量数列和品质数列两类。分布数列表明在一定的数量标志或品质标志上各单位的分布情况。分布数列包括两个要素：一是总体按某标志所分的组；二是各组所占有的总体单位数,即次数。表 2-3 和表 2-4 分别为品质数列与单项式变量数列(采用单项式分组的变量数列)。

表 2-3　2018 年 3 月百景超市销售的软饮料次数和频率分布

软饮料品牌	销售数量/瓶	频率/%
可口可乐	320	32
百事可乐	240	24
汇源果汁	280	28
康师傅冰红茶	160	16
合计	1 000	100

注：本表是对 2018 年 3 月百景超市每天的软饮料销售量进行累计后,整理而得的。

表 2-4　2017 年顾客对北京市某酒店的满意打分及频率分布

满意度打分	顾客人数	频率/%
5	42	21
4	108	54
3	36	18
2	12	6
1	2	1
合计	200	100

注：为了了解北京市某酒店的顾客满意程度,研究者调研了 200 名来该酒店消费的顾客,让他们填写调研问卷后,经数据整理获得的。

下面我们举例说明组距式变量数列(采用组距式分组的变量数列)是如何编制的。

【例 2-1】 根据抽样调查,某月某市 50 户居民在爱玛超市购买食品的支出资料如表 2-5 所示。

表 2-5　某月某市 50 户居民在爱玛超市购买食品的支出资料　元

830	880	1 230	1 100	1 180	1 580	1 210	1 460	1 170	1 080
1 370	1 200	1 630	1 250	1 360	1 270	1 420	1 180	1 030	870
1 230	1 260	1 380	1 510	1 010	860	810	1 130	1 140	1 190
1 420	1 080	1 010	1 050	1 250	1 160	1 320	1 380	1 310	1 270
1 050	1 100	1 070	1 150	1 410	1 170	1 260	1 350	930	1 250

请帮助爱玛超市制作一个顾客购买食品支出的分布数列。

很明显,以上 50 个数据适合进行组距式分组。制作组距式分布数列的步骤如下。

(1) 对数据进行由小到大的排序(排序步骤略)。

（2）确定所有数据的全距(R)，即用最大值减去最小值得到数据的整个跨度，即 $R=X_{max}-X_{min}$，其中 R 为全距或极差。本例中最大值为 1 630，最小值为 810，所以

$$R = X_{max} - X_{min} = 1\ 630 - 810 = 820$$

（3）确定分组的组数(k)。分组的组数可以凭借经验和所研究问题的性质作出判断。这里，向大家介绍一种确定组数和组距的经验公式，这一公式是美国学者斯特杰斯(Sturges)创立使用的，称为斯特杰斯经验公式，即 $k=1+3.322\lg N$，其中 k 为组数，N 为总数量。该公式是个参考公式，实际的分组数目还需要根据数据特征规律能否最有效显示来确定。本例中

$$k = 1 + 3.322\lg N = 1 + 3.322\lg 50 \approx 6.64$$

为了方便，后面计算的组距最好为整数，选择 $k=8$。

（4）确定组距(d)，即 $d=R/k$。组距的确定一般最好为整数，特别是个位为 5 和 0 的整数较为常用。本例中组距为

$$d = \frac{R}{k} = \frac{820}{8} \approx 100$$

（5）确定每组的下限和上限。一般先确定第一组的下限，下限的确定要小于最小值 X_{min}。然后根据上限＋组距确定第一组的上限。因为最小值为 810，所以第一组下限设计为 800。因为组距为 100，第一组上限设为 900。第二组的下限一般等于第一组的上限，以此类推，确定各组的上下限，如表 2-6 第一列所示。

表 2-6　50 户居民在爱玛超市购买食品的支出额分布

按照支出额分组	居民户数	累计户数	频率/%	累计频率/%
800～900	5	5	10	10
900～1 000	1	6	2	12
1 000～1 100	8	14	16	28
1 100～1 200	11	25	22	50
1 200～1 300	11	36	22	72
1 300～1 400	7	43	14	86
1 400～1 500	4	47	8	94
1 500 以上	3	50	6	100
合计	50	—	100	—

（6）累计各组出现的次数（或称为频数、频次），计算频率等反映分布情况的指标。表 2-6中列出了居民户数（频数）、累计户数、频率和累计频率的结果。

需要注意的是，一般组距式变量数列在后面的计算过程中需要经常用到组中值。所谓组中值，即为每一组的上限与下限的平均值，即组中值＝（上限＋下限）/2。另外，在本次组距式变量数列的编制中还可以发现，最后一组为开口组（在组距数列中，没有上限或下限的组称为开口组）。因为数据的最大值是 1 630，如果不设开口组，第八组 1 500～1 600，就没有将 1 630 包括在内。在本例中，从数据分布规律上可以发现，第一组和第二组也可以合并成 1 000 以下的开口组，因为合并之后的频数更好地接近了丘型曲线。分

布数列的曲线有多种形式，如图 2-1 所示。分布数列可以用直方图和折线图来表示，直方图的做法见后续内容。

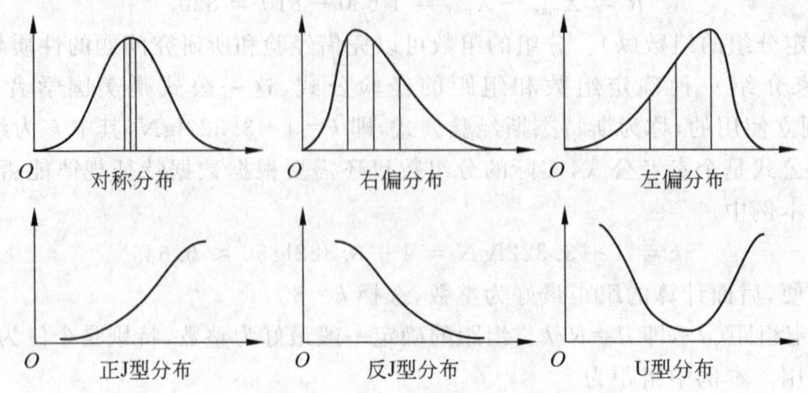

图 2-1　分布数列的多种曲线表示

2.3.4　洛伦兹曲线与基尼系数

有技巧地编制分布数列，可以深刻地反映社会经济现象，如洛伦兹曲线及依据它计算的基尼系数，就是分布数列的巧妙而典型的运用。为了研究国民收入在国民之间的分配问题，美国统计学家（或说奥地利统计学家）洛伦兹（Max Otto Lorenz，1876—1959）1907年（或说 1905 年）提出了著名的洛伦兹曲线。洛伦兹曲线的横轴为在一个总体（国家、地区）内，以“从最贫穷的人口计算起一直到最富有人口”的人口百分比，纵轴为与横轴对应各个人口百分比的收入百分比，构成的点所组成的曲线即为洛伦兹曲线。

将洛伦兹曲线与 45°线之间的部分 A 叫作“不平等面积”，当收入分配达到完全不平等时，洛伦兹曲线成为折线 OHL，OHL 与 45°线之间的面积 $A+B$ 叫作“完全不平等面积”。不平等面积与完全不平等面积之比，称为基尼系数，是衡量一国贫富差距的标准，如图 2-2 所示。

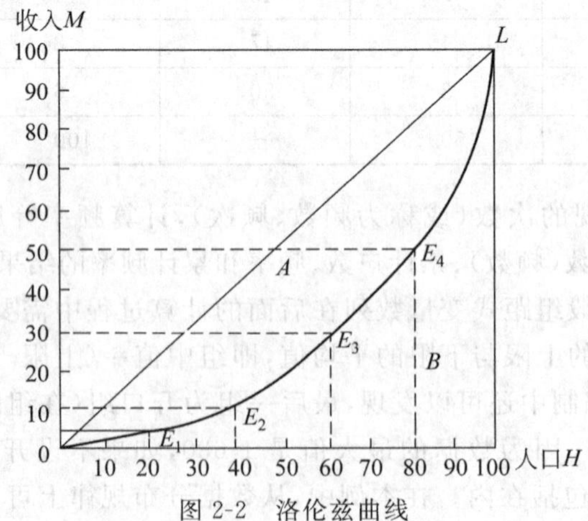

图 2-2　洛伦兹曲线

基尼系数 $G=A/(A+B)$。显然，基尼系数不会大于 1，也不会小于 0。$A=0$ 代表绝对平均，$B=0$ 代表绝对不平均，G 小于 0.2 代表分配平均但缺乏效率，G 大于 0.2 但小于 0.4 代表有效率且并没有严重分配不公，$G=0.4$ 代表分配不公的警戒线，G 大于 0.6 代表收入不公可能引发社会不稳定。我国的基尼系数在 2003 年为 0.479，2006 年为 0.487，2008 年为 0.491，2009 年为 0.490，2012 年为 0.474，2015 年为 0.462，2017 年为 0.479，2019 年为 0.465。说明这些年我国的贫富差距还是非常大的。因此，城乡统筹、精准扶贫等举措成为我国政府近年来力推的重点战略。

2.4　统计表的构成与可视化软件应用

2.4.1　统计表的构成及其制作要求

统计数据经整理后使之进一步表格化，便形成统计表。统计表是由纵横交叉线条所绘制的表格来表现统计资料的一种形式。统计表能将大量统计数字资料加以综合组织安排，使资料更加系统化、标准化，更加紧凑、简明、醒目和有条理，便于人们阅读、对照比较，说明问题清楚，从而更加容易发现现象之间的规律性。因此，统计表是统计分析的重要工具。

统计表形式繁简不一，通常是按项目的多少，分为单式统计表与复式统计表两种。只对某一个项目数据进行统计的表格，称为单式统计表，也称简单统计表。统计项目在 2 个或 2 个以上的统计表格，称为复式统计表。

统计表一般都包括总标题、横标题、纵标题、数字资料、单位、制表日期以及表的附加。总标题是指表的名称，它能简单扼要地反映出表的主要内容；横标题是指每一横行内数据的意义；纵标题是指每一纵栏内数据的意义；数字资料是指各空格内按要求填写的数字，填写数字资料不留空格，即在空格处画上斜线；单位是指表格里数据的计量单位。在数据单位相同时，一般把单位放在表格的右上角。如果各项目的数据单位不同时，可放在表格里注明。制表日期放在表的右上角，表明制表的时间。统计表一般要有表的附加，主要用于表达表内资料需要说明解释的部分，如注解、资料来源等，写在表的下方。统计表一般为横长方形，上下两端封闭且为粗线，中间为细线，左右两端开口。统计表栏目多时要编号，一般主词部分（一般为行标题）按甲、乙、丙；宾词部分（一般指列标题）按(1)(2)等次序编号。统计表总标题应简明扼要，符合表的内容。统计表的样式见表 2-7。

表 2-7　2017 年对主要国家和地区货物进出口额及其增长速度

国家和地区	出口额/亿元	比上年增长/%	占全部出口比重/%	进口额/亿元	比上年增长/%	占全部进口比重/%
欧盟	25 199	12.6	16.4	16 543	20.2	13.3
美国	29 103	14.5	19.0	10 430	17.3	8.4
东盟	18 902	11.9	12.3	15 942	22.8	12.8
日本	9 301	8.9	6.1	11 204	16.3	9.0
中国香港	18 899	−0.4	12.3	495	−54.9	0.4

续表

国家和地区	出口额/亿元	比上年增长/%	占全部出口比重/%	进口额/亿元	比上年增长/%	占全部进口比重/%
韩国	6 965	12.6	4.5	12 013	14.4	9.6
中国台湾	2 979	12.2	1.9	10 512	14.5	8.4
巴西	1 962	35.2	1.3	3 974	31.4	3.2
印度	4 615	19.8	3.0	1 107	42.4	0.9
俄罗斯	2 906	17.8	1.9	2 790	31.0	2.2
南非	1 004	18.4	0.7	1 649	12.1	1.3

资料来源:《中华人民共和国 2017 年国民经济和社会发展统计公报》,国家统计局网上发布。

2.4.2 统计表的可视化软件应用

统计表可以用 Word 制作,应用"插入"功能菜单中的"表格",确定行、列数,并进行表格线条设计,填入数据即可实现。

Excel 是表格制作的专家。不仅可以直接插入表格,自动对数据做出分布数列表格,而且还可以利用数据透视表等功能实现数据汇总转化表格的制作等。

例如,分布数列表格的制作可以用 Excel 中的统计函数"FREQUENCY"来创建。创建分布数列的步骤是:①选择与接受区域相临近的单元格区域,作为频数分布表输出的区域;②选择统计函数中的"FREQUENCY"函数,在对话框 Date-array 后输入数据区域,在 Bins-array 后输入接受区域;③同时按下 Ctrl+Shift+Enter 键,即得到频数分布。分布数列表格的制作还可以利用 Excel 中的"数据分析"功能中的"直方图"选项来制作分布数列和直方图。

此外,也可以利用 Excel 中的插入"数据透视表"。首先,选择数据区域和数据透视表的位置,单击"确定"按钮;其次,将要添加报表的字段拖拽或者添加入行标签、列标签和数据区域中;可以右击行标签和列标签中的值所在的单元格,选择"创建组"功能进行组距设定;还可以右击对数字资料汇总区域的单元格,选择"值汇总依据""值显示方式""值字段设置"等功能,以实现计算类型(计算汇总值还是平均值、方差等的选择)、值显示方式(用百分比还是绝对值等形式)的选择。

2.5 定性数据的统计图及其可视化软件应用

数据分定性数据和定量数据两种。一般用列名尺度计量的数据为定性数据,而顺序尺度计量的数据如果用文字表示也属于定性数据。定性数据又称品质数据。在统计分析中,定性数据可以用条形图、饼图和环形图来表示。

条形图是用宽度相同的条形的高度或长短来表示数据多少的图形。条形图可以横置或纵置,纵置时也称柱形图。此外,条形图有简单条形图、复式条形图等形式。条形图是统计图资料分析中最常用的图形。主要特点包括:第一,能够使人们一眼看出各个数据的大小;第二,易于比较数据之间的差别。条形图既可用于定性数据,也可用于定量数据。

条形图的适用对象是分类变量，而连续变量适用对象是直方图。条形图的不连续正是分类变量离散特性的反映。

饼图显示一个数据系列中各项的大小与各项总和的比例，即仅排列在工作表的一列或一行中的数据可以绘制到饼图中。饼图中的数据点显示为整个饼图的百分比。使用饼图来表达的数据具备的条件是：仅有一个要绘制的数据系列；要绘制的数值没有负值；要绘制的数值几乎没有零值；类别数目无限制。饼图能够表达出各类别分别代表整个饼图的一部分，各个部分可以标注百分比的情况。

环形图是由两个及两个以上大小不一的饼图叠在一起，挖去中间的部分所构成的图形。环形图中间有一个"空洞"，每个样本用一个环来表示，样本中的每一部分数据用环中的一段表示。因此环形图可显示多个样本各部分所占的相应比例，从而有利于构成的比较研究。

【例 2-2】 一家市场调查公司为研究不同品牌饮料的市场占有率，对随机抽取的一家超市进行了调查。调查员在某天对 30 名顾客购买饮料的品牌进行了记录，如果一个顾客购买某一品牌的饮料，就将这一饮料的品牌名字记录一次。原始数据如表 2-8 所示。

表 2-8 原始数据

可口可乐	百事可乐	可口可乐	康师傅冰红茶	六个核桃	露露	可口可乐	可口可乐	可口可乐	六个核桃
康师傅冰红茶	可口可乐	康师傅冰红茶	汇源果汁	可口可乐	可口可乐	汇源果汁	百事可乐	百事可乐	六个核桃
百事可乐	康师傅冰红茶	六个核桃	康师傅冰红茶	汇源果汁	可口可乐	可口可乐	露露	可口可乐	可口可乐

请利用统计图对各品牌的销售数量进行比较。

本例题可以使用柱形图和饼图来表达。利用 Excel 的数据透视表，首先将以上原始数据做成分布数列（频数分布表），然后插入图表中选择柱形图和饼图，对图进行适当润色，如图 2-3 和图 2-4 所示。SPSS 中有专门的图表功能菜单，从中可以选择图表构建程序进行图表设计。因该功能比较简单，这里不赘述。

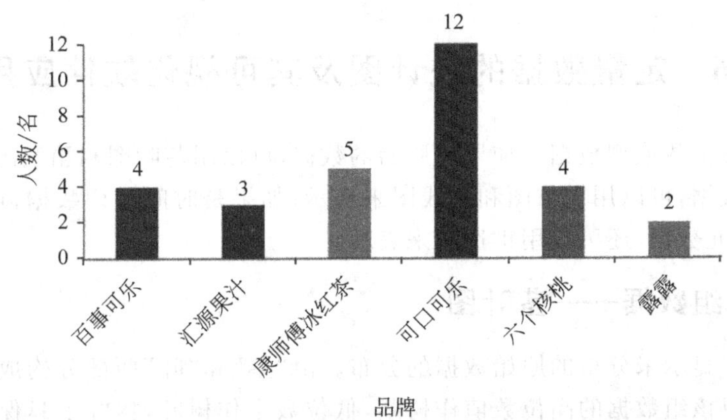

图 2-3 2018 年 5 月 6 日某超市 30 名顾客购买饮料的品牌分布情况

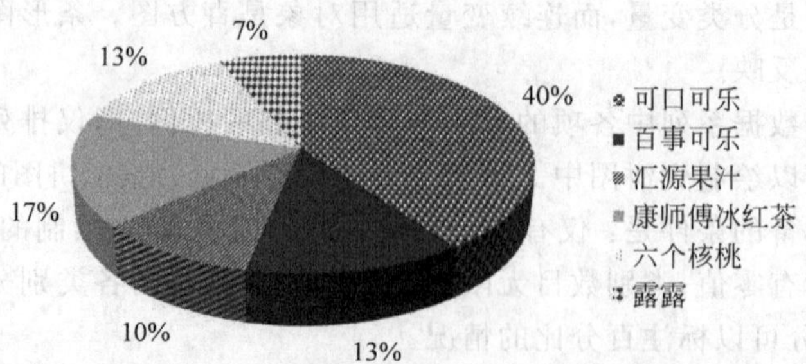

图 2-4 2018 年 5 月 6 日某超市 30 名顾客购买饮料的品牌占比情况

【例 2-3】 在一项城市住房问题的研究中，研究人员在甲乙两个城市各抽样调查 300 户，其中的一个问题是："您对您家庭目前的住房状况是否满意？1. 非常不满意；2. 不满意；3. 一般；4. 满意；5. 非常满意。"甲乙两个城市住户对家庭住房满意程度比较如表 2-9 所示。

表 2-9 甲乙两个城市住户对家庭住房满意程度比较

回答类别	甲城市户数	甲城市户数占比/%	乙城市户数	乙城市户数占比/%
非常不满意	24	8	21	7
不满意	108	36	99	33
一般	93	31	78	26
满意	45	15	64	21
非常满意	30	10	38	13
合 计	300	100	300	100

请用统计图的方式进行比较分析。

本例题中可以采用柱形图和饼图进行比较，也可以采用环形图进行比较。用 Excel 做成的环形图如图 2-5 所示。依据图 2-5，请读者自行分析两个城市住户对家庭住房满意程度的差异。

2.6 定量数据的统计图及其可视化软件应用

定量数据又称数值型数据。如果是原始的数据，可以用茎叶图和箱线图来表示；如果是已经分组的数据，可以用直方图和折线图来表示；如果是时间序列数据，可以用线图来表示；如果是多元数据，还可以用雷达图来表示。

2.6.1 未分组数据——茎叶图

茎叶图用于显示未分组的原始数据的分布。由"茎"和"叶"两部分构成，其图形是由数字组成的。以该组数据的高位数值作树茎，低位数字作树叶，树叶上只保留一位数字。如图 2-6 所示，某企业抽取 120 名工人，分别对他们一周之内所生产的零部件数量进行统

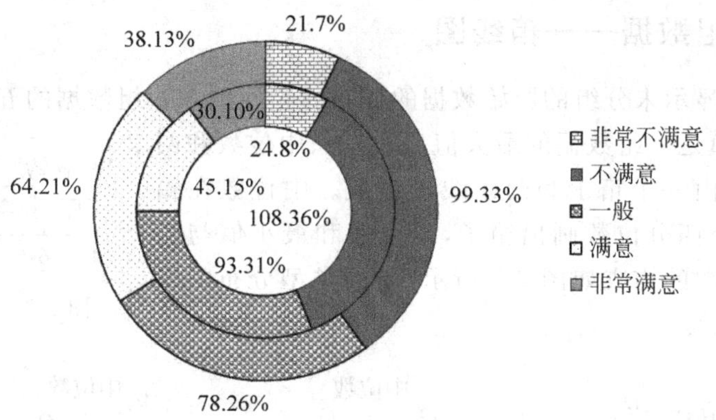

图 2-5　甲、乙两城市居民对住房满意程度情况

计，其中第 1 名工人生产 141 件，在茎叶图中可以在第一行中显示，其中百位和十位数字在树茎中，而个位数字用树叶的第一个数字表示。第 2 名工人生产 179 件，则在第四行显示出来，其树茎为"17"，个位在树叶中显示为"9"。以此类推。

树茎	树 叶	数据个数
14	1349	4
15	023345689	9
16	0011233455567888	16
17	011222223344455556677888999	27
18	00122345667777888999	20
19	00124455666667788	17
20	0123356789	10
21	00113458	8
22	3568	4
23	33447	5

图 2-6　某企业工人每周生产零件数的茎叶图

茎叶图是一个与直方图相类似的特殊工具，但又与直方图不同，茎叶图保留原始资料的信息，直方图则失去原始资料的信息。将茎叶图茎和叶逆时针方向旋转 90°，实际上就是一个直方图，可以从中统计出次数，计算出各数据段的频率或百分比，从而可以看出分布是否与正态分布或单峰偏态分布逼近。但茎叶图的不足之处是只便于表示个位之前相差不大的数据，而且只方便记录两组的数据。两个以上的数据虽然能够记录，但是没有表示两个记录那么直观、清晰。

用 Excel 做茎叶图需要一个外挂软件，如 Excel 2007 需要外挂软件 PHStat2，安装后，才能找到茎叶图。相比较而言，SPSS 做茎叶图更为方便。打开 SPSS 软件，同时打开需要作图的文件，打开"分析"功能菜单，依次找到"描述统计""探索"，在"探索"菜单中，选择你需要分析的因变量、因子清单，选好后，单击该菜单中的"绘图"，选择"茎叶图"，就能画出茎叶图来。

2.6.2 未分组数据——箱线图

箱线图用于显示未分组的原始数据的分布。箱线图由一组数据的五个特征值绘制而成，这五个特征值是一组数据的最大值、最小值、中位数和两个四分位数。它由一个箱子和两条线段组成。中位数在箱子中间，连接两个四分位数画出箱子，最大值和最小值与箱子相连接。箱线图的构成如图 2-7 所示，不同类型分布的箱线图如图 2-8 所示。

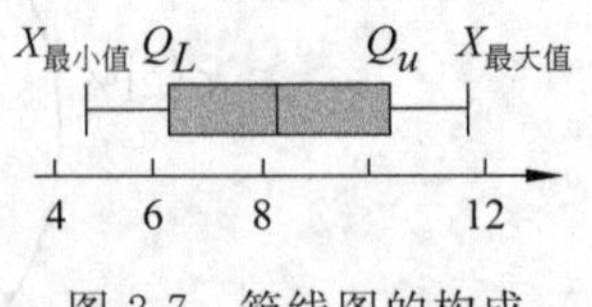

图 2-7 箱线图的构成

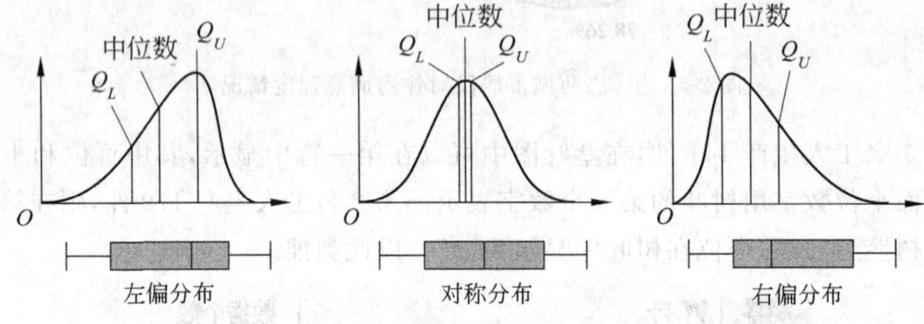

图 2-8 不同类型分布的箱线图

【例 2-4】 从某大学经济管理专业二年级学生中随机抽取 11 人，对 8 门主要课程的考试成绩进行调查，所得结果如表 2-10 所示。试绘制各科考试成绩的批比较箱线图，并分析各科考试成绩的分布特征。

表 2-10 某大学经济管理专业二年级学生各科成绩抽样数据

课程名称	学生 1	学生 2	学生 3	学生 4	学生 5	学生 6	学生 7	学生 8	学生 9	学生 10	学生 11
英语	76	90	97	71	70	93	86	83	78	85	81
经济数学	65	95	51	74	78	63	91	82	75	71	55
西方经济学	93	81	76	88	66	79	83	92	78	86	78
市场营销学	74	87	85	69	90	80	77	84	91	74	70
财务管理	68	75	70	84	73	60	76	81	88	68	75
基础会计学	70	73	92	65	78	87	90	70	66	79	68
统计学	55	91	68	73	84	81	70	69	94	62	71
计算机基础	85	78	81	95	70	67	82	72	80	81	77

欲用 Excel 绘制上述数据的箱线图，相对比较麻烦。因为 Excel 不能直接画出箱线图。首先要在 Excel 中利用其函数功能计算出各科成绩的五个特征值，按下四分数、最小值、最大值和上四分位数的顺序排列，插入图形中的股票 K 线图后，再将第五个中位数系列加入其中。SPSS 制作箱线图比较简单。选择“图表构建程序”中的“箱图”；或者选择

“图形”菜单下的“旧对话框”中的“箱图”。本例中选择后者，选择“简单”箱线图，把各科成绩作为因变量，得到图 2-9 所示的箱线图。

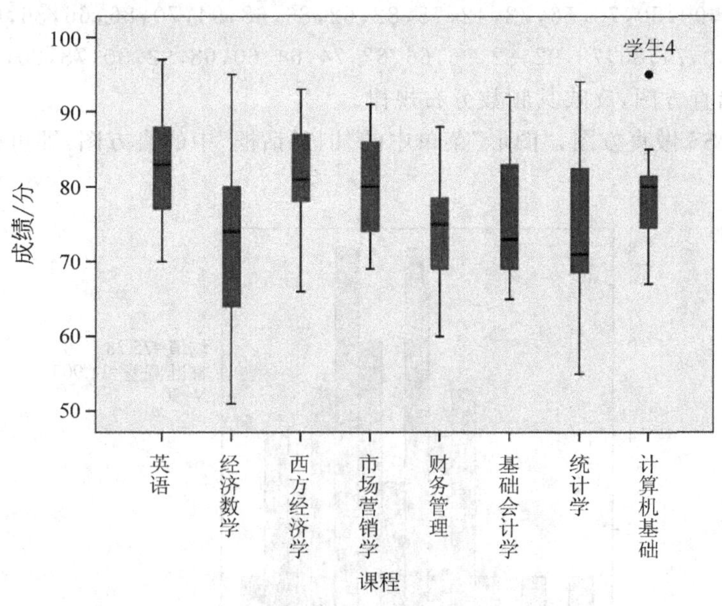

图 2-9　不同课程考试成绩的箱线图

从图 2-9 中可以发现，经济数学的最大最小值相差最远，统计学其次；英语成绩的中位数最高；除学生 4 之外，其他学生的计算机基础成绩较为集中；等等。当然，我们也可以画出不同学生的不同科目考试成绩的箱线图（略）。

2.6.3　分组数据——直方图

直方图是数值数据分布的精确图形表示。由一系列高度不等的纵向条纹或线段表示数据分布的情况。为了构建直方图，首先将数据分组，确定组距式分布数列；然后，用横轴表示数据分组，一般每组上限与下一组下限为相同的值，使得各组在横轴上的数据连续。各组的组距通常是（但不是必须的）相等的。纵轴表示分布情况。

直方图和条形图是有区别的。条形图是用条形的长度（横置时）表示各类别频数的多少，其宽度（表示类别）则是固定的；直方图是用面积表示各组频数的多少，矩形的高度表示每一组的频数或百分比，宽度则表示各组的组距，其高度与宽度均有意义；直方图的各矩形通常是连续排列，条形图则是分开排列；条形图主要用于展示定名数据，直方图则主要用于展示数值型数据。

直方图用 Excel 和 SPSS 都可以实现。在 Excel 中，需要事先根据所有数据确定最大值、最小值、组数、组距，并确定每组的上限，然后选择“数据”菜单中的“数据分析”中的“直方图”，选择输入的数据区域、输出的数据区域（每组上限的位置），即可完成直方图的制作，不过开始画的直方图为条形图形式，需要将区间和条形之间间距调整为 0，才能出现直方图的标准形式。在 SPSS 中，直方图制作相对简单。选择“图形”菜单中的“旧对话框”中的“直方图”，就可以完成。或者选择“图形”菜单中的“图表构建程序”中的“直方图”，不仅可以画出一般的直方图，还可以做出堆积直方图、拆分变量的直方图。

【例 2-5】 从某大学一年级学生中随机抽取 50 人，考察他们的期初英语摸底成绩，分别为 64,80,70,90,50,70,56,72,42,78,82,62,86,68,94,70,86,66,86,62,78,70,78,62,82,86,76,90,74,86,76,92,82,96,66,62,74,64,60,68,92,80,78,80,68,68,92,80,80,90。请做出直方图，反映其频数分布规律。

本例用 SPSS 做直方图，“图形”菜单中的“旧对话框”中的直方图，即可得到图 2-10 所示的直方图。

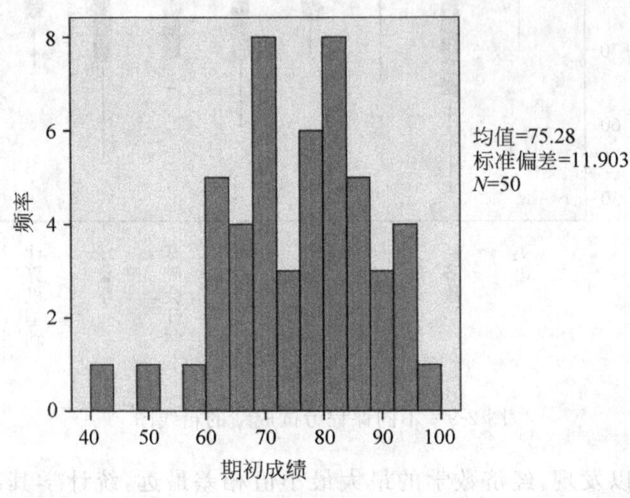

图 2-10　期初英语摸底成绩的直方图

2.6.4　时间序列数据——线图

在统计图中，如果时间较短，时间序列数据可以用柱形图表示，但是如果时间序列数据一般超过 3 个时间段，就可以使用线图了。线图是表现时间序列数据最形象的图形。它能反映随着时间的变化，指标数值所呈现出的连续波动情况。一般时间序列的线图横轴为时间，纵轴为指标的数值大小。在 Excel 中，折线图的画法十分简单，直接插入“折线图”即可，横轴选择表示时间的变量，纵轴选择随时间变动的指标数值。在 SPSS 中，选择“图形”菜单中的“旧对话框”中的“线图”，或者选择“图形”菜单中的“图表构建程序”中的“线图”，就可以很容易地完成线图的制作。

【例 2-6】 某超市的经营者想了解开业 6 周以来商品的利润额，请用线图表示销售额在 6 周之内的变化情况。各周的利润额数据如表 2-11 所示。

表 2-11　某超市连续 6 周的利润额数据

周	利润额/万元	周	利润额/万元
1	3.70	4	3.96
2	3.89	5	4.05
3	4.12	6	4.20

利用 Excel，选择插入“折线图”，即可得到图 2-11 所示的线图。

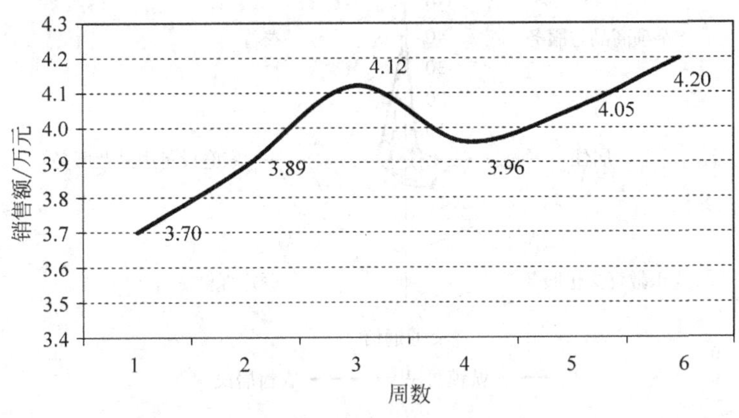

图 2-11　某超市连续 6 周的利润额波动情况

2.6.5　多元数据——雷达图

雷达图很像一张蜘蛛网，由从中心点引出的若干轮辐线以及之间的连线组成，利用雷达图有助于观测多元数据的大小。图中的所有变量都被视为同等重要。一般适用于跟踪或汇报绩效和进展时，用多组观测数据评价总体绩效时以及不需要区分各个变量的相对重要程度时。

在 Excel 中，雷达图的画法也十分简单，直接选定多元数据，插入“雷达图”即可。表 2-12 的统计数据，可以用 Excel 做出雷达图，如图 2-12 所示。SPSS 没有制作雷达图的功能。

表 2-12　2000 年城乡居民家庭平均每人生活消费支出构成　%

项　目	城镇居民	农村居民
食品	39.18	49.30
衣着	10.03	5.75
家庭设备用品及服务	8.79	4.52
医疗保健	6.36	5.24
交通通信	7.90	5.48
娱乐教育文化服务	12.56	11.18
居住	10.01	15.39
杂项商品与服务	5.17	3.14

统计数据整理是统计分析的基础且关键的步骤，统计图表的制作和表达形式是统计分析报告质量的重要表现。目前，很多统计软件支持非常人性化的统计图表制作程序，为我们做出漂亮、科学、清晰的统计分析报告提供帮助。

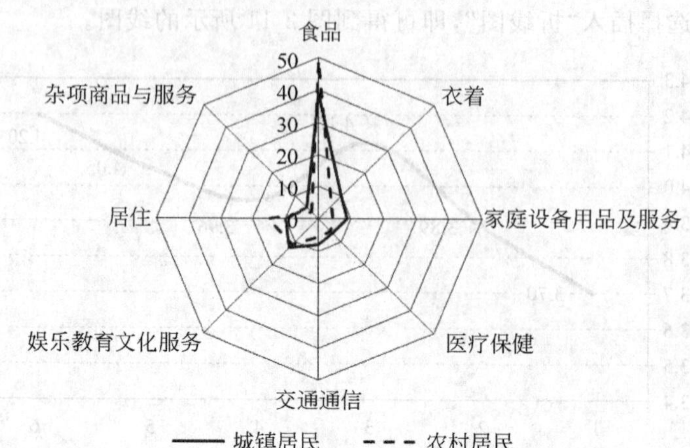

图 2-12 2000 年城乡居民家庭平均每人生活消费支出构成

※案例思考与商务实践

1. 案例思考

1）海淀区信息服务业发展情况

海淀区信息服务业经过近 20 年的发展取得了突出的成绩。2007 年，海淀区信息服务业从总体规模、对经济发展的贡献、社会就业、税收总额等方面，都取得了长足的进步(基本统计资料如表 2-13 所示)。

表 2-13 2004—2007 年海淀区信息服务业发展的主要指标

指　　标	2004	2005	2006	2007
信息服务业增加值/亿元	138.97	204.83	262.66	338.04
信息服务业固定资产总额/万元	38 804	69 852	73 004	107 345
信息服务业利润/亿元	47.9	79.5	103	150.9
信息服务业实收资本/亿元	634.7	316.9	416.3	523.5
信息服务业资产/亿元	1 653.3	1 243.7	1 513.1	1 920
信息服务业从业人员数/万人	164 032	108 461	121 033	187 549
信息服务业工资总额/亿元	58.44	60.05	81.58	127.45
信息服务业人均工资/[元·(年·人)$^{-1}$]	41 651	62 429	73 391	73 765
信息服务业国税/万元	—	—	59 664	62 712
信息服务业地税/万元	—	—	205 128	306 911

资料来源：海淀区 2005—2008 年统计年鉴。

从发展规模方面看，信息服务业增加值为 388.04 亿元，占海淀区生产总值的 18%，固定资产总额 10.73 亿元，占海淀区总固定资产投资额的 5.45%，利润 150.9 亿元，实收资本 523.5 亿元，资产 1 920 亿元。2005—2007 年信息服务业增加值的平均增长速度为 30.49%，固定资产总额增长速度为 40.38%，利润平均增长速度为 46.59%。

信息服务业对海淀区国民经济的贡献率由 2004 年的 12.0% 上升到 2005 年的 34.6%，2007 年信息服务产业贡献率虽然有所下降，但仍保持在 20.2%。

从社会就业方面看，2007 年海淀区信息服务业从业人员 18.75 万人，占海淀区从业人员总数的 18.12%。信息服务业就业对海淀区就业增长的贡献率为 67.74%，对海淀区就业增长率的贡献为 6.42%。2004 年，信息服务业工资总额为 58.44 亿元，人均工资 41 651 元。2006 年和 2007 两年间，从业人员数的平均增长速度为 31.49%，平均工资的增长速度为 20.99%。

从税收方面看，2007 年海淀区信息服务业国税收入 6.27 亿元，地税收入 30.69 亿元。国税 2007 年比 2006 年增加 5.11%，地税 2007 年比 2006 年增加 49.62%。

2）海淀区信息服务业的特殊优势

首先，海淀区信息服务业同北京市其他城区相比优势明显。

海淀区信息服务业增加值 388.04 亿元[①]，占北京市信息服务业的 39.49%（北京市信息服务业 855.85 亿元[②]），在北京各城区中占有绝对优势地位。图 2-13 所示为 2006—2007 年北京市八城区信息服务业增加值比较。可见，海淀区无论从信息服务业发展规模还是增长绝对值方面都具有发展的绝对优势。

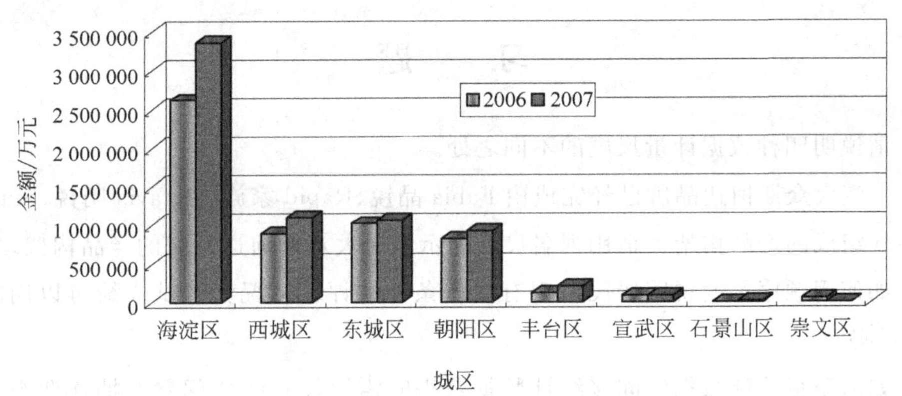

图 2-13　2006—2007 年北京市八城区信息服务业增加值比较

其次，信息服务业在海淀区产业发展中支柱作用显著。

从整体规模上看，海淀区信息服务业已经成为区内第一大新兴服务行业。如图 2-14 所示，第三产业占 GDP（国内生产总值）的 80%。2007 年，海淀区信息服务业实现增加值

① 资料来源：2008 年海淀区统计年鉴。

② 资料来源：2007 年北京市统计年鉴。

338.04 亿元，占海淀区整个生产总值的 18.0%，占海淀区第三产业生产总值的 23.03%，在第三产业中居第一位。由此可见，信息服务产业在海淀区的产业发展中具有发展优势，处于显著的支柱产业地位。

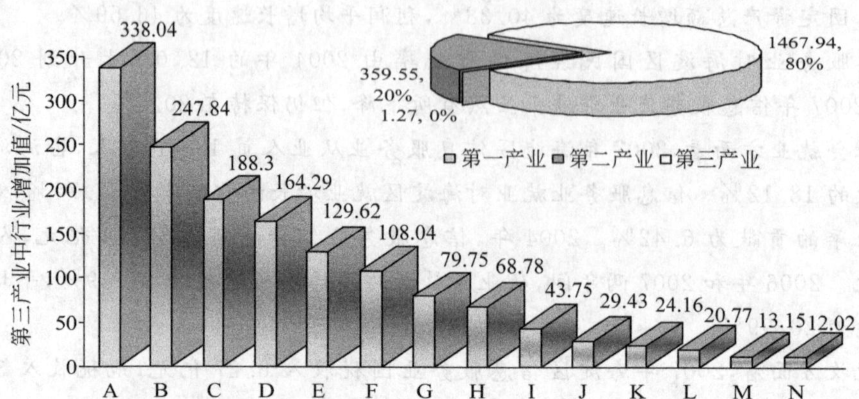

注：图中A—信息服务业；B—科学研究、技术服务和地质勘察业；C—教育；D—金融业；E—批发和零售业；F—房地产业；G—文化、体育和娱乐业；H—租赁与商业服务业；I—住宿和餐饮业；J—公共管理和社会组织；K—卫生、社会保障和社会福利业；L—居民服务和其他服务业；M—水利、环境和公共设施管理业；N—交通运输、仓储和邮政业①

图 2-14　2007 年海淀区产业结构与第三产业中各行业增加值①

2. 商务实践

请分小组讨论某行业或某企业的发展现状，并尝试用统计图表进行表示和分析。

习　题

1. 请说明四种数据计量尺度的不同之处。

2. 上汽大众斯柯达品牌已经完成由 Fabia 晶锐、Rapid 家族、Octavia 明锐、Superb 速派和 Yeti 组成的产品构架。请用列名尺度表示上海大众斯柯达品牌的产品构架。

3. 如何用顺序尺度说明居民对现有住房条件的评价情况？考试成绩可以用间隔尺度来计量吗？

4. 如何获得统计数据？间接统计数据获得时需要注意哪些问题？抽样调查有哪些方法？抽样过程中可能产生的误差有几种？哪些误差可以避免？

5. 如何编制分布数列？

6. 统计表的制作要求有哪些？

7. 反映定性数据和定量数据规律特征的统计图分别有哪些？

8. 请对以下 34 个居民的年收入数据，编制一个分布数列。

---

① 注：图 2-13～图 2-14 的资料来源为 2005—2007 年海淀区统计年鉴，指标数据经过整理计算获得。

10 000	17 000	8 000	33 000	27 000	40 000	11 000	56 000	38 000	9 000
24 000	12 000	15 000	23 000	19 000	52 000	31 000	62 000	8 000	13 000
11 000	15 000	10 000	23 000	18 000	21 000	29 000	7 000	43 000	60 000
30 000	41 000	25 000	34 000						

9. 请分别用柱形图和线图，反映某地区硕士毕业男性和女性平均起始年薪的变化规律，如表 2-14 所示。

表 2-14　2010—2016 年某地区硕士毕业生平均起始年薪　元

年份	硕士毕业男性平均起始年薪	硕士毕业女性平均起始年薪
2010	64 456	51 789
2011	67 286	56 478
2012	76 234	63 854
2013	77 890	68 600
2014	83 467	69 070
2015	81 090	65 321
2016	87 543	64 506

10. 请做出表 2-15 中学生成绩的箱线图，期中、期末成绩的直方图。

表 2-15　2010—2016 年某班级 8 名学生期初、期中、期末成绩

姓名	期初成绩	期中成绩	期末成绩
夏明	64	70	76
求利	80	86	92
金武	70	66	82
凯凯	90	86	96
橘子	50	62	66
玲玲	70	78	62
敏敏	56	70	74
浩林	72	78	64

第 3 章

描述统计中的测度指标

※本章与各小节能力培养提示

按照“工程教育认证标准(2015)版”12 条毕业要求，结合经济管理专业方向，本章对应于教学毕业要求(1)(2)(5)，即(1)将经济管理基础知识应用于实践中；(2)能够据此分析实际经济管理问题；(5)能够应用信息技术。本章的教学目标是掌握能够描述数据规律的测度指标，包含集中趋势指标和离散趋势指标。要求了解指标的计算方法、指标的适用条件。会使用 Excel 和 SPSS 统计分析软件找出基本的描述统计指标。

章节名称	培养能力提示
3.1　集中趋势的测度指标	了解众数、中位数、算数平均数、调和平均数、几何平均数的概念，掌握各种集中趋势指标的计算方法和用途
3.2　离散趋势的测度指标	了解极差、平均差、方差、标准差、四分位差、离散系数的概念，掌握各种离散趋势指标的计算方法和用途
3.3　偏态和峰度的测量	了解偏态和峰度指标的含义与计算公式
3.4　描述统计测度指标的可视化软件应用	能够使用 Excel 与 SPSS 统计软件显示和说明描述统计中测度指标的含义

※案例与案例问题

青蓝大学经济管理学院三个专业的满意度

青蓝大学经济管理学院有三个专业：经济学专业、工商管理专业和电子商务专业。近期院方准备了解用人单位对本校学生工作表现、专业水平和外语水平的满意程度，以此促进本校教学改革。校管理层希望在调查报告中说明以下问题。

第一，用人单位对该校学生的哪个方面比较满意？或不满意？在哪个方面需要改进？

第二，用人单位对该校学生哪个方面满意差别最大？

第三，对三个专业的满意程度是否一致？

第四，提出实质性的改进建议。

如果要完成上述报告，则

(1) 如果满足以上要求，那么需要如何做调研？

(2) 调研分析报告中以上四个问题需要用到哪些分析指标？

统计指标体系是由多个指标构成的，不同的统计指标所反映的内容不同。但对于不同的社会经济现象用统计指标去反映时，为了说明其数据的规律性，有必要首先计算并分析各种测度指标。其中静态指标分析方法是统计数据分析的基础内容。为了从大量的原始数据中找到规律，通常利用静态指标分析数据的集中趋势和离散趋势。下面就介绍这两类指标。

3.1　集中趋势的测度指标

集中趋势是指一组数据向某一中心值靠拢的倾向，在中心附近的观察值数目较多，而远离中心的较少，它反映了一组数据中心点的位置所在，也反映了数据的一般水平。测度集中趋势也就是寻找数据水平的代表值或中心值。常用的集中趋势测度值包括五种：众数、中位数、算术平均数、调和平均数和几何平均数。

3.1.1　众数

众数是指总体中出现次数最多的那个标志值。它是数据最为密集的地方，众数通常存在，但未必唯一。也就是说，一组数据至少有一个众数，也可能有若干个众数。如果所有标志值出现的次数相等，此时没有众数；如果有两个标志值出现的次数相等，而且最多，称为复众数。其实众数就是一种平均数，因而能够形象地反映总体数据分布的集中趋势。

1. 未分组资料确定众数

【例 3-1】　甲乙两班组工人日产零件数(件)如下。

甲：15 17 19 **22 22 22** 23 23 25 26 30

乙：15 16 17 17 20 20 **22 22 22** 25 26 28

求众数。

因为甲乙两班组工人日产零件数据表现最多的都是 22，所以，$M_{0甲}=22$，$M_{0乙}=22$。

如果原始数据进行了分组，众数的确定方式有两种：一种是根据单项式数列确定众数，一种是根据组距数列来确定众数。

2. 单项式数列确定众数

在单项式数列中，经过分组整理后，哪一种变量值出现的次数最多，对应的变量值即为众数。由单项数列计算众数，可以直接观察得出，找出出现次数最多的标志值。

【例 3-2】　太阳心服饰厂生产工人某日服装饰品产量分布如表 3-1 所示，生产部经理想通过众数分析工人生产的一般水平，以制订生产计划。试帮助他确定众数。

表 3-1　太阳心服饰厂生产工人某日服装饰品产量分布

日产量/件	工人数/人
21	5
22	8
23	23

续表

日产量/件	工人数/人
24	19
25	118
26	15
27	12
合计	200

在表 3-1 中，日产量 25 件出现得最多，在全部 200 名工人中，有 118 名工人集中在这一组，所以日产量 25 件为众数，这说明绝大部分工人日产量已达到这样的水平，它可以作为该厂安排生产计划的依据。

3．组距式数列计算众数

组距式数列求众数的方法如下。

第一步：找出出现次数最多的组，这个组就是众数所在的组。

第二步：根据内插近似公式计算众数近似值。

$$M_o = L + \frac{(f-f_{-1})\times d}{(f-f_{-1})+(f-f_1)} \quad \text{（下限公式）} \tag{3-1}$$

$$M_o = U - \frac{(f-f_1)\times d}{(f-f_{-1})+(f-f_1)} \quad \text{（上限公式）} \tag{3-2}$$

式中：L 为众数组下限；U 为众数组上限；f 为众数组的次数；f_{-1} 为众数组前一组的次数；f_1 为众数组后一组的次数；d 为众数组的组距。

【例 3-3】 某市所有企业高管收入分布如表 3-2 所示，高管收入的众数为多少？

表 3-2 某市所有企业高管收入分布

按收入分组/万元	人数	向上累计人数	向下累计人数
25～30	40	40	400
30～35	60	100	360
35～40	**150**	250	300
40～45	90	340	150
45～50	60	400	60
合　计	400	—	—

依据式(3-1)和式(3-2)进行计算：

$$M_o = L + \frac{(f-f_{-1})\times d}{(f-f_{-1})+(f-f_1)} = 35 + \frac{(150-60)\times 5}{(150-60)+(150-90)} = 38\text{（万元）}$$

$$M_o = U - \frac{(f-f_1)\times d}{(f-f_{-1})+(f-f_1)} = 40 - \frac{(150-90)\times 5}{(150-60)+(150-90)} = 38\text{（万元）}$$

因此，高管收入的众数为 38 万元。

由上下限公式结果可知，众数在众数组中的位置与众数组前后两组的次数有关，如果上一组的次数较大，则众数值靠近下组限；如果下一组的次数较大，则众数值靠近上组限；如果众数组相邻两组的次数相等，则众数组的组中值即为众数。如【例 3-3】中众数组下组次数较大，所以计算结果靠近上组限。

应当注意的是，以上给出的公式仅适用于组距相等的分组数据，至少频数较多的几个组的组距应该相等，否则众数组和众数值会随着分组组距的变化而变化，众数的计算也就失去了意义。

众数主要用于分类数据，也可用于顺序数据和数值型数据。众数优点主要是：简明易懂，不受两极端值的影响，缺少两端有些数据也可以计算。缺点主要是：第一，不稳定。它随着频数分布表上的组距变化而变化，即同一组资料在编制频数分布表时，如果组距不同，众数值就不同。第二，众数值可能同时存在多个，无法体现准确性。第三，不适合代数计算。不能将几个众数综合求出一个总的众数。第四，受抽样变动的影响较大。第五，包含信息量较小。因此它是一个效率较低的集中量。

3.1.2 中位数

中位数是指将一组数据按一定顺序排列后位置居中的数值，用 M_e 来表示。它将全部的变量值分为两部分，一半的变量值比它大，另一半变量值比它小，而且两部分变量值的数量是相等的。中位数也常用来代表现象的一般水平，同样地，它也不受变量数列极值的影响。

中位数的计算方法根据所掌握的资料的不同，分为两种：一是根据未分组的资料计算中位数，二是根据已分组的资料计算中位数。

1. 根据未分组的资料计算中位数

根据未分组数据计算中位数时，要先对数据进行排序，确定中位数的位置，然后确定中位数的具体值。具体而言：如果含有奇数 n 项，则中位数的项次为 $(n+1)/2$；若含有偶数 n 项，则中位数取第 $n/2$ 和第 $(n/2)+1$ 项的平均值。

【例 3-4】 酷乐工厂是一家玩具生产企业，A 车间、B 车间开展生产竞赛，决定用中位数说明哪个车间生产的一般水平更高。分别随机抽取 9 名和 10 名工人，在经过严格质量检测的前提下，其每日生产量如下，计算这两个车间的日产量的中位数。

A 车间：29　29　40　37　41　29　30　37　39

B 车间：33　32　28　47　45　43　28　29　42　37

解：先将上面的数据顺序排列，结果如下。

A 车间：29　29　29　30　37　37　39　40　41

B 车间：28　28　29　32　33　37　42　43　45　47

A 车间中位数的位置 $=(9+1)/2=5$，中位数即为第 5 项数值，即 $M_e=37$(件)

B 车间中位数的位置 $=(10+1)/2=5.5$，中位数即为第 5、6 项数值的平均值，$M_e=(33+37)/2=35$(件)

2. 根据已分组的资料计算中位数

由已分组的资料计算中位数，分为两种情况：一种是根据单项数列计算中位数，另一种是根据组距数列计算中位数。

1）根据单项数列计算中位数

对于变量值很多，而且已经过分组整理的数据，此时中位数位置$=\left(\sum f_i\right)/2$，根据累积频数确定中位数所在的组，再确定中位数的具体值。

对于单项式分组数据，确定中位数所在的组后，该组的变量值即为中位数。

【例 3-5】 轻骑旅行社女导游身高资料见表 3-3，请根据表中资料确定该旅行社女导游身高的中位数。

表 3-3 轻骑旅行社女导游身高资料

身高/cm	导游人数 f_i/人	向上累计数
161	2	2
163	4	6
164	10	16
165	14	30
168	8	38
170	2	40
合计	40	—

中位数位置为$\left(\sum f_i\right)/2$，$=40/2=20$。由表 3-3 中向上累计数可知，第四组为中位数所在组。所以，中位数 $M_e=165$ cm。

2）根据组距数列计算中位数

如果是组距数列，与确定组距式数列的众数类似，首先确定中位数的位次$\left[\frac{\sum f}{2}\right]$，然后按式(3-3)或式(3-4)计算中位数。

$$M_e=L+\frac{\frac{\sum f}{2}-s_{m-1}}{f_m}\times d \quad (\text{下限公式}) \tag{3-3}$$

$$M_e=U-\frac{\frac{\sum f}{2}-s_{m+1}}{f_m}\times d \quad (\text{上限公式}) \tag{3-4}$$

式中：L 为中位数组下限；U 为中位数组上限；f_m 为中位数所在组的频数；s_{m-1} 为中位数所在组以前各组的累计频数；s_{m+1} 为中位数所在组以后各组的累计频数；d 为中位数组的组距。

【例 3-6】 根据表 3-2 资料计算某市高管收入的中位数。

该市高管收入的中位数：

$$M_e=L+\frac{\frac{\sum f}{2}-s_{m-1}}{f_m}\times d=35+\frac{\frac{400}{2}-100}{150}\times 5\approx 38.33(\text{万元})$$

$$M_e = U - \frac{\dfrac{\sum f}{2} - s_{m+1}}{f_m} \times d = 40 - \frac{\dfrac{400}{2} - 150}{150} \times 5 \approx 38.33(\text{万元})$$

中位数主要用于顺序数据，也可用于数值型数据，但不能用于分类数据。中位数具备一个优秀集中量所应具备条件中的部分条件。例如，它也比较严密确定、简明易懂、计算简便，稳定而不受极端数据的影响，特别难得的是，如果缺失某些数据也可以计算。但中位数不适合代数计算，虽然受抽样变动影响比较小，但与算术平均数相比抽样偏差相对较大，而且两端数据发生极端变化时也不会影响结果，很不灵敏。同时由于在计算时只使用了部分数据，因此，包含的信息量没有算术平均数多，其应用也没有算术平均数那么广泛。

3.1.3 算术平均数

算术平均数也称均值，它是全部数据的平均数，可以概括地反映全部数据的平均水平。算术平均数是应用最广泛的一种平均指标，是数据集中趋势最主要的测度值。它主要应用于描述数值型数据。从总量指标的角度看，平均数以下列公式派生所得

$$\text{均值}(\bar{x}) = \frac{\text{总体标志总量(变量值总量)}}{\text{总体单位总量(变量值个数)}}$$

根据所掌握的数据是否分组，算术平均数可分为简单算术平均数与加权算术平均数两种计算形式。

1. 简单算术平均数

如果数据是未经分组的原始数据，可计算简单算术平均数。设一组数据为 x_1，x_2，…，x_n，则简单算术平均数的计算公式如下：

$$\bar{x} = \frac{x_1 + x_2 + \cdots + x_n}{n} = \frac{\sum x_i}{n} \tag{3-5}$$

式中：$\bar{x}$ 为均值，即算术平均数；x_i 为数列中各观察值；n 为数列中观察值项数。

【例 3-7】 某生产班组有 10 名工人，每人日产量（件）分别为 15，17，18，20，22，25，27，28，29，30。求该班组工人平均日产量。

该班组工人平均日产量为

$$\bar{x} = \frac{15 + 17 + 18 + 20 + 22 + 25 + 27 + 28 + 29 + 30}{10} = 23.1(\text{件}/\text{日})$$

2. 加权算术平均数

如果所掌握的数据已经分组，并编制为变量数列，在计算平均数时不仅要考虑各变量值本身的大小，还要考虑各变量值的重要程度不同，于是需要将各变量值分别乘以代表该变量值重要程度的权数，然后用此乘积之和除以权数之和，所得之商就称为加权算数平均数。

1）权数为绝对数

由分组数据计算均值，公式如下：

$$\bar{x} = \frac{\sum_{i=1}^{k} x_i f_i}{\sum_{k=1}^{k} f_i} \tag{3-6}$$

【例 3-8】 某车间 100 名工人的日产量资料如表 3-4 所示。试计算该车间工人的平均日产量。

表 3-4 某车间 100 名工人的日产量资料

日产量/件	工人数 f_i/人	频率 $\frac{f_i}{\sum f_i}$	组产量 $x_i f_i$/件
30	15	0.15	450
31	38	0.38	1 178
35	34	0.34	1 190
36	13	0.13	468
合计	100	1.00	3 286

该车间 100 名工人的平均日产量为

$$\bar{x}=\frac{\sum_{i=1}^{k}x_i f_i}{\sum_{k=1}^{k}f_i}=\frac{30\times 15+31\times 38+35\times 34+36\times 13}{15+38+34+13}=\frac{3\ 286}{100}=32.86(\text{件})$$

2）权数为相对数

公式如下：

$$\bar{x}=\frac{\sum_{i=1}^{k}x_i f_i}{\sum_{k=1}^{k}f_i}=\sum_{i=1}^{k}x_i\cdot\frac{f_i}{\sum_{i=1}^{k}f_i} \tag{3-7}$$

根据表 3-4 资料利用频率计算为

$$\bar{x}=\frac{\sum_{i=1}^{k}x_i f_i}{\sum_{k=1}^{k}f_i}=30\times 0.15+31\times 0.38+35\times 0.34+36\times 0.13=32.86(\text{件})$$

3. 算术平均数的适用条件和优缺点

算术平均数主要适用于数值型数据，是反映集中趋势最有代表性的指标。

一个优秀的集中量应具备以下七个条件：第一，反应灵敏。一组数据中任何一个数值发生或大或小的变化，所计算出来的该种集中量也会随之变大或变小，可以灵敏地反应出来。第二，稳定不变。由同一组数据计算出来的该种集中量是一样的。第三，意义简明。意义简单明了，容易理解。第四，适合代数运算。可以通过几个集中量求总集中量。第五，计算简便。例如只需要用简单的四则运算。第六，包含的信息量大。所有的数据均参与计算。第七，受抽样的影响较小。从同一个总体中随机抽取的容量相同的样本，所计算出来的该种集中量与其他集中量指标相比，抽样误差较小。

算术平均数具有上述七个条件，同时它还是计算其他重要统计指标，如方差、标准差、相关系数、差异系数、标准分时的组成部分，不能缺少。在进行统计推断时，大量公式都要用到它。

但算术平均数也有以下两个缺点：第一，易受极端值影响。由于它反应灵敏，所以如果一组数据中绝大多数数值都较高，但只有一个数值特别低，则所计算出来的算术平均数就受到这个最低值的影响，把整体平均水平拉低，如果这个最低的数值是个别情况，不是正常总体中应该出现的数值，被拉低的平均水平会降低对所研究总体的代表性，这时算术平均数作为这组数据的集中量，其代表性就不理想了。第二，计算时，需要所有数据的参与。一组数据中有缺失或看不清时，就无法计算算术平均数。

3.1.4 调和平均数

调和平均数又称倒数平均数，是各变量值的倒数的算术平均数的倒数，记作 H。根据所掌握数据是否分组分类，调和平均数分为简单调和平均数与加权调和平均数两种。

1. 简单调和平均数

简单调和平均数适用于未分组数列，其计算公式如下：

$$H=\frac{n}{\frac{1}{x_1}+\frac{1}{x_2}+\cdots+\frac{1}{x_n}}=\frac{n}{\sum_{i=1}^{n}\frac{1}{x_i}} \tag{3-8}$$

式中：H 为调和平均数；x_i 为数列中各观察值；n 为变量值个数。

【例 3-9】 东华农贸市场中甲、乙、丙三种西瓜的价格分别为：甲 1 元/斤，乙 2 元/斤，丙 0.8 元/斤。求：(1) 三种西瓜各卖 1 斤，平均价格是多少？(2) 如果三种西瓜各获得销售额 1 元，平均价格是多少？

(1) 三种西瓜各卖 1 斤，平均价格用算术平均数计算为

$$\bar{x}=(1+2+0.8)/3\approx 1.27(\text{元})$$

(2) 各类西瓜销售额为 1 元，总销售额为 3 元，平均价格为

$$H=3/(1/1+1/2+1/0.8)\approx 1.09(\text{元})$$

当三种西瓜各卖 1 斤时，每种价格对平均价格的影响是相等的，而各自销售额为 1 元时，由于三种西瓜的购买量不同，因而它们对平均价格的影响就不同了，当购买 0.8 元的西瓜数量较大时，平均价格相对而言就比较低了。

2. 加权调和平均数

加权调和平均数适用于分组数列。其计算公式为

$$H=\frac{\sum_{i=1}^{n}m_i}{\sum_{i=1}^{n}\frac{m_i}{x_i}} \tag{3-9}$$

式中：H 为调和平均数；x_i 为各组组中值；m_i 为各组观察值的总量，即权数。

【例 3-10】 根据员工工资水平及工资总额资料计算总平均工资，如表 3-5 所示。

表 3-5 员工工资水平及工资总额资料

月工资额/元	组中值 X/元	各组工资总额 m/元	各组人数 m/x
6 000 以下	5 000	25 000	5
6 000～8 000	7 000	105 000	15
8 000～10 000	9 000	180 000	20
10 000～12 000	11 000	88 000	8
12 000 以上	13 000	26 000	2
合计	—	424 000	50

将表 3-5 中的数据代入加权调和平均数公式，计算结果如下：

$$H=\frac{\sum_{i=1}^{n}m_i}{\sum_{i=1}^{n}\frac{m_i}{x_i}}=424\ 000/50=8\ 480(\text{元})$$

这一结果与加权算术平均法的计算结果相同。由此可见，在根据分组资料计算平均数时，若已知条件为各组的变量值(x_i)及其各组变量值总和(m_i)时，可采用加权调和平均法计算平均数；若已知条件为各组的变量值(x_i)及其各组的频数(f_i)，则可采用加权算术平均法计算平均数。对于同一种资料，两种算法是一致的。

在实际应用中，调和平均数多作为算术平均数的变形使用。在某些场合，所给的统计资料不能直接计算算术平均数，只能用另一种形式的平均数——调和平均数来计算。这时，调和平均数与算术平均数的计算结果相同，实际意义也完全相同，只是由于所掌握的资料不同，计算过程不同而已。

调和平均数的缺点是：在某些领域集中量指标非调和平均数不可，但是它的使用有限制，若参与计算的变量值有一个为零，就无法计算；参与计算的变量值倒数和为零也无法计算；等等，所以它的应用范围也比算术平均数窄。

3.1.5 几何平均数

几何平均数是另一种形式的平均数，它是几个变量值连乘积的 n 次方根，用 G 来表示。当几个变量的连乘积等于总比率或总速度时，都必须用几何平均数的形式来计算平均比率和平均速度。因此它主要用于计算平均比率和平均数度。计算公式为

$$G=\sqrt[n]{x_1\cdot x_2\cdot x_3\cdot\cdots\cdot x_n}=\sqrt[n]{\prod_{i=1}^{n}x_i} \tag{3-10}$$

式中：G 为几何平均数；x_i 为变量值；n 为变量值的项数；$\prod$ 为连乘符号。

【例 3-11】 某水泥厂连续 3 年的产量增长率分别为 9%、16%和 20%，如表 3-6 所示。求这 3 年的平均增长率。

表 3-6　某水泥厂连续 3 年的产量

年　度	2012	2013	2014	2015
产量/万 t	100.00	109.00	126.44	151.73
发展速度 x_i/%	—	109	116	120
增长速度/%	—	91	620	

该厂的产量平均增长率为

$$G=\sqrt[n]{\prod_{i=1}^{n}x_i}-1=\sqrt[3]{109\%\times 116\%\times 120\%}-1$$
$$\approx 114.91\%-1=14.91\%$$

在某些领域集中量指标非几何平均数不可，它包含的信息量较大，但是其使用有一些限制。若参与计算的变量值有一个为零，结果就为零；变量乘积为负，开偶次根没有意义；等等，所以它的应用范围比算术平均数窄。

3.1.6　众数、中位数和均值的关系

众数、中位数和均值都是反映被研究现象数量分布集中趋势的。它们之间存在着一定的关系，这种关系可以用来反映总体数量分布的特征和相互之间的估算。

1. 对称分布

图 3-1 表示对称的钟型分布中 m_o、m_e 和 $\bar{x}$ 的位置。可见，$m_o=m_e=\bar{x}$。

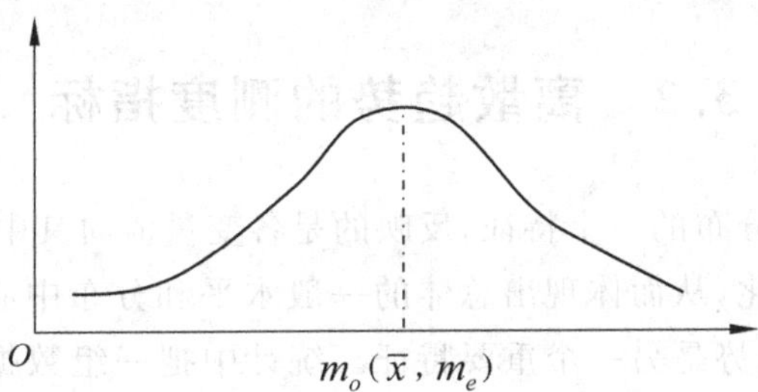

图 3-1　对称的钟型分布中众数、中位数和均值的关系

2. 左偏分布

图 3-2 表示左偏的钟型分布中 m_o、m_e 和 $\bar{x}$ 的位置。可见，$\bar{x}<m_e<m_o$。

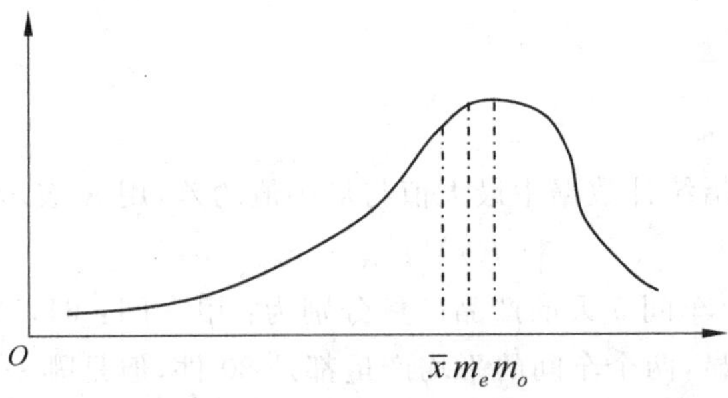

图 3-2　左偏的钟型分布中众数、中位数和均值的关系

3. 右偏分布

图 3-3 表示右偏的钟型分布中 m_o、m_e 和 $\bar{x}$ 的位置。可见，$m_o < m_e < \bar{x}$。

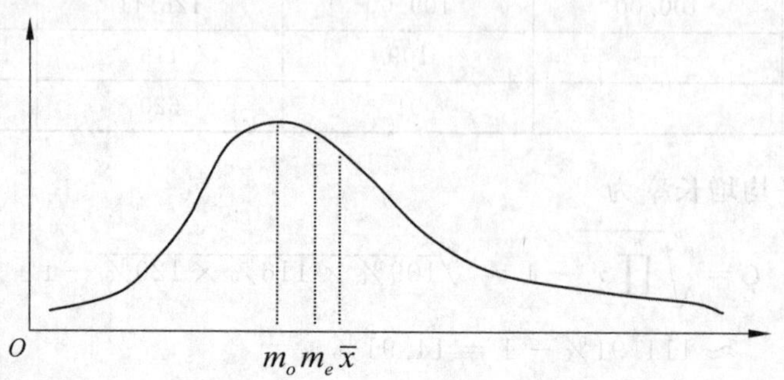

图 3-3 右偏的钟型分布中众数、中位数和均值的关系

从分布的角度看，众数始终是一组数据分布的最高峰，中位数是处于一组数据中间位置上的值，而均值则是全部数据的算术平均。因此，对于具有单峰分布的大多数数据而言，众数、中位数和均值之间具有以下关系：如果数据的分布完全对称，则众数、均值和中位数必定相等，即 $m_o = \bar{x} = m_e$；如果数据的分布非对称，则众数、中位数和均值不再相等，当数据是左偏分布时，说明数据存在个别极小值，受其影响均值最小、中位数居中、众数最大，其关系表现为 $\bar{x} < m_e < m_o$；当数据是右偏分布时，说明数据存在个别极大值，使得均值最大、中位数居中、众数最小，则 $m_o < m_e < \bar{x}$。

3.2 离散趋势的测度指标

集中趋势只是数据分布的一个特征，反映的是各变量值向其中心值聚集的程度，是把各变量值间的差异抽象化，从而体现出总体的一般水平和分布中心的状况。但是要研究总体的分布状况，离散趋势是另一个重要特征。统计中把一组数据远离其中心的程度称为离散程度或离中趋势。数据离散程度越大，集中趋势的测度值对该组数据的代表性就越差；数据离散程度越小，其代表性就越好。离中趋势的各测度值就是对数据离散程度所作的描述。

用于描述离散程度的测度值主要包括极差（全距）、平均差、方差和标准差、四分位差（内距）以及离散系数等。

3.2.1 极差

极差也称全距，是指统计数据中最大值与最小值的差，用 R 表示。即

$$R = x_{\max} - x_{\min} \tag{3-11}$$

【例 3-12】 有两个车间 5 天的产品产量分别为：甲车间：61，72，80，88，99；乙车间：75，79，80，81，85；很明显，两个车间的平均产量都是 80 件，但是哪一个车间的产量比较集中呢？

如果用极差指标来衡量，则有

$$R_{甲} = 99 - 61 = 38(件)$$

$$R_{乙} = 85 - 75 = 10(件)$$

这说明甲车间的数据变动度或离中趋势远大于乙车间的数据变动度。

极差只考虑了数据中最大值和最小值，而没有涉及数据中的其他值，因此虽然极差是描述数据离散程度的最简单测度值，计算也非常简单，易于理解，但是它容易受到极端值的影响。由于极差不能反映出中间数据的分散情况，在所有的数据中只用了两个，因而不能准确描述出数据的分散程度。它包含的信息量很少而极易失真，因此只能作为一种低效率的差异量指标，在快速估计一批数据的大致分化情况和编制频数分布表时可采用。

3.2.2 平均差

平均差是各变量值与其均值离差绝对值的算术平均数，用 A. D. 表示。

在资料未分组的情况下，平均差的计算公式为

$$\text{A. D.} = \frac{\sum |x - \bar{x}|}{n} \tag{3-12}$$

【例 3-13】 如果甲车间 5 天的产品产量分别为 61，72，80，88，99，计算甲车间平均差。

如果已经计算出均值为 80，则

$$\text{A. D.} = \frac{|61-80|+|72-80|+|80-80|+|88-80|+|99-80|}{5}$$

$$= 10.8(件)$$

在资料已分组的情况下，要用加权平均差公式：

$$\text{A. D.} = \frac{\sum |x - \bar{x}| f}{\sum f} \tag{3-13}$$

【例 3-14】 某厂职工按月收入水平分组的组距数列如表 3-7 中前两列，计算平均差。

表 3-7 某厂职工月收入水平资料

职工工资/元	职工人数 f	组中值 x_i	$x_i f$	$x-\bar{x}$	$\|x-\bar{x}\| f$
2 500～2 700	15	2 600	39 000	−50	7 500
2 700～2 900	25	2 800	70 000	−30	7 500
2 900～3 100	35	3 000	105 000	−10	3 500
3 100～3 300	65	3 200	208 000	10	6 500
3 300～3 500	40	3 400	136 000	30	12 000
合　计	180	—	558 000	—	37 000

解：根据公式列表计算，得到

$$\bar{x} = \frac{\sum xf}{\sum f} = \frac{558\,000}{180} = 3\,100(元)$$

$$\text{A. D.} = \frac{\sum |x - \bar{x}| f}{\sum f} = \frac{37\ 000}{180} \approx 206(\text{元})$$

平均差以均值为中心，综合反映了每个数据与均值的平均差异程度。它能够全面准确地反映一组数据的离散情况。平均差越大，则表示数据的离散程度越大，反之则表示离散程度越小。平均差每个数据都参加运算，考虑到全部的离差，因此包含的信息量较大，同时反应也较灵敏。缺点是计算要用绝对值，不适合代数运算，这一点使它的应用受到很大的限制，因此在统计分析中应用不是很广泛。

3.2.3 方差和标准差

方差和标准差是测度数据变异程度的最重要、最常用的指标。方差是各个数据与其算术平均数的离差平方的平均数，通常以 σ^2 表示。方差的计量单位和量纲不便于从经济意义上进行解释，所以在实际统计工作中多用方差的算术平方根——标准差来测度统计数据的差异程度。标准差又称均方差，一般用 σ 表示。方差和标准差的计算也分为简单平均法和加权平均法，另外，对于总体数据和样本数据，公式略有不同。

1. 总体方差和标准差

未分组整理的原始数据的方差计算公式为

$$\sigma^2 = \frac{\sum_{i=1}^{N}(X_i - \overline{X})^2}{N} \tag{3-14}$$

经分组整理的原始数据的方差计算公式为

$$\sigma^2 = \frac{\sum_{i=1}^{K}(X_i - \overline{X})^2 f_i}{\sum_{i=1}^{K} f_i} \tag{3-15}$$

方差的平方根即为标准差，其相应的计算公式如下。

未分组整理的原始数据的标准差计算公式为

$$\sigma = \sqrt{\frac{\sum_{i=1}^{N}(X_i - \overline{X})^2}{N}} \tag{3-16}$$

经分组整理的原始数据的标准差计算公式为

$$\sigma = \sqrt{\frac{\sum_{i=1}^{K}(X_i - \overline{X})^2 f_i}{\sum_{i=1}^{K} f_i}} \tag{3-17}$$

2. 样本方差和标准差

根据未分组数据和分组数据计算样本方差的公式如下。

未分组整理的原始数据的方差计算公式为

$$S_{n-1}^2=\frac{\sum_{i=1}^{n}(x_i-\bar{x})^2}{n-1} \tag{3-18}$$

经分组整理的原始数据的方差计算公式为

$$S_{n-1}^2=\frac{\sum_{i=1}^{k}(x_i-\bar{x})^2 f_i}{\sum_{i=1}^{k}f_i-1} \tag{3-19}$$

未分组整理的原始数据的标准差计算公式为

$$S_{n-1}=\sqrt{\frac{\sum_{i=1}^{n}(x-\bar{x})^2}{n-1}} \tag{3-20}$$

经分组整理的原始数据的标准差计算公式为

$$S_{n-1}=\sqrt{\frac{\sum_{i=1}^{k}(x-\bar{x})^2 f_i}{\sum_{i=1}^{k}f_i-1}} \tag{3-21}$$

【例 3-15】 某公司欲考察一台机器的生产能力，利用抽样程序来检验生产出来的产品质量，收集的数据如下：

3.45	3.43	3.50	3.48	3.48	3.43	3.39
3.52	3.51	3.38	3.41	3.45	3.49	3.50

根据该行业惯例：如果一个样本中的 14 个数据项的方差大于 0.005，则该机器必须关闭待修。问此时的机器是否必须关闭？

根据已知数据，计算 $\bar{x}=\frac{\sum x}{n}=3.459$

$$S^2=\frac{\sum(x-\bar{x})^2}{n-1}=0.002<0.005$$

因此，该机器工作正常，不需要关闭待修。

【例 3-16】 按照表 3-7 数据，假设该厂共有 180 名员工，则计算其方差和标准差如下。

$$\begin{aligned}\sigma^2&=\frac{\sum_{i=1}^{K}(X_i-\bar{X})^2 f_i}{\sum_{i=1}^{K}f_i}\\&=\frac{(2\,600-3\,100)^2\times 15+(2\,800-3\,100)^2\times 25+\cdots+(3\,400-3\,100)^2\times 40}{180}\\&\approx 588.89\end{aligned}$$

$$\sigma=\sqrt{\frac{\sum(X_i-\bar{X})^2 f}{\sum f}}=\sqrt{588.89}\approx 24.27$$

方差和标准差也是根据全部数据计算的,它反映了每个数据与其均值相比平均相差的数值,因此,能准确地反映出数据的离散程度。方差和标准差是实际中应用最广泛的离散程度测度值。

如同对集中量的评价一样,一个优秀的差异量也应具备以下七个条件:第一,反应灵敏。一组数据中任何一个数值发生或大或小的变化,所计算出来的该种集中量也会随之变大或变小,可以灵敏地反应出来。第二,稳定不变。由同一组数据计算出来的该种差异量是一样的。第三,意义简明。意义简单明了,容易理解。第四,适合代数运算。可以通过几个集中量求总差异量。第五,计算简便。例如只需要用简单的四则运算,或有专用的计算工具。第六,包含的信息量大。所有的数据均参与计算。第七,受抽样的影响较小。从同一个总体中随机抽取的容量相同的样本,所计算出来的该种差异量与其他差异量指标相比,抽样误差较小。

方差和标准差除了上述第三点之外,具有优秀的差异量应该具备所有七个条件中的六个。同时,方差和标准差还是计算其他重要的统计指标如相关系数、差异系数时的组成部分,不能缺少。在进行统计推断时,大量公式都要用到它。方差分析方法的基本原理,就是利用了方差的可加性。因此与其他差异量指标相比,方差和标准差应用最为广泛。方差和标准差的缺点是:公式的含义不太容易理解;如果没有计算工具,运算比较困难;有个别数值不明或丢失时,无法计算。

3.2.4 四分位差

四分位差也称内距或四分间距,它是第三个四分位数与第一个四分位数之差,记作Q_d。计算公式为

$$Q_d = Q_3 - Q_1 \tag{3-22}$$

未分组数据和单项式数列计算四分位数公式:

$$Q_1\ \text{所在位置为}\frac{n+1}{4};$$

$$Q_3\ \text{所在位置为}\frac{3n+1}{4};$$

组距式资料计算四分位数公式如下。

第一四分位数下限公式为

$$Q_1 = L_1 + \frac{(\sum f/4) - S_{m1-1}}{f_{m1}} \times d_1 \tag{3-23}$$

第二四分位数下限公式为

$$Q_3 = L_3 + \frac{(3\sum f/4) - S_{m3-1}}{f_{m3}} \times d_3 \tag{3-24}$$

式(3-23)和式(3-24)中:L_1,L_3 分别为第一、第三四分位数的下限;d_1,d_3 分别为第一、第三四分位数的组距;f_{m1},f_{m3} 分别为第一、第三四分位数组的次数;S_{m3-1},S_{m1-1} 分别为第一、第三四分位数所在组以下各组次数的累计次数。

【例 3-17】 某市某年城市家庭年纯收入分组如表 3-8 所示，求该城市这年家庭年纯收入的四分位差。

表 3-8　某市某年城市家庭年纯收入分组

城市家庭按年人均纯收入分组/元	农民家庭数/户
1 000～1 200	240
1 200 ～1 400	480
1 400～1 600	1 050
1 600～1 800	600
1 800～2 000	270
2 000～2 200	210
2 200～2 400	120
2 400～2 600	30
合　计	3 000

可以计算，$\frac{\sum f}{4} = 3\ 000/4 = 750$，$\frac{3\sum f}{4} = 3 \times 3\ 000/4 = 2\ 250$；$L_1 = 1\ 400$，$L_3 = 1\ 600$；$f_{m1} = 1\ 050$，$f_{m3} = 600$；$S_{m3-1} = 240 + 480 = 720$，$S_{m1-1} = 720 + 1\ 050 = 1\ 770$；$d_1 = 1\ 600 - 1\ 400 = 200$，$d_3 = 1\ 800 - 1\ 600 = 200$。

$$Q_1 = L_1 + \frac{(\sum f/4) - S_{m1-1}}{f_{m1}} \times d_1$$

$$= 1\ 400 + [(750 - 720)/1050] \times 200 \approx 1\ 406(\text{元})$$

$$Q_3 = L_3 + \frac{(3\sum f/4) - S_{m3-1}}{f_{m3}} \times d_3$$

$$= 1\ 600 + [(2\ 250 - 1\ 770)/600] \times 200 = 1\ 760(\text{元})$$

$$Q_d = Q_3 - Q_1 = 1\ 760 - 1\ 406 = 354(\text{元})$$

计算结果表明：该城市这年家庭年纯收入的四分位差为 354 元。

四分位差反映了中间 50％数据的离散程度，其数值越小，说明中间的数据越集中；数值越大，说明中间的数据越分散。四分位差不受极值的影响。此外，由于中位数处于数据的中间位置，因此四分位差的大小在一定程度上也说明了中位数对一组数据的代表性。四分位差主要用于测度顺序数据的离散程度。当然，对于数值型数据也可以计算四分位差，但不适于分类数据。四分位距简明易懂，较少受两极端数值的影响，比全距可靠得多。但它忽略了左右 50％数据的差异，计算时也未使用所有的数据。因此，包含的信息量不多。它不适合代数运算，不能把几组数据的四分位距合成为总的四分位距。同时，它的计算需要累计频数分布表的配合，比较不便，不是高效的差异量指标。当其他高效的差异量指标得到推广使用后，四分位差指标的应用就越来越少了。

3.2.5 离散系数

上面介绍的几种离散程度测度值都是反映数据分散程度的绝对值：一方面，其数值的大小取决于原变量值本身水平高低的影响，也就是与变量的均值大小有关，变量值绝对水平越高，离散程度的测度值就越大；变量值绝对水平越低，离散程度的测度值就越小；另一方面，它们与原变量值的计量单位相同，采用不同计量单位计量的变量值，其离散程度的测度值是不同的，因此，对于平均水平不同或计量单位不同的不同组别的变量值，是不能直接用上述离散程度的测度值进行比较的。为了消除变量值水平高低和计量单位不同对离散程度测度值的影响，需要计算离散系数。

离散系数通常是用标准差来计算的，因此，也称标准差系数。它是一组数据的标准差与其相应的均值之比，是测度数据离散程度的相对指标，其计算公式为

$$V=\frac{\sigma}{\bar{X}} \quad \text{或} \quad \nu=\frac{S}{\bar{x}} \tag{3-25}$$

式中：V 和 ν 分别为总体离散系数和样本离散系数。

离散系数主要是用于对不同组别数据的离散程度进行比较，离散系数大的说明数据的离散程度大，离散系数小的说明数据的离散程度小。

【例 3-18】 某管理局抽查了所属的 8 家企业，其产品销售数据如表 3-9 所示。试比较产品销售额与销售利润的离散程度。

表 3-9 某管理局所属 8 家企业的产品销售数据

企业编号	产品销售额 X_1/万元	销售利润 X_2/万元
1	170	8.1
2	220	12.5
3	390	18.0
4	430	22.0
5	480	26.5
6	650	40.0
7	950	64.0
8	1 000	69.0

由于销售额与利润额的数据水平不同，不能直接用标准差进行比较，需要计算离散系数。由表中数据计算得

$$\bar{x}_1=536.25(\text{万元}),\quad S_1=309.19(\text{万元}),\quad v_1=\frac{309.19}{536.25}=0.577$$

$$\bar{x}_2=32.52(\text{万元}),\quad S_2=23.09(\text{万元}),\quad v_2=\frac{23.09}{32.52}=0.710$$

计算结果表明，$v_1<v_2$，说明产品销售额的离散程度小于销售利润的离散程度。

3.3 偏态和峰度的测量

正态分布只要了解标准差和均值，就可以知道正态分布的性质。但是，对于未知的分布，不仅要掌握数据的集中和离散程度，还要知道数据分布的偏态和峰度如何测量。

偏态是对数据分布偏斜方向及程度的测度，用 SK 来表示。

$$\mathrm{SK}=\frac{\sum(x_i-\bar{x})^3 f_i}{\sum f_i\times S^3} \tag{3-26}$$

当 SK 大于 0 时，表示正偏；当 SK 小于 0 时，表示负偏；当 SK 等于 0 时，表示分布对称。

峰度是对数据分布平峰或尖峰程度的测度，通常是与标准正态分布比较而言的。用 K 来表示。其公式为

$$K=\frac{\sum(x_i-\bar{x})^4 f_i}{\sum f_i\times S^4}-3 \tag{3-27}$$

当 K 大于 0 时，与标准正态分布相比，为尖峰分布；当 K 小于 0 时，与标准正态分布相比，为平峰分布；当 K 等于 0 时，为标准正态分布。

3.4 描述统计测度指标的可视化软件应用

在 Excel 的数据分析对话框中，"分析工具"中包含"描述统计"项。选择"描述统计"项，并单击"确定"按钮，输入数据区域，选择"汇总统计"，即会出现基本的描述统计测度指标。

例如，【例 2-5】从某大学一年级学生中随机抽取 50 人，考察他们的期初英语摸底成绩，分别为 64,80,70,90,50,70,56,72,42,78,82,62,86,68,94,70,86,66,86,62,78,70,78,62,82,86,76,90,74,86,76,92,82,96,66,62,74,64,60,68,92,80,78,80,68,68,92,80,80,90。

按照上面的步骤，即可获得表 3-10。其中"平均"是指算术平均数，即一般水平为 75.28；中位数为 77，众数为 80。根据三者之间的关系可以发现是左偏分布。而反映离散程度的指标包括标准差和方差，最大值为 96，最小值为 42。在表 3-10 中，标准误差是指样本均值的标准误差。从峰度小于 0 上看，期末成绩的分布为平峰分布；从偏度小于 0 可知，期中成绩的分布为左偏分布。这样，我们就可以基本知道期末成绩的分布情况了。

表 3-10 期初成绩的描述指标

平均	75.28
标准误差	1.683 301
中位数	77
众数	80
标准差	11.902 74
方差	141.675 1
峰度	−0.008 04
偏度	−0.416 45
区域	54
最小值	42
最大值	96
求和	3 764
观测数	50

在SPSS的"分析"菜单中,找到"描述性"功能,将变量选到右方"变量"的空白栏中,单击"选项"按钮,勾选标准差、方差、均值、合计、偏度和峰度等选项,即可得到类似于表3-10的测度指标信息。同时,SPSS的"分析"菜单中的"报告""均值比较"等功能,也可反映基本的描述性统计测度指标。

※案例思考与商务实践

1. 案例思考

1) 调研方法说明

本案例中的问题,需要做一项对本校毕业生的调查。例如,通过邮寄E-mail、微信、QQ等方式,随机抽取30名毕业生组成的样本,要求其所在的工作单位对其工作表现、专业水平和外语水平三个方面的表现进行评分,评分由0到10,分值越大,表示满意程度越大。

2) 数据分析示例

实际调研的30名毕业生,获得的数据资料如表3-11所示。

表3-11 30名毕业生工作表现、专业水平和外语水平评分表

学生编号	所在专业	工作表现	专业水平	外语水平	学生编号	所在专业	工作表现	专业水平	外语水平
1	电子商务	7	7	5	16	经济学	8	4	4
2	电子商务	8	8	8	17	经济学	9	6	9
3	电子商务	8	4	6	18	经济学	8	8	5
4	电子商务	7	8	3	19	经济学	8	6	7
5	电子商务	7	5	9	20	经济学	8	8	8
6	电子商务	9	8	9	21	经济学	7	5	7
7	电子商务	7	9	8	22	工商管理	8	5	6
8	电子商务	9	5	3	23	工商管理	9	6	5
9	电子商务	7	8	6	24	工商管理	8	5	4
10	电子商务	9	8	5	25	工商管理	9	8	5
11	电子商务	8	6	4	26	工商管理	7	7	5
12	经济学	8	9	4	27	工商管理	8	5	8
13	经济学	8	5	9	28	工商管理	8	6	8
14	经济学	8	9	5	29	工商管理	8	6	6
15	经济学	9	8	9	30	工商管理	7	6	8

根据以上数据,利用Excel软件的数据分析中的"描述统计"工具,可以得到表3-12。

那么如果回答报告中第一个问题"用人单位对该校学生的哪个方面比较满意?或不满意?在哪个方面需要改进?",就可以根据表3-12中的反映集中趋势的指标均值、中位

表 3-12　全部样本工作表现、专业水平和外语水平描述统计

工作表现		专业水平		外语水平	
平均	7.966 667	平均	6.6	平均	6.266 667
标准误差	0.131 16	标准误差	0.282 029	标准误差	0.355 364
中位数	8	中位数	6	中位数	6
众数	8	众数	8	众数	5
标准差	0.718 395	标准差	1.544 735	标准差	1.946 408
方差	0.516 092	方差	2.386 207	方差	3.788 506
峰度	−0.953 72	峰度	−1.308 44	峰度	−1.312 22
偏度	0.049 603	偏度	0.009 622	偏度	0.017 725
区域	2	区域	5	区域	6
最小值	7	最小值	4	最小值	3
最大值	9	最大值	9	最大值	9
求和	239	求和	198	求和	188
观测数	30	观测数	30	观测数	30

数、众数等说明工作表现、专业水平和外语水平三个维度的不同。由表 3-12 可以发现，从调研的 30 名毕业生情况来看，工作表现的均值为 7.97，明显高于专业水平和外语水平，中位数和众数也有基本相同的特征。用人单位对该校经济管理学院的学生的专业水平和外语水平是相对不满意的，对工作表现则相对满意。可见，专业水平和外语水平的评分较低，需要改进。

如果回答第二个问题"用人单位对该校学生哪个方面满意差别最大?"，分析标准差、方差、最大和最小值的差值可以发现用人单位对该校学生外语水平的评价方面满意差别最大，专业水平的满意差别为其次，工作表现满意差别相对较小。从偏度指标均为正值发现数据为正偏分布，但数值与 0 的离差不大，说明偏度不严重。从峰度指标上看，是平峰分布，数据分布比标准正态分布更平坦。

如果回答第三个问题"对三个专业的满意程度是否一致?"，需要针对三个不同的专业分别做描述统计分析。描述性统计分析可以使用 Excel 分专业输出类似表 3-12 的表格，也可以应用 SPSS 中的"分析"菜单中，找到"均值比较"功能，在其对话框中的"因变量"下面导入"工作表现""专业水平"和"外语水平"，在"自变量"对话框中导入"所在专业"，单击"选项"按钮，选择所需要的描述统计指标，就可以获得表 3-13。可见，从均值上看，工商管理和经济学专业毕业生的工作表现的满意分值高于电子商务专业的毕业生工作表现的满意分值；工商管理专业的毕业生的专业水平满意分值低于电子商务专业和经济学专业的毕业生；外语水平满意分值较高的为经济学专业的毕业生，其次为电子商务专业的毕业生，工商管理专业的毕业生外语水平满意分值最低。总的来看，各专业毕业生外语水平的满意分值最低，工作表现的满意分值最高。从离散程度上看，电子商务专业的工作表现满意

分值离散程度最高，经济学专业的专业水平满意分值最高，电子商务专业的外语水平满意分值离散度最高。因此，从分专业描述统计指标上看，三个专业的特征不尽相同。

表 3-13 分专业描述统计指标

所在专业及指标		工作表现	专业水平	外语水平
电子商务	均值	7.818 2	6.909 1	6.000 0
	N	11	11	11
	标准差	0.873 86	1.640 40	2.236 07
	方差	0.764	2.691	5.000
	极小值	7.00	4.00	3.00
	极大值	9.00	9.00	9.00
工商管理	均值	8.125 0	6.000 0	5.875 0
	N	8	8	8
	标准差	0.640 87	1.069 04	1.457 74
	方差	0.411	1.143	2.125
	极小值	7.00	5.00	4.00
	极大值	9.00	8.00	8.00
经济学	均值	8.100 0	6.800 0	6.700 0
	N	10	10	10
	标准差	0.567 65	1.813 53	2.057 51
	方差	0.322	3.289	4.233
	极小值	7.00	4.00	4.00
	极大值	9.00	9.00	9.00
总计	均值	8.000 0	6.620 7	6.206 9
	N	29	29	29
	标准差	0.707 11	1.567 84	1.952 64
	方差	0.500	2.458	3.813
	极小值	7.00	4.00	3.00
	极大值	9.00	9.00	9.00

如果回答第四个问题“提出实质性的改进建议。”从表 3-12 和表 3-13 中发现，专业水平和外语水平满意分值较低，这恰恰可能与青蓝大学经济管理学院的教学密切相关，所以应当对样本采取调查问卷的方式，设定开放式题目，发现青蓝大学经济管理学院在教学计划安排、教师教学水平、培养计划的合理性等方面进行详细的调查，以明确其中存在的问题，从而提出有针对性的改进建议。

2. 商务实践

请调查顾客对本地出租车行业的满意度，确定调查问卷，发放和回收问卷，并利用描述性统计分析方法进行分析和说明。

习　题

1. 常用的集中趋势和离散趋势的指标都有哪些？特点是什么？分别有哪些适用条件？

2. 某省电视台定期报道该省不同地区的空气质量指数。如果空气质量指数为 0～50 表示良好，50～100 表示适中，101～200 表示有害健康，201～275 表示非常有害健康，275 以上表示危险。近期，该省的空气质量指数分别为 50，49，55，60，48，42，42，28，55，55。请计算这些数据的平均数、中位数和众数，并判断该省的空气质量是否为良好；再计算这些数据的方差和标准差分别是多少。

3. 万青公司是生产电脑的企业，有两个生产车间，某年 1 月生产的三种型号电脑成本资料见表 3-14，请比较哪个车间的生产成本高，为什么？

表 3-14　两个生产车间生产成本比较

型号	单位成本/(万元・台$^{-1}$)	甲车间总成本/万元	乙车间总成本/万元
A	0.25	25	25
B	0.24	48	24
C	0.22	22	44
合计	—	95	93

4. 某工业企业 100 个工人包装某产品的数量如表 3-15 所示，请分别计算 8 月和 9 月每人日包装数量、标准差、方差和离散系数，并比较两个月份劳动生产率不同的原因。

表 3-15　某年 8 月、9 月工人包装产品数量分组表

按照工人包装数量的不同分组	8 月工人数	9 月工人数
400 以下	5	3
400～500	18	10
500～600	48	42
600～700	20	25
700～800	7	15
800 以上	2	5

第 4 章

抽样分布与抽样估计

※本章与各小节能力培养提示

按照“工程教育认证标准(2015)版”12 条毕业要求，结合经济管理专业方向，本章对应于教学毕业要求(1)(2)(5)，即(1)将经济管理基础知识应用于实践中；(2)能够据此分析实际经济管理问题；(5)能够应用信息技术。本章的教学目标是掌握抽样分布、抽样估计的区间估计、样本容量确定等经济管理知识，会使用 Excel 和 SPSS 统计分析软件进行区间估计。

章节名称	培养能力提示
4.1 样本统计量的抽样分布	了解样本统计量和抽样分布的概念和特征
4.2 抽样估计中的点估计	掌握点估计量的概念、性质，学会使用点估计方法来进行统计推断应用
4.3 抽样估计中的区间估计	掌握区间估计的基本形式，在大样本和小样本不同情形下，对总体均值、比率等进行区间估计
4.4 样本容量的确定	掌握如何确定足够的样本容量以达到所希望的边界误差
4.5 区间估计的可视化软件应用	能够使用 SPSS、Excel 等软件进行区间估计

※案例与案例问题

艾达服装公司布料供应商选择问题

艾达服装公司近几年发展十分迅速，受到了很多供应商和分销商的关注。目前有两家知名的布料供应商与艾达服装公司表达了愿意合作的意向。但是究竟选择哪一家公司作为自己的供应商呢？其中最主要问题是供应商订货的交货时间。因为能否按时交货是保障艾达服装公司正常进行生产运作和按时制作出精良服装的重要因素。那么，如果你是艾达服装公司的采购部主任：

你应该完成包含哪些内容的报告？

如何分析才能合理地确定布料供应商到底花落谁家呢？

社会现象包罗万象、纷繁复杂，如何透过那些看似随机的表象挖掘内在的规律，是识别社会问题，从而得到科学解决方案的关键。研究和认识随机现象的基本方法就是抽样。

抽样的结果仅仅是相应总体特征值的估计，认识到这一点至关重要。本章首先对抽样分布的概念进行介绍，阐明如何采用简单随机抽样从一个有限总体中选取样本，以及从一个持续运行过程形成的无限总体中，描述如何从中选取样本，如何利用抽样得到的数据计算总体均值、总体标准差和总体比率的估计值。

4.1 样本统计量的抽样分布

抽样分布也称统计量分布、随机变量函数分布，是指样本估计量的分布。样本估计量是样本的一个函数，在统计学中称作样本统计量，因此抽样分布也是指样本统计量的分布。已知的总体中以一定的样本容量进行随机抽样，由样本的统计量所对应的概率分布称为抽样分布。抽样分布是统计推断的理论基础。当用统计的抽样分布来测定估计中的抽样时，它可分为正态总体下与非正态总体下两种情况来讨论。从一个给定的总体中抽取(不论是否有放回)容量(或大小)为 n 的所有可能的样本，对于每一个样本，计算出某个统计量的值，不同的样本得到该统计量的值是不一样的，由此得到这个统计量的分布，称为抽样分布。

4.1.1 单样本均值的抽样分布

样本均值$\bar{x}$是一个随机变量，称它的概率分布为$\bar{x}$的抽样分布，即在重复选取容量为 n 的样本时，由样本均值的所有可能取值形成的相对频数分布。它是一种理论概率分布，是推断总体均值 μ 的理论基础。

1. 总体分布与样本均值的抽样分布比较

在随机抽样中，可以看到不同的随机样本得到不同的样本均值，我们关心的是由大量随机样本产生的所有$\bar{x}$的可能值的均值。随机变量$\bar{x}$ 的均值是$\bar{x}$的数学期望，用 $E(\bar{x})$表示。μ 表示所抽取随机样本的总体的均值。对于简单随机抽样，可以证明 $E(\bar{x})=\mu$。那么，如何获得所有可能的样本均值的分布呢？我们先来看如何从一个简单的总体中获得样本均值的抽样分布。

【例 4-1】 设一个总体，含有 4 个元素(个体)，即总体单位数 $N=4$。总体分布为均匀分布，4 个个体分别为 $x_1=1$，$x_2=2$，$x_3=3$，$x_4=4$。总体分布如图 4-1 所示。

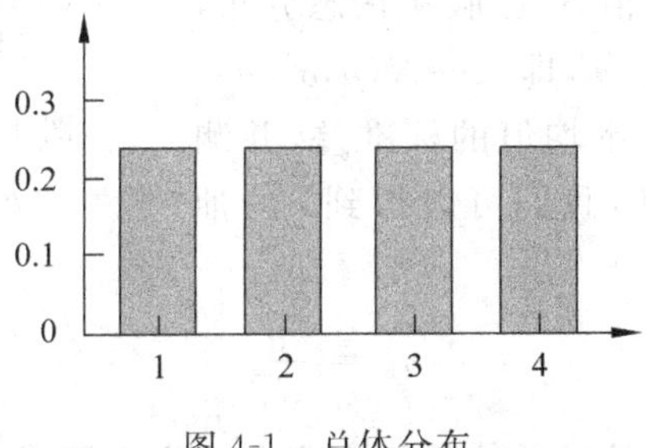

图 4-1 总体分布

总体的均值、方差为

$$\mu=\frac{\sum_{i=1}^{N}x_i}{N}=2.5,\quad \sigma^2=\frac{\sum_{i=1}^{N}(x_i-\mu)}{N}=1.25$$

现从总体中抽取 $n=2$ 的简单随机样本，在重复抽样条件下，共有 $4^2=16$ 个样本。所有样本的结果为如表 4-1 所示。

表 4-1　所有可能 $n=2$ 的样本观察值

第一个观察值	第二个观察值			
	1	2	3	4
1	1,1	1,2	1,3	1,4
2	2,1	2,2	2,3	2,4
3	3,1	3,2	3,3	3,4
4	4,1	4,2	4,3	4,4

计算出各样本的均值，如表 4-2 所示。并给出样本均值的抽样分布，如图 4-2 所示。

表 4-2　16 个样本均值的抽样分布

第一个观察值	第二个观察值			
	1	2	3	4
1	1.0	1.5	2.0	2.5
2	1.5	2.0	2.5	3.0
3	2.0	2.5	3.0	3.5
4	2.5	3.0	3.5	4.0

比较总体分布图 4-1 和样本均值抽样分布图 4-2，可知它们的均值相同，但分布形式不同，方差也不同。

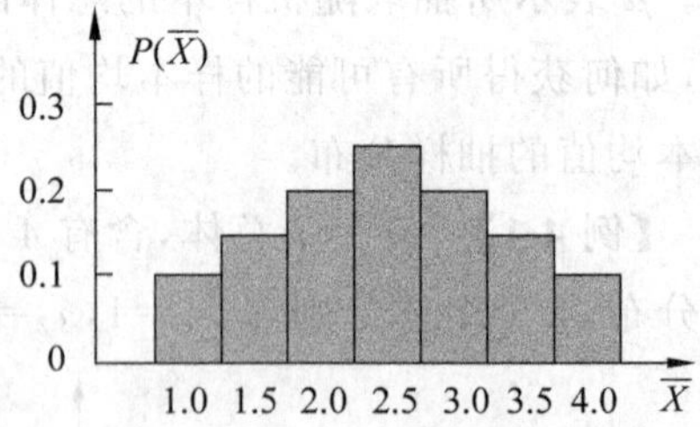

2. 样本均值的抽样分布与中心极限定理

当总体服从正态分布 $N(\mu,\sigma^2)$ 时，来自该总体的所有容量为 n 的样本的均值 $\overline{X}$ 也服从正态分布，$\overline{X}$ 的数学期望为 μ，方差为 σ^2/n，即 $\overline{X}\sim N(\mu,\sigma^2/n)$。即如果要测度所有可能的样本均值的标准差，并测度所有样本均值的离散程度，我们可以得到 $\bar{x}$ 的抽样标准误

图 4-2　样本均值的抽样分布

$\mu_{\overline{X}}=2.5,\quad \sigma_{\overline{X}}^2=0.625$

$$\sigma_{\bar{x}}=\frac{\sigma}{\sqrt{n}} \tag{4-1}$$

$\overline{X}$ 的抽样标准误公式依赖于总体是否有限。当为无限总体时，如公式(4-1)所示；当

为有限总体时，

$$\sigma_{\bar{x}} = \sqrt{\frac{N-n}{N-1}}\left(\frac{\sigma}{\sqrt{n}}\right) \tag{4-2}$$

其中，$\sqrt{(N-n)/(N-1)}$为有限总体修正系数，而无限总体则不需要该系数。在很多研究中，虽然总体是有限的，但容量很大，相对而言样本容量很小，这时该系数趋近于1，因此可以忽略有限总体与无限总体标准差之间的差别。当总体是无限的或总体是有限的，但样本容量小于等于总体容量的 5%，即 $n/N \leqslant 0.05$ 时成立。

【例 4-2】 一个公司共有员工 2 500 人，年薪数据的总标准差 $\sigma=4\ 000$ 元，这时的总体是有限的，总体单位数 $N=2\ 500$。当样本容量 n 为 30 时，有 $n/N=30/2\ 500=0.012$。样本容量小于总体容量的 5%，所以可以忽略有限总体修正系数，请计算样本均值的抽样标准误。

可以计算

$$\sigma_{\bar{x}} = \frac{\sigma}{\sqrt{n}} = \frac{4\ 000}{\sqrt{30}} \approx 730.3(\text{元})$$

即样本均值的抽样标准误为 730.3 元。

中心极限定理：设从均值为 μ、方差为 σ^2 的一个任意总体中抽取容量为 n 的样本，当 n 足够大时，样本均值的抽样分布近似服从均值为 μ、方差为 σ^2/n 的正态分布。即当样本容量足够大时(n 大于等于 30)，样本均值的抽样分布逐渐趋于正态分布。图 4-3 显示了随着样本容量的增大，样本均值抽样分布渐进于正态分布的过程。

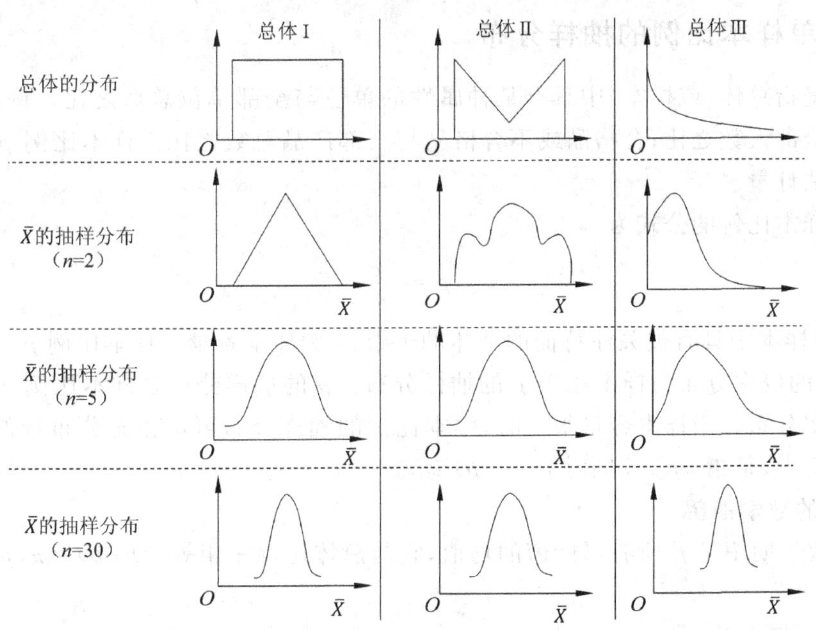

图 4-3　样本均值的抽样分布趋于正态分布的过程

当总体分布为正态分布时，样本均值的分布也为正态分布；当总体分布为非正态分布时，如果是大样本，根据中心极限定理，样本均值的分布也为正态分布。但是，当总体分布为非正态分布时,如果是小样本,样本均值分布就不是正态分布了。需要注意的是,如果总体分布为正态分布,小样本但总体方差未知时,样本均值的分布服从的是 t 分布。

t 分布又称学生分布。其推导由威廉·戈塞于 1908 年首先发表,之后 t 检验以及相关理论经由罗纳德·费雪的工作发扬光大。设随机变量 X 与 Y 相互独立,$X \sim N(0,1)$,$Y \sim \chi^2(n)$,则称随机变量

$$t = \frac{X}{\sqrt{Y/n}}$$

服从自由度为 n 的 t 分布,记作 $t(n)$。

t 分布的性质包括:均值 $E(t)=0$,方差 $V(t)=n/(n-2)$;t 分布关于 $t=0$ 对称,$t_\alpha(n)=-t_{1-\alpha}(n)$;当 n 趋近于∞时,$t(n) \sim N(0,1)$。t 分布如图 4-4 所示。

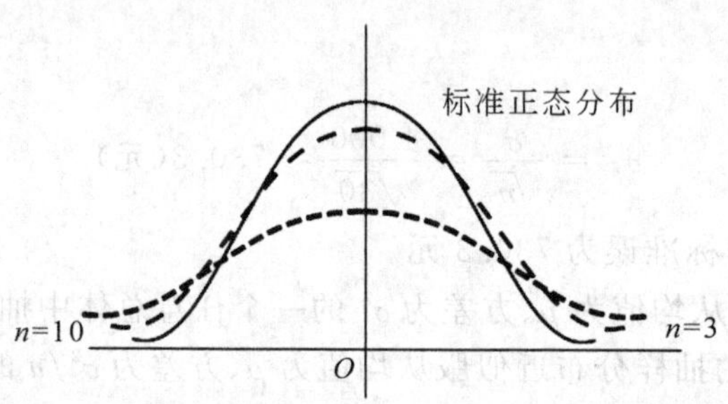

图 4-4　不同自由度的 t 分布与标准正态分布比较

4.1.2　单样本比例的抽样分布

比例是指总体(或样本)中具有某种属性的单位与全部单位总数之比。例如,不同性别的人与全部人数之比;合格品或不合格品与全部产品总数之比。样本比例 p 是总体比例 π 的点估计量。

计算样本比例的公式为

$$p = \frac{x}{n} \tag{4-3}$$

式中:x 为样本中具有被关注特征的个体的个数;n 为样本容量。样本比例 p 是一个随机变量,称它的概率分布为样本比例 p 的抽样分布。p 的抽样分布是样本比例 p 的所有可能值的概率分布。当样本容量很大时,样本比例的抽样分布可用正态分布近似。这里的样本容量很大,是指 $np \geqslant 5$ 同时 $n(1-p) \geqslant 5$。

1. p 的数学期望

p 的数学期望是 p 所有可能值的均值,它与总体比例 π 相等。$E(p)=\pi$,p 是 π 的无偏估计量。

2. p 的标准差

同样本均值一样,p 的标准差以总体有限还是无限为依据,计算公式如下:

有限总体:
$$\sigma_p = \sqrt{\frac{N-n}{N-1}}\sqrt{\frac{p(1-p)}{n}} \tag{4-4}$$

无限总体：
$$\sigma_p=\sqrt{\frac{p(1-p)}{n}} \tag{4-5}$$

可见，二者之间的不同就在于有限总体修正系数，与样本均值一样，若有限总体容量相对于样本容量足够大，有限总体与无限总体在表达式上的不同可以忽略不计。我们遵循与样本均值的标准差相同的经验法则，即如果总体是有限的，并且 $n/N\leqslant 0.05$ 时，使用公式 $\sigma_p=\sqrt{p(1-p)/n}$；然而，如果总体是有限的，并且 $n/N>0.05$ 时，则采用有限总体修正系数。当总体是无限的或总体是有限的，但样本容量小与等于总体容量的 5%，即 $n/N\leqslant 0.05$ 时成立。

4.1.3　单样本方差的抽样分布

由概率知识可知，样本方差 s^2 的抽样分布服从 χ^2 分布，即卡方分布。χ^2 分布由阿贝(Abbe)于 1863 年首先给出，后来由海尔墨特(Hermert)和卡 · 皮尔逊(K. Pearson)分别于 1875 年和 1900 年推导出来。

设 $X\sim N(\mu,\sigma^2)$，$Z=\dfrac{X-\mu}{\sigma}\sim N(0,1)$，令 $Y=Z$，则 $Y\sim\chi^2(1)$。

若随机变量 $X_1,X_2,\cdots,X_n$ 相互独立，都服从同分布，$X_i\sim N(0,1)$，则称随机变量 $X=X_1^2+X_2^2+\cdots+X_n^2$ 服从自由度 n 的 χ^2 分布，记：$X\sim\chi^2(n)$

可以证明：
$$\frac{(n-1)S^2}{\sigma^2}\sim\chi(n-1) \tag{4-6}$$

χ^2 分布的性质和特点包括：第一，分布的变量值始终为正。第二，分布的形状取决于其自由度 n 的大小，通常为不对称的正偏分布，但随着自由度的增大逐渐趋于对称。第三，期望为 $E(\chi^2)=n$，方差为 $D(\chi^2)=2n$(n 为自由度)。第四，可加性：若 U 和 V 为两个独立的 χ^2 分布随机变量，$U\sim\chi^2(n_1)$，$V\sim\chi^2(n_2)$，则 $U+V$ 这一随机变量服从自由度为 n_1+n_2 的 χ^2 分布。

4.1.4　双样本均值之差的抽样分布

两个总体都为正态分布，即 $X_1\sim N(\mu_1,\sigma_1^2)$，$X_2\sim N(\mu_2,\sigma_2^2)$，两个样本均值之差 $\overline{X}_1-\overline{X}_2$ 的抽样分布服从正态分布，其分布的数学期望为两个总体均值之差 $\mu_1-\mu_2$，方差为
$$\sigma^2_{\bar{x}_1-\bar{x}_2}=\frac{\sigma_1^2}{n_1}+\frac{\sigma_2^2}{n_2} \tag{4-7}$$

4.1.5　双样本比例之差的抽样分布

两个总体都服从二项分布，分别从两个总体中抽取容量为 n_1 和 n_2 的独立样本，当两个样本都为大样本时，两个样本比例之差的抽样分布可用正态分布来近似，分布的数学期望为 p_1-p_2，方差为
$$\sigma^2_{p_1-p_2}=\frac{\pi_1(1-\pi_1)}{n_1}+\frac{\pi_2(1-\pi_2)}{n_2} \tag{4-8}$$

4.1.6 双样本方差之比的抽样分布

两个总体都为正态分布，即 $X_1 \sim N(\mu_1, \sigma_1^2)$，$X_2 \sim N(\mu_2, \sigma_2^2)$，从两个总体中分别抽取容量为 n_1 和 n_2 的独立样本，两个样本方差比的抽样分布，服从分子自由度为 (n_1-1)，分母自由度为 (n_2-1) 的 F 分布，即

$$\frac{S_1^2}{S_1^2} \sim F(n_1-1, n_2-1) \tag{4-9}$$

F 分布是由统计学家费舍(R. A. Fisher)提出的，以其姓氏的第一个字母来命名。若 X、Y 相互独立，且 $X \sim \chi^2(n_1)$，$Y \sim \chi^2(n_2)$，则随机变量 $F = \dfrac{n_2 X}{n_1 Y}$ 的分布为自由度为 n_1 和 n_2 的 F 分布，记为 $F \sim F(n_1, n_2)$。

4.2 抽样估计中的点估计

4.2.1 点估计的概念

点估计是抽样估计常用的方法之一，是指以根据样本所得到的统计量直接作为总体参数的估计值的一种估计方法，该方法适用于大样本情况下对总体参数的估计。也就是说，直接用样本的均值 $\bar{x}$、比率 p 分别作为总体均值 μ、比率 π 的估计值。

估计量：用于估计总体参数的随机变量。例如，样本均值、样本比率、样本方差等。样本均值就是总体均值的一个估计量。参数用 θ 表示，估计量用 $\hat{\theta}$ 表示。

估计值：估计参数时计算出来的统计量的具体值。如果样本均值 $\bar{x}=80$，则 80 就是总体均值的估计值。

例如，为了对某物业服务企业员工的整体工资水平进行调查，现随机抽取 5 名员工，记录其工资水平并以该 5 名员工工资的平均值作为该物业服务企业员工整体工资水平的做法就是点估计。

4.2.2 点估计的方法与性质

点估计的方法很多，主要有矩估计法、顺序统计量法以及极大似然估计法等。

我们已经知道可以用样本统计量，如样本的均值 $\bar{x}$、比率 p 分别作为总体均值 μ、比率 π 的点估计量。直观上，这些样本统计量作为总体参数的点估计量是很具有吸引力的。然而，在一个样本统计量成为点估计量之前，统计学家需要对样本统计量是否具有某些与好的点估计量相联系的性质进行检验。一个好的点估计量应该具有三个性质：无偏性、有效性和一致性。

(1) 无偏性：估计量抽样分布的数学期望等于被估计的总体参数。

样本统计量 $\hat{\theta}$ 是总体参数 θ 的无偏估计量，如果 $E(\hat{\theta})=\theta$，式中 $E(\hat{\theta})$ 为样本统计量 $\hat{\theta}$ 的数学期望。一个无偏样本统计量所有可能值的期望值或均值等于被估计的总体参数。在讨论样本均值和样本比率的抽样分布时，可以证明 $E(\bar{x})=\mu$ 和 $E(p)=\pi$；因此，$\bar{x}$、p 都

是相应总体参数值 μ 和 π 的无偏估计量。

(2) 有效性：对同一总体参数的两个无偏点估计量，有更小标准差的估计量更有效。

假定由 n 个个体组成的一个简单随机样本给出了总体同一参数的两个不同的无偏估计量，我们更倾向于采用标准差较小的点估计量。因为它给出的估计值与总体参数更接近。

(3) 一致性：随着样本容量的增大，估计量的值越来越接近被估计的总体参数。

因此，大样本比小样本情形更容易得到一个好的点估计。

4.3　抽样估计中的区间估计

4.3.1　区间估计的概念

在点估计的基础上，给出总体参数估计的一个范围，称为参数的区间估计。若总体分布含一个未知参数 θ，找出了两个依赖于样本 $X_1, X_2, \cdots, X_n$ 的估计量：

$$\hat{\theta}_1(X_1, X_2, \cdots, X_n) \leqslant \hat{\theta}_2(X_1, X_2, \cdots, X_n)$$

使得

$$P(\hat{\theta}_1 \leqslant \theta \leqslant \hat{\theta}_2) = 1 - \alpha \tag{4-10}$$

其中，$0 \leqslant \alpha \leqslant 1$ 显著性水平 α 一般取 0.05 或 0.01，则称随机区间为 $100(1-\alpha)\%$ 的置信区间。百分数 $100(1-\alpha)\%$ 被称为置信度或置信水平。置信水平一般由研究人员确定，表示在区间估计时总体参数落在这一区间的概率。例如，总体均值落在 50～70，置信度为 95%。其中 α 为显著性水平，是总体参数未在区间内的概率。常用的置信水平值有 99%，95%，90%，相应的显著性水平 α 为 0.01，0.05，0.1。

在区间估计时需要注意：依据样本指标和抽样误差去推算总体指标时，只是确定了总体指标的估计范围，并没有确定其具体值。这个范围表现为一个上限和一个下限，从而构成一个区间。所得的估计区间表示的只是一个可能范围，而不是绝对的范围。总体指标在这个范围内的可能性为置信概率 $(1-\alpha)$。扩大抽样极限误差可以提高抽样推断的可靠程度，但准确程度会降低；反之，缩小抽样极限误差会降低抽样推断的可靠程度，但准确程度会提高。

4.3.2　一个总体参数的区间估计

1. 总体均值的区间估计

在重复抽样或无限总体抽样的情况下，我们知道有 $E(\bar{x}) = \mu, \sigma_{\bar{x}} = \frac{\sigma}{\sqrt{n}}$。由此可以知道样本均值 $\bar{x}$ 落到总体均值 μ 的两侧各为一个抽样标准差范围内的概率为 0.687 3；落在两个抽样标准差范围内的概率为 0.954 5。而实际上，$\bar{X}$ 是已知的，μ 是未知的，也正是我们要估计的。由于 $\bar{X}$ 和 μ 的距离是对称的，因此如果有 95% 的样本均值落在 μ 的两个标准误差的范围内，则也就是说，约有 95% 的样本均值所构成的两个标准误差的区间会包括 μ。即若有

$$P(\mu - 2\sigma_{\bar{x}} < \bar{x} < \mu + 2\sigma_{\bar{x}}) \approx 95\%$$

则有

$$P(\mu-2\sigma_{\bar{x}}<\bar{x}<\mu+2\sigma_{\bar{x}})=P(\bar{x}-2\sigma_{\bar{x}}<\mu<\bar{x}+2\sigma_{\bar{x}})\approx 95\%$$

通俗地说，如果我们抽取100个样本来估计总体的均值，则有100个样本均值所构成的100个区间中，约有95个区间包含总体均值。

1) 大样本，总体方差已知

当总体服从正态总体且方差已知，样本均值的抽样分布为正态分布时，有$E(\bar{x})=\mu$，$\sigma_{\bar{x}}=\frac{\sigma}{\sqrt{n}}$。即

$$z=\frac{\bar{x}-\mu}{\sigma/\sqrt{n}}\sim N(0,1)$$

对显著性水平α，有$P(-z_{\alpha/2}<z<z_{\alpha/2})=1-\alpha$，即有

$$P(\bar{X}-Z_{\frac{\alpha}{2}}\sigma/\sqrt{n}<\mu<\bar{X}+Z_{\frac{\alpha}{2}}\sigma/\sqrt{n})=1-\alpha$$

由此得到总体均值μ在$(1-\alpha)$置信水平下的置信区间为

$$(\bar{x}-Z_{\frac{\alpha}{2}}\sigma/\sqrt{n},\bar{x}+Z_{\frac{\alpha}{2}}\sigma/\sqrt{n}) \tag{4-11}$$

【例 4-3】 当前大学生痴迷于手机的现象越来越严重，一研究机构针对全国28所高校对大学生日均玩手机时间进行了调查，发现大多数高校学生日均玩手机达到3 h以上，研究机构在其中一个高校随机抽取了36名学生，记录他们某一天玩手机的时间，计算得到平均值为6.5 h，如果总体标准差为2 h，置信水平为95%。

(1) 该高校学生玩手机的时间点估计值是多少？

(2) 计算抽样极限误差；

(3) 对该高校学生玩手机时间做区间估计。

解：已知$\bar{x}=6.5$，$n=34$，$\sigma=2$，$1-\alpha=0.95$，查表得$Z_{\alpha/2}=Z_{0.025}=1.96$。

该高校学生玩手机的时间点估计值是6.5 h。

抽样极限误差为

$$Z_{\alpha/2}\sigma_{\bar{x}}=Z_{\alpha/2}\frac{\sigma}{\sqrt{n}}=1.96\times\frac{2}{\sqrt{36}}\approx 0.65$$

总体均值μ的置信区间为

$$\left(\bar{x}-Z_{\alpha/2}\frac{\sigma}{\sqrt{n}},\bar{x}+Z_{\alpha/2}\frac{\sigma}{\sqrt{N}}\right)=\left(6.5-1.96\times\frac{2}{\sqrt{36}},6.5+1.96\times\frac{2}{\sqrt{36}}\right)$$

$$\approx(5,85,7.15)$$

该高校学生每天玩手机的时间95%的置信区间为(5.85,7.15)。

2) 大样本，总体方差未知

总体方差σ^2未知，可以用样本方差s^2代替总体方差σ^2，样本均值的抽样分布呈现t分布。则$t=\frac{\bar{x}-\mu}{\sigma/\sqrt{n}}$服从自由度为$(n-1)$的$t$分布（也可以用正态分布），置信水平为$(1-\alpha)$的置信区间为

$$(\bar{x}-t_{\frac{\alpha}{2}}(n-1)s/\sqrt{n},\bar{x}+t_{\frac{\alpha}{2}}(n-1)s/\sqrt{n}) \tag{4-12}$$

3）小样本情形

由于小样本有更大的偶然性，在这种条件下则要求总体服从正态分布，以降低估计的风险。

（1）总体服从正态分布、方差已知。在这个条件下，总体均值 μ 在置信水平 $(1-\alpha)$ 下的置信区间为

$$(\bar{x}-Z_{\frac{\alpha}{2}}\sigma/\sqrt{n},\bar{x}+Z_{\frac{\alpha}{2}}\sigma/\sqrt{n}) \tag{4-13}$$

（2）如果总体服从正态分布，方差 σ^2 未知，可以用样本方差 s^2 代替总体方差 σ^2，样本均值的抽样分布呈现 t 分布。则这时总体均值 μ 在置信水平 $(1-\alpha)$ 下的置信区间为

$$(\bar{x}-t_{\frac{\alpha}{2}}(n-1)s/\sqrt{n},\bar{x}+t_{\frac{\alpha}{2}}(n-1)s/\sqrt{n}) \tag{4-14}$$

【例 4-4】 某种零件长度服从正态分布，从该批产品中随机抽取 25 件，测得其平均长度为 0.73 mm，样本标准差为 0.22，试建立该种零件平均长度的置信区间，给定置信水平为 0.95。

解：已知 $\bar{x}=0.73, s=0.22, n=25, 1-\alpha=0.95$

查表得 $t_{\alpha/2}(n-1)=t_{0.025}(24)=2.064$

$$\left(\bar{x}-t_{\alpha/2}\ \frac{\sigma}{\sqrt{n}},\bar{x}+t_{\alpha/2}\ \frac{\sigma}{\sqrt{n}}\right)=\left(0.73-2.064\times\frac{0.22}{\sqrt{25}},0.73+2.064\times\frac{0.22}{\sqrt{25}}\right)$$

$$\approx(0.639,0.821)$$

我们可以以 95% 的概率保证该种零件的平均长度在 0.639～0.821 mm。

2. 总体比率的区间估计

由中心极限定理，当样本容量很大时 $[n(1-p)\geqslant5]$，样本比例 p 的抽样分布近似服从正态分布。即

$$p\sim N\left[\pi,\frac{\pi(1-\pi)}{n}\right]$$

其中 π 为总体的比例。

样本比例 p 经过标准化后的随机变量服从标准正态分布，即

$$z=\frac{p-E(p)}{\sigma_p}=\frac{p-\pi}{\sqrt{\pi(1-\pi)/n}}$$

则总体比例 π 在置信水平 $(1-\alpha)$ 下的置信区间为

$$p\pm Z_{\frac{\alpha}{2}}\sqrt{\frac{\pi(1-\pi)}{N}} \tag{4-15}$$

用式(4-15)计算总体比例 π 的置信区间时，π 的值应该是已知的，但实际上却不然，π 的值恰恰是我们要估计的，所以我们用样本的比例 p 来代替 π，此时计算总体比例 π 的置信区间可表示为

$$p\pm Z_{\frac{\alpha}{2}}\sqrt{\frac{p(1-p)}{n}} \tag{4-16}$$

式中：$Z_{\frac{\alpha}{2}}$ 为标准正态分布右侧面积为 $\alpha/2$ 时的 Z 值，$Z_{\frac{\alpha}{2}}\sqrt{\frac{p(1-p)}{n}}$ 为估计总体比例时的估计标准误差。总体比例的置信区间由两部分组成：总体比例的点估计值和描述估计量

精确度的±值,这个±值称为允许误差。

【例 4-5】 某企业在一项关于职工流动原因的研究中,从该企业前职工的总体中随机选取了 200 人组成一个样本。在对其进行访问时,有 140 人说他们离开该企业是由于同管理人员不能融洽相处。试对由于这种原因而离开该企业的人员的真正比例构造 95%的置信区间。

解：已知 $n=200, p=0.7, np=140>5, n(1-p)=60>5, \alpha=0.95, Z_{\alpha/2}=1.96$。根据式(4-15)得

$$p \pm Z_{\frac{\alpha}{2}}\sqrt{\frac{p(1-p)}{n}} = 0.7 \pm 1.96 \times \sqrt{\frac{0.7\times(1-0.7)}{200}} \approx (0.636, 0.764)$$

所以我们可以以 95%的概率保证该企业职工由于同管理人员不能融洽相处而离开的比例在 63.6%～76.4%。

3. 总体方差的区间估计

设 $X_1, X_2, \cdots, X_n$ 来自正态总体 $N(\mu, \sigma^2)$ 为 n 的样本,总体方差未知。为了估计 σ^2,可根据样本方差 s^2 来确定其在置信水平 $(1-\alpha)$ 下的置信区间。

从 χ^2 分布表中查得 $\chi^2_{1-\alpha/2}$ 和 $\chi^2_{\alpha/2}$ $\left(P(\chi^2>\chi^2_{\alpha/2})=\frac{\alpha}{2},\ P(\chi^2>\chi^2_{1-\alpha/2})=1-\frac{\alpha}{2}\right)$,使得下式成立:

$$\chi^2_{1-\alpha/2} < \frac{(n-1)\,s^2}{\sigma^2} < \chi^2_{\alpha/2} = 1-\alpha$$

因此,总体方差在置信水平 $(1-\alpha)$ 下的置信区间为

$$\left(\frac{(n-1)s^2}{\chi^2_{\alpha/2}}, \frac{(n-1)s^2}{\chi^2_{1-\alpha/2}}\right) \tag{4-17}$$

【例 4-6】 假定 A 品牌 25 kg 袋装大米的重量服从正态分布。现随机抽取 13 袋,测得它们的重量分别是:24.0 kg、24.2 kg、24.4 kg、24.6 kg、24.7 kg、24.8 kg、25.0 kg、25.1 kg、25.1 kg、25.2 kg、25.3 kg、25.4 kg、25.6 kg,试以 95%的置信水平估计该品牌袋装大米重量的标准差。

解：因为 $\alpha=0.05, n-1=12$,查 χ^2 分布表,得

$$\chi^2_{1-\alpha/2} = 4.404 \text{ 和 } \chi^2_{\alpha/2} = 23.337$$

所以,置信水平为 95%的总体方差的置信区间为

$$\frac{12}{23.337}s^2 < \sigma^2 < \frac{12}{4.404}s^2$$

由原始数据可计算得到 $s^2=0.23$,代入上式得

$$0.118 < \sigma^2 < 0.627$$

所以

$$0.34 < \sigma < 0.79$$

即在 95%的置信水平估计该品牌袋装大米重量的标准差置信区间是(0.34,0.79)。

4.3.3 两个总体参数的区间估计

很多时候我们需要在两个总体之间进行比较。例如,比较两个地区的平均劳动报酬,就需要在两个地区分别抽取样本,再利用样本的平均数作出估计。为此要建立一个基本

概念：独立样本与匹配样本。

1. 独立样本与匹配样本

当我们要在两个总体参数之间进行比较时，就要在两个总体中分别抽取样本，而在两个总体中抽取样本，可以有两种抽取方法：一种是两个样本的抽取相互之间没有影响，这时我们称这样抽取的两个样本是独立样本；另一种是两个样本的抽取相互之间有影响，这时我们称这样抽取的两个样本是匹配样本。

例如，我们要比较两座城市大学生的每月生活费支出情况，如果由两组研究人员分别在两座城市的大学同时随机抽取 20 名大学生作为样本，由于这两个样本的抽取之间没有任何影响，所以我们得到的两个样本是独立样本。如果由一组研究人员进行抽取，他们先在第一座城市随机抽取 20 名大学生作为样本，并统计出样本中有 12 名女生；然后再到第二座城市抽取样本，为了更好地进行比较，他们决定在第二次抽取时也必须抽取 12 名女生。这样第二个样本的抽取就受到第一个样本的影响，这样得到的两个样本就是匹配样本。

独立样本和匹配样本在估计方法上是不同的，所以在解决问题时要分清抽取的样本是独立样本还是匹配样本。先讨论独立样本的情形。

2. 两个总体均值之差的区间估计

两个独立总体均值之差的区间估计，在方法上与一个总体均值的区间估计方法基本相同。

1）独立大样本情形

(1) 两个总体方差已知，在这个条件下，由中心极限定理知两个样本平均数 $\bar{x}_1$，$\bar{x}_2$ 分别服从正态分布。即

$$\bar{x}_1 \sim N\left(\mu_1, \frac{\sigma_1^2}{n_1}\right), \quad \bar{x}_2 \sim N\left(\mu_2, \frac{\sigma_2^2}{n_2}\right)$$

由正态分布再生定理可得，$\bar{x}_1 - \bar{x}_2 \sim N\left(\mu_1 + \mu_2, \frac{\sigma_1^2}{n_1} + \frac{\sigma_2^2}{n_2}\right)$，其中 μ_1，μ_2 分别为两个总体的均值；σ_1^2，σ_2^2 分别为两个总体的方差；n_1，n_2 分别为两个样本容量。

$$z = \frac{(\bar{x}_1 - \bar{x}_2) - (\mu_1 - \mu_2)}{\sqrt{\frac{\sigma_1^2}{n_1} + \frac{\sigma_2^2}{n_2}}} \sim N(0,1)$$

两个总体均值之差 $\mu_1 - \mu_2$ 的置信区间为

$$(\bar{x}_1 - \bar{x}_2) \pm z_{\alpha/2} \sqrt{\frac{\sigma_1^2}{n_1} + \frac{\sigma_2^2}{n_2}} \tag{4-18}$$

(2) 两个总体方差未知但相等，s_1^2，s_2^2 分别为两个样本的方差，置信水平 $1-\alpha$，由概率论知识可以证明：

$$t = \frac{(\bar{x}_1 - \bar{x}_2) - (\mu_1 - \mu_2)}{s_p\sqrt{\frac{1}{n_1} + \frac{1}{n_2}}} \sim t(n_1 + n_2 - 2)$$

其中

$$s_p^2 = \frac{(n_1-1)s_1^2+(n_2-1)s_2^2}{n_1+n_2-2} \tag{4-19}$$

s_p^2 被称为合并估计量，两个总体均值之差 $\mu_1-\mu_2$ 的置信区间为

$$(\bar{x}_1-\bar{x}_2) \pm t_{\alpha/2}(n_1+n_2-2)\sqrt{s_p^2\left(\frac{1}{n_1}+\frac{1}{n_2}\right)} \tag{4-20}$$

（3）两个总体方差未知且不相等，此时仍可用 t 分布近似，但自由度由下式决定：

$$\nu = \frac{\left(\frac{s_1^2}{n_1}+\frac{s_2^2}{n_2}\right)^2}{\frac{\left(\frac{s_1^2}{n_1}\right)^2}{n_1-1}+\frac{\left(\frac{s_2^2}{n_2}\right)^2}{n_2-1}}$$

两个总体均值之差 $\mu_1-\mu_2$ 的置信区间为

$$(\bar{x}_1-\bar{x}_2) \pm t_{\alpha/2}(\nu)\sqrt{\frac{s_1^2}{n_1}+\frac{s_2^2}{n_2}} \tag{4-21}$$

【例 4-7】 为估计两种方法组装产品所需时间的差异，分别对两种不同的组装方法各随机安排 12 名工人，每个工人组装一件产品所需的时间如表 4-3 所示。假定两种方法组装产品的时间服从正态分布，且方差相等。试以 95% 的置信水平建立两种方法组装产品所需平均时间差值的置信区间。

表 4-3 两种方法组装时间统计 min

方法一		方法二	
28.3	36.0	27.6	31.7
30.1	37.2	22.2	26.0
29.0	38.5	31.0	32.0
37.6	34.4	33.8	31.2
32.1	28.0	20.0	33.4
28.8	30.0	30.2	26.5

解：根据样本数据可得：$\bar{x}_1=32.5$，$s_1^2=15.996$，$\bar{x}_2=28.8$，$s_2^2=19.358$。

当置信水平为 95% 时，$t_{0.025}(12+12-1)=2.0739$

合并估计量计算得

$$s_p^2 = \frac{(12-1)\times 15.996+(12-1)\times 19.358}{12+12-2} = 17.677$$

$$(32.5-28.8) \pm 2.0739\times\sqrt{17.677\times\left(\frac{1}{12}+\frac{1}{12}\right)} = 3.7 \pm 3.56$$

两种方法组装产品所需平均时间之差的置信区间为 0.14～7.26 min。

2）独立小样本情形

当样本是小样本时，则要求两个总体服从正态分布。此时，也可以分别讨论两个总体是方差已知、两个总体方差未知但相等、两个总体方差未知且不相等三种情况，其结论与

大样本时相同，置信区间参考大样本的置信区间公式。

3）匹配样本情形

使用匹配样本进行总体均值之差的估计时，在大样本条件下，两个总体均值之差 $\mu_d=\mu_1-\mu_2$ 在$(1-\alpha)$置信水平下的置信区间为

$$\bar{d}\pm z_{\alpha/2}\frac{\sigma_d}{\sqrt{n}} \tag{4-22}$$

式中：d 表示两个匹配样本对应数据的差值；$\bar{d}$ 表示各差值的均值；σ_d 表示各差值的标准差。当 σ_d 未知时，可以用样本差值的标准差 s_d 来代替。

在小样本条件下，假定两个总体各观测值的配对差服从正态分布，则两个总体均值之差 $\mu_d=\mu_1-\mu_2$ 在$(1-\alpha)$置信水平下的置信区间为

$$\bar{d}\pm t_{\alpha/2}\frac{\sigma_d}{\sqrt{n}} \tag{4-23}$$

【例 4-8】 由 10 名消费者组成一个随机样本，让他们分别对 A 和 B 两种化妆品的喜爱程度进行测试并打分，结果如表 4-4 所示。试建立两种化妆品喜爱分数之差 95%的置信区间。

表 4-4　消费者对 A 和 B 两种化妆品的喜爱程度得分

消费者编号	化妆品 A	化妆品 B	差值 d
1	78	71	7
2	63	44	19
3	72	61	11
4	89	84	5
6	91	74	17
5	49	51	−2
7	68	55	13
8	76	60	16
9	85	77	8
10	55	39	16

解：$n=10$，所以匹配样本为小样本。

$$\bar{d}=\frac{\sum d}{n_d}=\frac{110}{10}=11\quad s_d=\sqrt{\frac{\sum(d_i-\bar{d})^2}{n_d-1}}=6.53$$

$$\bar{d}\pm t_{\alpha/2}\frac{\sigma_d}{\sqrt{n}}=11\pm 2.2622\times\frac{6.53}{10}=11\pm 4.67$$

即消费者对 A 和 B 两种化妆品的喜爱程度之差的置信区间为 6.33～15.67。

3. 两个总体比率之差的区间估计

两个总体比率之差的区间估计，要求是大样本，即 $n_1\pi_1\geqslant 5$ 及 $n_1(1-\pi_1)\geqslant 5$、$n_2\pi_2\geqslant 5$

及 $n_2(1-\pi_2)\geqslant 5$ 都成立，此时，两个样本比率之差的区间估计为

$$(p_1-p_2)\pm z_{\alpha/2}\sqrt{\frac{\pi_1(1-\pi_1)}{n_1}+\frac{\pi_2(1-\pi_2)}{n_2}} \tag{4-24}$$

当 π_1、π_2 未知时，用 p_1、p_2 代替，即

$$(p_1-p_2)\pm z_{\alpha/2}\sqrt{\frac{p_1(1-p_1)}{n_1}+\frac{p_2(1-p_2)}{n_2}} \tag{4-25}$$

【例 4-9】 在某个电视节目的收视率调查中，农村随机调查了 400 人，有 32%的人收看了该节目；城市随机调查了 500 人，有 45%的人收看了该节目。试以 90%的置信水平估计城市与农村收视率差别的置信区间。

解：已知：$p_1=45\%$；$p_2=32\%$；$n_1=500$；$n_2=400$；$1-\alpha=95\%$；$z_{\alpha/2}=1.96$；$\pi_1-\pi_2$ 置信度为 95%的置信区间为

$$(45\%-32\%)\pm 1.96\times\sqrt{\frac{45\%\times(1-45\%)}{500}+\frac{32\%\times(1-32\%)}{400}}$$
$$\approx 13\%\pm 6.32\%=(6.68\%,19.32\%)$$

城市与农村收视率差值的置信区间为 6.68%～19.32%。

4. 两个总体方差之比的区间估计

比较两个总体的方差比，用两个样本的方差比来计算。如果 s_1^2/s_2^2 接近 1，说明两个总体方差很接近；如果 s_1^2/s_2^2 远离 1，说明两个总体方差之间存在差异。

总体方差比在 $1-\alpha$ 置信水平下的置信区间为

$$\frac{s_1^2/s_2^2}{F_{\alpha/2}}\leqslant\frac{\sigma_1^2}{\sigma_2^2}\leqslant\frac{s_1^2/s_2^2}{F_{1-\alpha/2}} \tag{4-26}$$

【例 4-10】 为了研究男女学生在生活费支出(元)上的差异，在某大学各随机抽取 25 名男学生和 25 名女学生，得到下面的结果：

男学生：$\bar{x}_1=520, s_1^2=260$

女学生：$\bar{x}_2=480, s_2^2=280$

试以 90%置信水平估计男女学生生活费支出方差比的置信区间。

解：根据自由度 $n_1=25-1=24$ ，$n_2=25-1=24$，查得 $F_{\alpha/2}(24)=1.98$，$F_{1-\alpha/2}(24)=1/1.98\approx 0.505$。

σ_1^2/σ_2^2 置信度为 90%的置信区间为

$$\frac{260/280}{1.98}\leqslant\frac{\sigma_1^2}{\sigma_2^2}\leqslant\frac{260/280}{0.505}$$

男女学生生活费支出方差比的置信区间为 0.47～1.84。

4.4 样本容量的确定

4.4.1 确定样本容量的理论依据

样本容量对估计精度有较大的影响，从理论上说，样本容量越大，对总体特征的估计误差越小；但从实践角度看，抽样数目过大，则会增大调查及相关的工作量。因此，

样本容量的确定是至关重要的。一般说来，抽样数目以满足在一定的概率保证下抽样误差不超过给定的允许范围的最小样本容量为界。因此，可根据抽样极限误差与抽样数目的关系来确定抽样数。确定样本容量时一般要考虑抽样方法的影响，即重复抽样和不重复抽样。

4.4.2　总体均值参数估计中抽样数目的确定

为了简单起见，可直接考虑大样本的情况，这时样本均值$\bar{x}$服从正态分布，即

$$\frac{\bar{x}-\mu}{\sigma(\bar{x})} \sim N(0,1)$$

在 $1-\alpha$ 置信水平下，存在临界值 $Z_{\alpha/2}$，使得$|\bar{x}-\mu|/\sigma(\bar{x}) \leqslant Z_{\alpha/2}$或$|\bar{x}-\mu| \leqslant Z_{\alpha/2}/\sigma(\bar{x})$。根据抽样极限误差的定义，若用样本均值估计总体均值的极限误差(边际误差)为 $\Delta_{\bar{x}}$，则

$$Z_{\alpha/2}\sigma(\bar{x}) = Z_{\alpha/2}(\sigma/\sqrt{n}) = \Delta_{\bar{x}}$$

故在该置信度下，如果允许误差为 $\Delta_{\bar{x}}$，可以解出必需的抽样数：

$$n = (Z_{\alpha/2})^2\sigma^2/\Delta_{\bar{x}}^2 \tag{4-27}$$

由此可知，此抽样数目由总体方差、允许误差以及概率保证程度三者确定。

【例 4-11】　一家广告公司想估计某类商店去年所花的平均广告费用有多少。经验表明，总体方差约为 180 万元。如置信度取 95%，并要使估计处在总体平均值附近 500 元的范围内，这家广告公司应抽取多大的样本?

解：已知 $\sigma^2 = 1\,800\,000, \alpha = 0.05, Z_{\alpha/2} = 1.96, \Delta_{\bar{x}} = 500$，应抽取的样本容量为

$$\begin{aligned} n &= (Z_{\alpha/2})^2\sigma^2/\Delta_{\bar{x}}^2 = (1.96)^2 \times (1\,800\,000)/500^2 \\ &\approx 27.66 \approx 28 \end{aligned}$$

即应抽取 28 人作为样本。

4.4.3　总体比率参数估计中样本容量确定

当估计一个总体比率时，有

$$n = \frac{(z_{\alpha/2})^2 \cdot \pi(1-\pi)}{E^2} \tag{4-28}$$

当 π 未知时，可取 $\pi = 0.5$。

【例 4-12】　一家市场调研公司想估计某地区有彩色电视机的家庭所占的比例。该公司希望对比例 p 的估计误差不超过 0.05，要求的可靠程度为 95%，应抽取多大容量的样本(没有可利用的 p 估计值)?

解：已知 $\Delta p = 0.05, \alpha = 0.05, Z_{\alpha/2} = 1.96$，当 π 未知时，用 0.5 代替，则应抽取的样本容量为

$$n = (Z_{\alpha/2})^2\pi(1-\pi)/\Delta_p^2 = \frac{(1.96)^2 \times (0.5) \times (1-0.5)}{(0.05)^2} = 384.16 \approx 385$$

这里需要注意，不能四舍五入为 384 个家庭，而应该向上取整抽取 385 个家庭作为样本。

4.5 区间估计的可视化软件应用

利用 Excel 数据分析中的“描述”功能，可以选择置信度为特定值(例如，选择 95%)，从而获得置信区间，用样本均值加减去置信区间，即可获得对均值的区间估计。例如，表 4-5 为“描述”功能输出的某商场 19 天的顾客数量情况，根据顾客数量的“平均”值为 68 027，“置信度”对应的数据为 7 972，可知该商场平均顾客 95%的置信区间为 68 027－7 972到 68 027＋7 972，即 60 055 到 75 999 名顾客之间。

表 4-5 Excel 顾客数量描述分析表(部分)

平均	68 026.58
标准误差	3 794.393
中位数	67 666
观测数	19
置信度(95.0%)	7 971.725

在 SPSS 中计算样本均值及其标准误差的步骤为：选择菜单项“分析”“描述统计”“探索”，打开对话框。将待估计的变量移入右边的因变量列表框中。单击“统计量”按钮，在对话框中选择“描述性”复选框，设置置信度(例如默认为 95%)。单击“继续”按钮返回主对话框，再单击“确认”按钮，执行操作，即可获得区间估计值。如表 4-6 所示。

表 4-6 SPSS 顾客数量均值的置信区间

估计变量	统计量			标准误
顾客数量	均值		68 026.578 9	3 794.393 42
	均值的 95%置信区间	下限	60 054.854 2	
		上限	75 998.303 7	

※案例思考与商务实践

1. 案例思考

艾达服装公司的管理层与公司的数据分析师经过研讨认为应当在报告中考虑以下问题：第一，利用适当的描述性统计将两家供应商以往交货时间的数据资料进行汇总，观察异同点。第二，考虑两家供应商的平均供货时间情况。分析每家供应商订货后的平均交货时间的置信区间、平均交货时间之差的置信区间，以反映二者未来订货时间的可能范围。第三，得出分析结论。

例如，假设两家供应商分别提供了本公司交货时间的数据，其中 A 公司提供了 38 个数据，B 公司提供了 34 个数据。数据资料如表 4-7 所示。

1) 描述统计分析比较

利用 SPSS 软件“分析”中的“描述统计”下拉菜单中的“频率”，选择两个公司交货时间作为变量，选择基本统计量，得到表 4-8。可以发现，两个公司的交货时间均值近似为 11 天，但 A 公司订货后的交货时间最长为 19 天，最短需要 5 天，而 B 公司最长需要 13 天，最短需要 9 天。因此，从稳定性来说，B 公司的交货时间更好。两个公司交货时间的标准差和方差也显示出了这一点。

表 4-7　两个公司交货时间比较　　天

A公司交货时间				B公司交货时间			
11	12	5	19	10	10	11	12
13	8	8	13	10	11	10	10
11	10	7	16	11	12	11	11
10	7	14	10	10	10	12	9
12	11	11	10	11	11	11	
11	9	9	10	11	13	11	
8	14	8	11	10	11	12	
13	10	11	12	12	12	10	
17	12	16		12	9	9	
10	11	5		11	10	11	

表 4-8　两个公司交货时间的描述统计比较

参　数		A交货时间	B交货时间
N	有效	38	34
	缺失	2	6
均值		10.921 1	10.794 1
中值		11.000 0	11.000 0
标准差		3.025 85	0.977 92
方差		9.156	0.956
极小值		5.00	9.00
极大值		19.00	13.00
百分位数	25	9.000 0	10.000 0
	50	11.000 0	11.000 0
	75	12.250 0	11.250 0

2）均值置信区间

利用 SPSS 软件“分析”中的“均值比较”下拉菜单中的“单样本 t 检验”，选择两个公司交货时间作为变量，可得到表 4-9。可见，A 公司的平均交货时间 95％的置信区间为 9.93～11.92 天，而 B 公司的平均交货时间 95％的置信区间为 10.45～11.14 天，B 公司置信区间比 A 公司的置信区间更小，但相差不大。

表 4-9　单个样本检验(区间估计)

检验变量	t 检验				差分的 95%置信区间	
	t	df	Sig.(双侧)	均值差值	下限	上限
A 交货时间	22.249	37	0.000	10.921 05	9.926 5	11.915 6
B 交货时间	64.361	33	0.000	10.794 12	10.452 9	11.135 3

3) 均值之差的置信区间

利用 SPSS 软件“分析”中的“均值比较”下拉菜单中的“独立样本 t 检验”,选择两个公司交货时间作为变量,可得到表 4-10。根据 F 检验的结果为 14.949,说明两个公司的交货时间的方差不等,因此根据表 4-10 中假设方差不等的情况,A 公司的平均交货时间与 B 公司的平均交货时间之差的 95%的置信区间为−0.92～1.17 天。

表 4-10　独立样本检验(均值之差的区间估计)

检验变量	方差条件	方差方程的 Levene 检验		均值方程的 t 检验					差分的 95% 置信区间	
		F	Sig.	t	df	Sig.(双侧)	均值差值	标准误差值	下限	上限
交货时间	假设方差相等	14.949	0.000	0.234	70	0.816	0.126 93	0.542 97	−0.955 98	1.209 85
	假设方差不相等			0.245	45.448	0.808	0.126 93	0.518 72	−0.917 53	1.171 40

4) 结论

如果单纯从供货时间来考虑,B 公司的条件更适合成为艾达服装公司的供应商,因为在两个公司平均供货时间相差不多的情况下,B 公司的平均供货时间相对稳定,更有利于艾达服装公司来合理安排生产。当然,在实际情况中,还需要考虑价格、质量、地理位置、运输成本等问题。

2. 商务实践

请分小组讨论小组成员所在的不同城市居民用户对大瓶装纯水的消费需求、消费行为和消费意向的异同。

习　　题

1. 重复抽样和不重复抽样相比,样本均值抽样的标准误差有什么不同?
2. 什么是区间估计?试举例说明。
3. 样本均值和样本比例的抽样标准误差计算时有何不同?
4. 设总体均值 $\mu=17$,标准差 $\sigma=10$。从该总体中抽取一个样本量为 25 的随机样本,其均值为 $\bar{x}_{25}$;同样,抽取一个样本量为 100 的随机样本,样本均值为 $\bar{x}_{100}$。

(1) 描述$\bar{x}_{25}$的抽样分布。

(2) 描述$\bar{x}_{100}$的抽样分布。

5. 一家汽车电池的制造商声称其最好的电池寿命的分布均值为 54 个月，标准差为 6 个月。假设某一消费者组织决定购买 50 个这种电池作为样本来检验电池的寿命，以核实这一声明。如果这家制造商所言是真实的，试描述这 50 个电池样本的平均寿命的抽样分布。

6. 从均值为 200、标准差为 50 的总体中，抽取 $n=100$ 的简单随机样本，用样本均值$\bar{x}$估计总体均值。

(1) $\bar{x}$的数学期望是多少？

(2) $\bar{x}$的估计标准误差是多少？

(3) $\bar{x}$的抽样分布是什么？

(4) 样本方差 s^2 的抽样分布是什么？

7. 某市场调查员想了解快餐店每位顾客午餐的平均花费金额，在为期 3 周的时间里选取 49 名顾客组成了一个简单随机样本。

(1) 假定总体标准差为 15 元，求样本均值的抽样平均误差。

(2) 在 95%的置信水平下，求允许误差。

(3) 如果样本均值为 120 元，求总体均值 95%置信水平的置信区间。

8. 假设一个总体共有 8 个数值：54，55，59，63，64，68，69，70。从该总体中按重复抽样方式抽取 $n=2$ 的随机样本。

(1) 计算出总体的均值和标准差。

(2) 一共有多少个可能的样本？

(3) 抽出所有可能的样本，并计算出每个样本的均值。

(4) 计算所有样本均值的平均数和标准差，并与总体的均值和标准差进行比较，得到的结论是什么？

9. 抽取 18 袋袋装香米，重量的样本均值是 9.87 kg，样本标准差是 0.27 kg，假设袋装香米的重量服从正态分布。

(1) 求这种袋装香米每袋的真实平均重量的 95%的置信区间。

(2) 求这种袋装香米每袋的真实平均重量的 99%的置信区间。

(3) 置信水平的增加对置信区间的宽度有什么影响？

10. 三部电视剧的第一名将由观众投票产生。某机构在正式投票前做了一次民意调查，预测第一名的得主，并且希望预测的误差不超过 3%。在正式民意调查前，小规模抽样调查对三部电视剧的支持的调查样本方差均近似于 0.36，试计算在 95%的置信水平上本次调查所需要的样本量。

11. 某制造厂的一名生产管理者需要知道完成某项工作所需的时间。为此他进行了一项调查，得出 31 个观察值组成的随机样本，并计算出样本方差为 0.3 h。试构造总体方差 σ^2 在 95%置信度下的置信区间。假设总体服从或近似服从正态分布。

12. 由 10 名学生组成一个随机样本，让他们分别采用 A 和 B 两套试卷测试，结果如表 4-11 所示。试建立两套试卷平均分数之差 $\mu_d=\mu_1-\mu_2$ 在 95%置信水平下的置信区间。

表 4-11 学生成绩表 分

学生编号	试卷 A 成绩 x_A	试卷 B 成绩 x_B	成绩差值 $d_i=x_A-x_B$
1	78	71	7
2	63	44	19
3	72	61	11
4	89	84	5
5	91	74	17
6	49	51	−2
7	68	55	13
8	76	60	16
9	85	77	8
10	55	39	16
合计	726	616	110

13. 某公司在 A、B 两个城市共有 1 500 个忠诚顾客，其中 A 城市有 800 名，B 城市有 700 名。让两个城市的忠诚顾客对公司提供的产品进行满意度打分，独立抽取了 7 名 A 城市顾客、8 名 B 城市顾客的两个随机样本，并记录下两个样本的满意度评价分值数据等资料，如下表 4-12。已知当显著水平为 0.05 时，z 临界值为 1.96，t 临界值为 2.16。

表 4-12 AB 两个城市顾客满意度分值的样本数据

	样本数据							
A 城市顾客	4	5	7	3	6	5	5	
B 城市顾客	7	6	6	4	3	6	7	9

(1) t 的自由度为多少？

(2) 假定两个城市顾客满意度方差相等，在显著性水平为 0.05 的条件下，估计两个城市顾客的满意度分值之差的置信区间。

14. 题目内容仍然如 13 题所示，计算 A、B 两个城市顾客满意度方差之比的置信区间。统计量的临界值请利用 Excel 中粘贴函数中的 F.INV 功能查取。

第 5 章

假设检验

※本章与各小节能力培养提示

按照“工程教育认证标准(2015)版”12 条毕业要求，结合经济管理专业方向，本章对应于教学毕业要求(1)(2)(5)，即(1)将经济管理基础知识应用于实践中；(2)能够据此分析实际经济管理问题；(5)能够应用信息技术。本章的教学目标是掌握单个总体和两个总体假设检验的基本原理方面的经济管理知识，并能够利用假设检验解决实际问题，会使用 Excel 和 SPSS 统计分析进行假设检验，应用于实际问题。

章 节 名 称	培养能力提示
5.1　假设检验的基本问题	了解假设检验的基本概念和原理
5.2　单个总体参数的假设检验	掌握一个总体均值、比率和方差假设的检验方法
5.3　两个总体参数的假设检验	掌握对两个总体均值之差、比率之差、方差之比进行检验的方法
5.4　假设检验的可视化软件应用	能够使用软件进行假设检验分析

※案例与案例问题

辛迪健美沙龙减肥广告的科学依据

辛迪健美沙龙(简称辛迪公司)是一家专门从事减肥的妇女健美沙龙，为吸引更多的顾客参加，辛迪公司市场推广部正着手实施减肥广告的宣传。目前公司拥有女性顾客 312 名，其中 263 名能够长期坚持按照公司为其设计的减肥项目进行减肥，每名顾客每期减肥指导费用 1 500 元。公司一直认为本公司设计的减肥项目在市场上颇具竞争力。但是最近新开业的两家健美中心以低价格对辛迪健美沙龙产生了威胁，一些顾客被价格吸引准备离开辛迪公司，有些顾客私下宣传辛迪公司的减肥项目效果不佳。为了说明本公司减肥项目的效果，辛迪公司准备通过微信、传统媒体等形式做广告，同时，想找到本公司减肥项目有效的依据。那么：

第一，辛迪公司应当怎样进行调查来说明这个问题？

第二，如果以完成报告作为依据，报告中应当阐述哪些关键问题？

参数估计和假设检验都是根据样本信息推断总体特征的方法。因此，假设检验也是推断统计学的重要构成部分。假设检验包括参数假设检验和非参数假设检验，本章主要学习参数假设检验，即对总体参数进行推断的假设检验。

5.1 假设检验的基本问题

5.1.1 假设检验的概念

假设检验是数理统计学中根据一定假设条件由样本推断总体的一种方法。具体做法是：根据问题的需要对所研究的总体作某种假设，记作 H_0；选取合适的统计量，这个统计量的选取要使在假设 H_0 成立时，其分布为已知；由实测的样本，计算出统计量的值，并根据预先给定的显著性水平进行检验，作出拒绝或接受假设 H_0 的判断。要点如下：

(1) 先对总体的参数(或分布形式)提出某种假设，然后利用样本信息判断假设是否成立的过程。

(2) 假设检验有参数检验和非参数检验。

(3) 逻辑上运用反证法，统计上依据小概率原理。

5.1.2 原假设和备择假设

所谓假设，就是某些对客观事物特征的初始判断或者说断言，用统计语言表达就是对总体参数的取值所做的断言。由于这些断言成立的理由并不充分，所以对这些断言需要进行检验。例如工厂的生产环节是否正常需要经常监测工作状态，受各种偶然因素的影响，罐装剂量可能会偏离标准值 $\mu=255$ mm，这里生产线正常就是一个假设(断言)，但这个假设不一定成立，即可能出现另外一种情况 $\mu\neq255$ mm(生产线不正常)，需要对生产线的状态进行检验。

假设包括原假设和备择假设。

在假设检验中，待检验的有关总体分布的一项命题的假设称为原假设，一般记为 H_0，是研究者想收集证据予以反对的假设，或者说没有充分证据就不能否认的假设，又称“零假设”，总是有符号“$=$”“$\leqslant$”或“$\geqslant$”。

备择假设包含关于总体分布的一切使原假设不成立的命题，常记为 H_1。备择假设是原假设被否定时准备接受的假设，是研究者想收集证据予以支持的假设，如果没有充分证据就不能支持的假设，也称“研究假设”，总是有符号“$\neq$”“$<$”或“$>$”。

【例 5-1】 某品牌洗涤剂在它的产品说明书中声称：平均净含量不少于 500 g。从消费者的利益出发，有关研究人员要通过抽检其中的一批产品来验证该产品制造商的说明是否属实。试陈述用于检验的原假设与备择假设。

解：研究者抽检的意图是倾向于证实这种洗涤剂的平均净含量并不符合说明书中的陈述。建立的原假设和备择假设为

$$H_0: \mu\geqslant500, \quad H_1: \mu<500$$

原假设和备择假设建立时的要点为：原假设和备择假设是一个完备事件组，而且相互对立；在一项假设检验中，原假设和备择假设必有一个成立，而且只有一个成立；先确定备择假设，再确定原假设；等号“$=$”总是放在原假设上；因研究目的不同，对同一问题可能

提出不同的假设(也可能得出不同的结论);假设检验的目的主要是收集证据来拒绝原假设。

5.1.3 假设检验中的两类错误

假设检验及其两类错误是数理统计学中的名词。在进行假设检验时提出原假设和备择假设,原假设实际上是正确的,但我们作出的决定是拒绝原假设,此类错误称为第Ⅰ类错误,又称弃真错误。原假设实际上是不正确的,但是我们却作出了接受原假设的决定,此类错误称为第Ⅱ类错误,又称取伪错误。假设检验中可能出现四种不同结果,总结如表 5-1 所示。

表 5-1 假设检验中的四种不同结果

原假设真假	不拒绝原假设	拒绝原假设
原假设实际为真	结论正确($1-\alpha$)	结论错误Ⅰ(α)
原假设实际为假	结论错误Ⅱ(β)	结论正确($1-\beta$)

1. 第Ⅰ类错误

第Ⅰ类错误(弃真错误)是指当原假设 H_0 正确时,而拒绝 H_0 所犯的错误出现的概率为 α,又称显著性水平。这意味着研究者的结论并不正确,即观察到实际上并不存在的处理效应。原因可能是样本中有极端数值,或采用决策标准较宽松。

2. 第Ⅱ类错误

第Ⅱ类错误(取伪错误)是指原假设错误时,反而接受原假设的情况,这类错误的概率为 β。这意味着没有观察到存在的处理效应,原因可能是实验设计不灵敏,或样本数据变异性过大,或处理效应本身比较小。

3. 两类错误的关系

显著性水平是原假设为真时,拒绝原假设的概率,常用的 α 值有 0.01,0.05,0.10,由研究者事先确定。β 是原假设为伪时,不拒绝原假设的概率,一般受总体标准差、样本容量和显著性水平的影响。总体标准差越大,β 越大;样本容量越小,β 越大;显著性水平 α 越小,β 越大。α 和 β 的关系就像跷跷板,α 小 β 就大,α 大 β 就小,二者是此消彼长的关系。样本容量相同的情况下,我们不能同时减小两类错误。

由于假设检验过程中可能出现错误,所以需要对犯错结果的严重性和可能性作出判断。人们经过比较,认为犯第Ⅰ类错误比犯第Ⅱ类错误后果严重。当原假设为真,但检验统计量的值却落入拒绝域,从而作出了拒绝原假设的决策,因此拒绝域对应的概率为 α 一般做假设检验时,人们会把这个值设定得非常小,目的之一就是控制犯第Ⅰ类错误的可能性,而第Ⅱ类错误的概率 β 控制和计算相对复杂。

5.1.4 决策规则

1. 检验统计量

对不同的总体参数进行检验,需要用到不同的样本统计量。如对总体均值进行检验,需要用到样本均值;对总体比率进行检验,需要用到样本比率;对总体方差进行检验,需要用到样本方差。但是,有时样本统计量并不能帮助我们直接作出判断,进行参数的假设检验需要构造检验统计量。

【例 5-2】 当企业灌装饮料生产线生产正常时,饮料的正常重量标准是 125 mg,即总体均值 $\mu=125$;允许偏差为 5 mg,即总体的标准差 $\sigma=5$;抽取样本容量为 36 的样本,得到$\bar{x}=125.5$。这时,我们能否依据这个样本信息判断生产线是否正常?

这个问题需要对以下假设进行检验:

$$H_0: \mu = 125, \quad H_1: \mu \neq 125$$

显然,样本统计量偏离总体均值越远,我们拒绝原假设的理由就越充分。现在我们得到的样本统计量是$\bar{x}=125.5$,这个值偏离 $\mu=125$ 足够远吗?由于绝对差异只有 0.5 mg,我们很难判断这个偏离是不是足够远,也很难得到证据来拒绝原假设,为此,我们需要构造检验统计量进行判断。

先假定原假设为真,由于样本容量为 36(大样本),$\sigma=5$(总体方差已知),由中心极限定理得

$$\bar{x} \sim N\left(\mu, \frac{\sigma^2}{n}\right) = N\left(125, \frac{5^2}{36}\right)$$

则检验统计量

$$z = \frac{\bar{x}-\mu}{\sigma_{\bar{x}}} = \frac{125.5-125}{5/\sqrt{36}} = 0.6$$

2. 拒绝域和显著性水平

由于样本均值服从正态分布,在原假设为真的条件下,样本均值偏离总体均值足够远的概率是非常小的,我们可以用概率来表示$\bar{x}$偏离 $\mu=125$ 的程度。设$\bar{x}$偏离 $\mu=125$ 足够远的概率为 α,在双侧检验中$\bar{x}$偏离 μ 可以是正偏离,也可以是负偏离,所以 α 被平分在两侧,单侧面积为 $\alpha/2$,这部分面积所在区域被称为拒绝域,于是我们有一个直观的判断:如果检验统计量值落在了拒绝域,样本均值就偏离总体均值足够远,就有足够的理由拒绝原假设,否则就不拒绝原假设。

拒绝域的范围是什么因素决定的呢?由于标准正态分布是确定的,可以知道拒绝域范围是设定的样本均值偏离总体均值足够远的概率 α 决定的。α 值越大,拒绝域的范围也越大;反之,拒绝域的范围越小。

α 称为显著性水平。统计上的"显著"并不表示很重要,而是表示这个结果"非偶然的"。一般来说,α 的值都很小,常用的取值有 0.10、0.05、0.01,也可以取其他值。

显著性水平可以认为是研究者拒绝原假设时所要承担的风险,即原假设为真,却作出拒绝原假设的决定,所以该取值尽量小。$1-\alpha$ 被称为"置信水平",显著性水平越小,结论的可靠程度越大。

构造拒绝域的关键就在于确定临界值 z,如果取 $\alpha=0.05$,则 $z_{\alpha/2}=z_{0.025}=1.96$,双侧检验的拒绝域在两侧,即$(-\infty,-1.96)$,$(1.96,+\infty)$,如果是单侧检验,则分左侧检验和右侧检验,如果取 $\alpha=0.05$,则 $z_{\alpha}=z_{0.05}=1.64$,故左侧检验的临界值为-1.64,拒绝域在左侧,即$(-\infty,-1.64)$,同理,右侧检验的拒绝域在右侧,为$(1.64,+\infty)$。z 检验决策规

则如表 5-2 所示。

表 5-2　z 检验决策规则

检验		检验统计量与临界值比较	决策结果
双侧检验		$\|z\|>z_{\alpha/2}$	拒绝原假设
单侧检验	左侧检验	$z<-z_{\alpha}$	拒绝原假设
	右侧检验	$z>z_{\alpha}$	拒绝原假设

3. 作出判断

我们通过样本统计量和假定为真的参数取值(原假设)之间的差异来判断能否拒绝原假设,这种差异的本质是一种误差,形成这种误差的原因有两个:一是随机性,这是由于样本的随机抽取形成的,称为随机性误差;二是由于系统原因,这是我们假定参数为真(原假设为真)形成的,称为系统性误差,其含义是真实的参数而不是我们假定的那个值。

直观的理解,如果样本统计量的值离假定为真的参数取值越远,这种误差是系统性误差的可能性越大,我们拒绝原假设的理由越充分,反之则不能拒绝原假设。这样我们归纳出假设检验的判定规则见表 5-2。

【例 5-2】饮料生产线检验统计量的值 $z=0.6$,如取 $\alpha=0.05$,则 $z_{\alpha/2}=z_{0.025}=1.96$,该问题属于双侧检验,$z>z_{0.025}$,所以检验统计量的值落在了接受域,没有证据证明原假设不成立。

在统计软件中,我们通常通过 P 值法判断是否拒绝原假设。P 值法是利用检验统计量 z 值来计算一个被称为 P 值的概率,即假设检验的 P 值是拒绝原假设的最小的显著性水平。P 值越小,说明反对原假设的证据越多。P 值的检验依赖于是左侧检验、右侧检验还是双侧检验。对于左侧检验,P 值是检验统计量小于或等于样本所给出的检验统计量的值的概率,在 σ 已知的情形下为了计算左侧检验的 P 值,必须得到标准正态曲线下在检验统计量值左边部分的面积,计算出 P 值后,如果它小于 α 的值,就可以拒绝原假设。

需要注意的是,如果不能作出拒绝原假设的决策,我们应该表达为"不拒绝原假设",而不是"接受原假设"。这两种表达方式有本质的区别,不拒绝原假设的含义是说还没有足够的证据表明原假设为假,但也没有认定原假设一定为真。

5.2　单个总体参数的假设检验

单个总体参数的假设检验主要对总体均值、比例和方差进行检验,由于检验的参数不同,构造检验统计量的方法也有所不同。

5.2.1　总体均值的假设检验

1. 总体方差已知

1) 总体方差已知,大样本

在这个条件下,由中心极限定理可知,样本均值服从正态分布,可以构造 z 检验统计量。判断规则如表 5-3 所示。表中：$\bar{x}$ 为样本均值；μ 为总体均值；σ 为总体标准差；n 为样本容量。

表 5-3 大样本条件、总体方差已知条件下一个总体均值的检验方法

	双侧检验	左侧检验	右侧检验
假设	$H_0:\mu=\mu_0$ $H_1:\mu\neq\mu_0$	$H_0:\mu\geqslant\mu_0$ $H_1:\mu<\mu_0$	$H_0:\mu\leqslant\mu_0$ $H_1:\mu>\mu_0$
检验统计量	σ 已知情况下：$z=\dfrac{\bar{x}-\mu_0}{\sigma/\sqrt{n}}$		
拒绝域	$\|z\|>z_{\alpha/2}$	$z<-z_\alpha$	$z>z_\alpha$
P 值决策规则	如果 $p<\alpha$，则拒绝 H_0		

【例 5-3】 某味精厂生产的味精每袋重量(g)服从正态分布，根据要求每袋重量应该为 100 g。由以往生产经验可知，该味精重量的标准差 $\sigma=0.5$ 基本稳定，现在从某天包装的味精中随机抽取 49 袋称量，分别得到平均重量为 100.09 g。试问这天包装的味精是否合格?

解：这里所关心的焦点是味精重量是否符合要求，也就是正态总体参数 μ 是否为 100 g。大于或者小于 100 g 都不符合要求，因而属于双侧检验问题。提出的原假设或备择假设为

$$H_0:\mu=100,\quad H_0:\mu\neq100$$

由于该问题是正态总体，而且方差已知，故采用 z 统计量，即

$$z=\frac{\bar{x}-\mu_0}{\sigma/\sqrt{n}}=\frac{100.09-100}{0.5/\sqrt{49}}\approx1.26$$

根据给定的显著性水平 $\alpha=0.05$，查标准正态分布表得到 $z_{\alpha/2}=1.96$，$z\approx1.26$ 小于 1.96，故接受原假设，认为包装机正常，包装合格。

2) 总体方差已知，小样本

由于小样本有更大的偶然性，需要承担更大的风险，所以在这个条件下需要增加一个条件：总体服从正态分布，这样，检验的方法与大样本时完全相同。

【例 5-4】 某品牌汽车的生产商声称其生产的某款汽车油耗不超过 8 L/100 km，为了证实这个说法，一家汽车杂志对该款汽车进行了调查，抽取了 16 辆计算得到的平均油耗是 8.9 L/100 km，假设总体服从正态分布，总体标准差 $\sigma=1.5$ L/100 km，显著性水平 $\alpha=0.05$，这些数据能支持汽车生产商的说法吗?

解：已知 $n=16,\bar{x}=8.9,\sigma=1.5,\alpha=0.05$

由于研究者是汽车杂志，它们关注的是能否驳斥汽车生产商声明的观点，也就是它们认为汽车油耗要大于 8 L/100 km。故

$$H_0:\mu\leqslant8,\quad H_1:\mu>8$$

由于总体服从正态分布，在小样本、总体方差已知的条件下，仍使用 z 检验。

查表得：$z_\alpha = z_{0.05} = 1.64$，拒绝域为$(1.64, +\infty)$

计算检验统计的值得

$$z = \frac{\bar{x} - \mu}{\sigma/\sqrt{n}} = \frac{8.9 - 8}{1.5/\sqrt{16}} = 2.4$$

由于 $z = 2.4$ 大于 1.64，检验统计量的值落入拒绝域，故拒绝原假设，汽车生产商的说法不能被证实。

如果使用 P 值法，则要计算 $z = 2.4$ 对应的 P 值。由 Excel 计算得 $P = 0.008\,198$，则有 $P = 0.008\,198 < \alpha = 0.05$，故同样拒绝原假设。

2. 总体方差未知

总体方差是参数，在实际问题中一般是未知的。在这样的条件下，我们需要用样本标准差 s 来代替总体标准差 α。这时，经过标准化变换的检验统计量不再服从标准正态分布，而是服从自由度为$(n-1)$的 t 分布。故此时的检验统计量称为 t 检验统计量，检验也称 t 检验。

$$t = \frac{\bar{x} - \mu}{s/\sqrt{n}} \sim t(n-1)$$

式中：$\bar{x}$ 为样本均值；s 为样本标准差；n 为样本容量。

t 检验的拒绝域由 t 分布来构造，决策规则与 z 检验时完全相同，判断规则如表 5-4 所示。

表 5-4　总体方差未知条件下一个总体均值的检验方法

	双侧检验	左侧检验	右侧检验
假设	$H_0: \mu = \mu_0$ $H_1: \mu \neq \mu_0$	$H_0: \mu \geqslant \mu_0$ $H_1: \mu < \mu_0$	$H_0: \mu \leqslant \mu_0$ $H_1: \mu > \mu_0$
检验统计量	$t = \frac{\bar{x} - \mu_0}{s/\sqrt{n}}$		
拒绝域	$\lvert t \rvert > t_{\alpha/2}(n-1)$	$t < -t_\alpha(n-1)$	$t > t_\alpha(n-1)$
P 值决策规则	如果 $P < \alpha$，则拒绝 H_0		

1) 总体方差未知，大样本

用样本 s 来替代总体标准差，经过标准化变换的检验统计量服从自由度为 $n-1$ 的 t 分布(这种情况也可以用 z 检验法)。

$$t = \frac{\bar{x} - \mu}{s/\sqrt{n}} \sim t(n-1)$$

式中：$\bar{x}$ 为样本均值；s 为样本标准差；n 为样本容量。

【例 5-5】 一本商务旅行杂志想对机场服务进行评价分级，评价标准中最低分为 0 分，最高分为 10 分，总体平均等级分超过 7 分的机场被认为是优质机场。杂志工作人员在每个机场选取 60 名商务旅客组成一个样本，得到评级数据，在某个机场抽取的样本中，平均等级分 $\bar{x} = 7.25$ 分，样本标准差分 $s = 1.052$ 分，在显著性水平 $\alpha = 0.05$ 下，数据能否表明：该机场可以被商务旅客认为是优质机场？

解：已知 $n=60,\bar{x}=7.25,\mu=7,\alpha=0.05$

商务旅行杂志社想了解是否该机场的平均分大于 7 分，因此提出假设

$$H_0:\mu\leqslant 7,\quad H_1:\mu>7$$

由于大样本、总体方差未知的条件下，服从 t 分布。

查表得：$t_\alpha(n-1)=t_{0.05}(60-1)=1.671$，拒绝域为$(1.671,+\infty)$

计算检验统计的值得

$$t=\frac{\bar{x}-\mu}{s/\sqrt{n}}=\frac{7.25-7}{1.052/\sqrt{60}}\approx 1.84$$

由于 $t\approx 1.84$ 大于 1.671，检验统计量的值落入拒绝域，故拒绝原假设，应该认为该机场服务达到了优质水平。

如果使用 P 值法，则要计算 $z=2.4$ 对应的 P 值。由 Excel 计算得 $P=0.035\,4$，则有 $P=0.035\,4<\alpha=0.05$，故同样拒绝原假设，得到结论：该机场是优质服务的机场。

2）总体方差未知，小样本

当样本是小样本时，与 z 检验一样要求总体是服从正态分布的，仍然使用 t 检验。

$$t=\frac{\bar{x}-\mu}{s/\sqrt{n}}\sim t(n-1)$$

式中：$\bar{x}$ 为样本均值；s 为样本标准差；n 为样本容量。

t 检验的拒绝域由 t 分布来构造，决策规则与 z 检验时完全相同。

【例 5-6】 一种汽车配件的平均长度要求为 12 cm，高于或低于该标准均被认为是不合格的。汽车生产企业在购进配件时，通常是经过招标，然后对中标的配件提供商提供的样品进行检验，以决定是否购进。现对一个配件提供商提供的 10 个样本进行检验，如表 5-5 所示。假定该供货商生产的配件长度服从正态分布，在 0.05 的显著性水平下，检验该供货商提供的配件是否符合要求？

表 5-5 10 个零件尺寸长度 cm

12.2	10.8	12.0	11.8	11.9
12.4	11.3	12.2	12.0	12.3

解：这里所关心的焦点是汽车配件长度是否为 12 cm，也就是正态总体参数 μ 是否等于 12 cm，因而属于双侧检验问题。提出的原假设或备择假设为

$$H_0:\mu=12\text{ cm},\quad H_0:\mu\neq 12\text{ cm}$$

由于该问题是正态总体，未知，$n=10$，可求得样本方差 $s=0.493\,2$，故采用 t 统计量，即

$$t=\frac{11.89-12}{0.493\,2/\sqrt{10}}\approx -0.703\,5$$

根据给定的显著性水平 $\alpha=0.05$，查标准正态分布表得到 $t_{0.025}(10-1)=2.262$，由于 $t=-0.703\,5$ 大于 -2.262，小于 2.262，t 没有落在拒绝域里，所以不拒绝原假设，证据不能证明该供货商提供的零件不符合要求。如果用 P 值方法，在 Excel 中可以运用 TDIST 函数得 $t=0.703\,5$ 双侧的面积 $P=0.499\,5>0.05$，因此不拒绝原假设，不能证明供货商

提供的零件不符合要求。

5.2.2 总体比例的假设检验

总体比例的检验与上面介绍的总体均值的检验基本上是相同的，区别只在于参数和检验的统计量的形式不同，所以总体均值检验的整个过程都可以作为总体比例检验的参考，甚至许多内容完全可以“照搬”。因此，这里综合介绍总体比例的检验方法，而且只考虑大样本情况下的总体比例检验。

总体比例检验的三种基本形式如下。

(1) 双侧检验：$H_0: \pi=\pi_0, H_1: \pi\neq\pi_0$。

(2) 左侧检验：$H_0: \pi\geqslant\pi_0, H_1: \pi<\pi_0$。

(3) 右侧检验：$H_0: \pi\leqslant\pi_0, H_1: \pi>\pi_0$。

当 np 和 $n(1-p)$ 都大于 5 时，样本比例 p 的抽样分布近似服从正态分布，于是构造检验统计量为

$$z=\frac{p-\pi_0}{\sqrt{\frac{\pi_0(1-\pi_0)}{n}}}$$

大样本情况下总体比例检验的一般方法如表 5-6 所示。

表 5-6 大样本情况下总体比例检验的一般方法

	双侧检验	左侧检验	右侧检验
假设	$H_0: \pi=\pi_0$ $H_1: \pi\neq\pi_0$	$H_0: \pi\geqslant\pi_0$ $H_1: \pi<\pi_0$	$H_0: \pi\leqslant\pi_0$ $H_1: \pi>\pi_0$
检验统计量	$z=\frac{p-\pi_0}{\sqrt{\frac{\pi_0(1-\pi_0)}{n}}}$		
拒绝域	$\lvert z\rvert>z_{\alpha/2}$	$z<-z_\alpha$	$z>z_\alpha$
P 值决策规则	如果 $P<\alpha$，则拒绝 H_0		

【例 5-7】 一种以休闲和娱乐为主题的杂志，声称其读者群中有 80%为女性。为验证这一说法是否属实，某研究部门抽取了由 200 人组成的一个随机样本，发现有 146 个女性经常阅读该杂志。分别取显著性水平 $\alpha=0.05$ 和 $\alpha=0.01$，检验该杂志读者群中女性的比率是否为 80%？它们的值各是多少？

解：已知 $n=200, \alpha=0.01$，由样本数据可计算得出 $p=\frac{146}{200}=0.73=73\%$

$$H_0: \pi=80\%, \quad H_1: \pi\neq 80\%$$

由于 $n=200$，显然是大样本，检验统计量服从标准正态分布，所以用 z 检验

$$z=\frac{0.73-0.80}{\sqrt{\frac{0.80\times(1-0.80)}{200}}}\approx-2.475$$

根据给定的显著性水平 $\alpha=0.05$ 和 $\alpha=0.01$，查标准正态分布表得 $z_{0.05/2}=1.96$ 和

$z_{0.01/2}=2.58$，因此，当取 $\alpha=0.05$ 时，拒绝原假设，该杂志读者群中女性的比率不是80%，但是当取 $\alpha=0.01$ 时，没落在拒绝域里，所以不拒绝原假设，该杂志社读者中约有80%为女性读者。可见，显著性水平取值不同，有可能结论不一样。

5.2.3 总体方差的假设检验

一个总体方差的检验利用的分布为卡方分布，不论样本容量的大小，都要求总体服从正态分布。单一总体方差检验的三种基本形式如下。

双侧检验：$H_0:\sigma^2=\sigma_0^2$，$H_1:\sigma^2\neq\sigma_0^2$。

左侧检验：$H_0:\sigma^2\geqslant\sigma_0^2$，$H_1:\sigma^2<\sigma_0^2$。

右侧检验：$H_0:\sigma^2\leqslant\sigma_0^2$，$H_1:\sigma^2>\sigma_0^2$。

检验的统计量为

$$\chi^2=\frac{(n-1)s^2}{\sigma^2}\sim\chi^2(n-1)$$

对于给定的显著性水平 α，假设检验的形式与总体均值的拒绝规则，即双侧检验时，拒绝域在两端；单侧检验时，拒绝域则在分布一侧的尾部。表5-7总结了单一总体方差检验的一般方法。

表5-7 单一总体方差检验的一般方法

	双侧检验	左侧检验	右侧检验
假设	$H_0:\sigma^2=\sigma_0^2$ $H_1:\sigma^2\neq\sigma_0^2$	$H_0:\sigma^2\geqslant\sigma_0^2$ $H_1:\sigma^2<\sigma_0^2$	$H_0:\sigma^2\leqslant\sigma_0^2$ $H_1:\sigma^2>\sigma_0^2$
检验统计量	$\chi^2=\frac{(n-1)s^2}{\sigma^2}$		
拒绝域	$\chi^2>\chi^2_{\alpha/2}(n-1)$ 或 $\chi^2<\chi^2_{1-\alpha/2}(n-1)$	$\chi^2<\chi^2_{1-\alpha}(n-1)$	$\chi^2>\chi^2_{\alpha}(n-1)$
P 值决策规则	如果 $P<\alpha$，则拒绝 H_0		

【例5-8】 啤酒生产企业采用自动生产线灌装啤酒，每瓶的装填量为640 ml，但由于受某些不可控因素的影响，每瓶的装填量会有差异。此时，不仅每瓶的平均装填量很重要，装填量的方差同样很重要。如果方差很大，会出现装填量太多或太少的情况，这样要么生产企业不划算，要么消费者不满意。假定生产标准规定每瓶装填量的标准差不应超过和不应低于4 ml。企业质检部门抽取了10瓶啤酒进行检验，得到的样本标准差为 $s=3.8$ ml。试以0.10的显著性水平检验装填量的标准差是否符合要求？

解：由样本数据得知 $s=3.8$ ml，$n=10$，$\alpha=0.10$

企业检验的重点在于每瓶装填量的标准差是否为4 ml，故

$$H_0:\sigma^2=4^2,\quad H_1:\sigma^2\neq4^2$$

由于样本服从卡方分布，自由度为9，查表得

$$\chi^2_{1-\alpha/2}(n-1)=\chi^2_{1-0.10/2}(10-1)=3.3251,$$

$$\chi^2_{\alpha/2}(n-1)=\chi^2_{0.10/2}(10-1)=16.9190$$

计算检验统计量的值：

$$\chi^2=\frac{(n-1)s^2}{\sigma^2}=\frac{(10-1)\times 3.8^2}{4^2}=8.1225$$

由于小于 χ^2 大于 $\chi^2_{0.95}(10-1)=3.3251$，而小于 $\chi^2_{0.05}(10-1)=16.9190$，检验统计量的值没有落入拒绝域，故不拒绝原假设，说明没有足够的证据证明生产线不符合标准。

5.3　两个总体参数的假设检验

在很多情况下，我们都需要在两个总体之间进行比较。例如两个不同地区农民平均纯收入是否有差异，男女消费行为是否有差异，两只基金风险是否有差异，等等。这些问题的本质就是比较两个总体的均值、比率和方差。在两个总体之间进行比较，需要在两个总体中分别进行抽样，这两个样本可以是独立样本，也可以是匹配样本，两种样本的判断方法不同，我们先讨论独立样本。

5.3.1　两个总体均值之差的假设检验

两个总体均值之差的假设检验也有双侧检验和单侧检验，可以检验两个总体均值是否相等，也可以检验两个总体的均值相差多少，检验方法与一个总体时基本相同，下面我们分不同情况进行讨论。

两个总体均值之差的假设检验有以下三种情况。

(1) 双侧检验：$H_0: \mu_1-\mu_2=0, H_1: \mu_1-\mu_2\neq 0$。

(2) 左侧检验：$H_0: \mu_1-\mu_2\geqslant 0, H_1: \mu_1-\mu_2<0$。

(3) 右侧检验：$H_0: \mu_1-\mu_2\leqslant 0, H_1: \mu_1-\mu_2>0$。

1. 大样本，σ_1^2，σ_2^2，已知

当两个总体服从正态分布或虽然两个总体的分布形式未知，但抽自两个总体的样本量均较大，且两个总体的 σ_1^2，σ_2^2 方差已知时，可以证明，由两个独立样本算出 $\bar{x}_1-\bar{x}_2$ 的抽样分布服从正态分布，可以用 z 检验，检验统计量为

$$z=\frac{(\bar{x}_1-\bar{x}_2)-(\mu_1-\mu_2)}{\sqrt{\frac{\sigma_1^2}{n_1}+\frac{\sigma_2^2}{n_2}}}\sim N(0,1)$$

【例 5-9】 某公司对男女职员的平均日工资进行了调查，独立抽取了具有同类工作经验的男女职员的两个随机样本，并记录下两个样本的均值、方差等资料。在显著性水平为 0.05 的条件下，能否认为男性职员与女性职员的平均日工资存在显著差异？

男性职员：$\bar{x}_1=512, n_1=50, \sigma_1=100$

女性职员：$\bar{x}_2=452, n_2=54, \sigma_2=90$

解：这是两个总体均值比较的假设检验。

$H_0: \mu_1-\mu_2=0$，男女职员的平均日工资不存在差异。

$H_1: \mu_1-\mu_2\neq 0$，男女职员的平均日工资存在差异。

由于两个都是大样本，总体方差已知，故用 z 检验

$$z=\frac{(\bar{x}_1-\bar{x}_2)-(\mu_1-\mu_2)}{\sqrt{\frac{\sigma_1^2}{n_1}+\frac{\sigma_2^2}{n_2}}}=\frac{(512-452)-0}{\sqrt{\frac{100^2}{50}+\frac{90^2}{54}}}\approx 3.21$$

由于 $z=3.21$ 大于 1.96，说明检验统计量的值落入拒绝域，故拒绝原假设。说明该公司男女职员的日工资方面存在显著差异。

如果用 P 值法，在 Excel 中运用 NORMSDIST 函数计算 $z=3.21$ 外侧的面积，可得 $P=0.001\ 327$，因为小于 0.05，故拒绝原假设。

2. 小样本，σ_1^2，σ_2^2 已知

当两个总体服从正态分布或虽然两个总体的分布形式未知，但抽自两个总体的样本量均较小，且两个总体的 σ_1^2，σ_2^2 方差已知时，可以证明，由两个独立样本算出 $\bar{x}_1-\bar{x}_2$ 的抽样分布服从正态分布，可以用 z 检验，检验的方法与大样本时完全相同。

【例 5-10】 一个品牌化妆品在两个城市都有门店，经营者认为在不同的城市消费者的年龄有显著性差异，应该采用不同的营销策略。为了证实这个判断，经营者在两个城市的消费者群体中分别抽取了两个样本进行比较，如果总体都是服从正态分布的，$\alpha=0.05$，下列数据能证实经营者的判断吗？

城市 A：$\bar{x}_1=43$，$n_1=25$，$\sigma_1=10$

城市 B：$\bar{x}_2=38$，$n_2=18$，$\sigma_2=9$

解：经营者想要证实是否不同地区消费者年龄不同，所以假设为

H_0：$\mu_1-\mu_2=0$，两个城市消费者年龄不存在差异。

H_1：$\mu_1-\mu_2\neq 0$，两个城市消费者年龄存在差异。

这是小样本，两个总体均值比较的假设检验，因为总体是正态分布，所以仍然用 z 检验

$$z=\frac{(\bar{x}_1-\bar{x}_2)-(\mu_1-\mu_2)}{\sqrt{\frac{\sigma_1^2}{n_1}+\frac{\sigma_2^2}{n_2}}}=\frac{(43-38)-0}{\sqrt{\frac{10^2}{25}+\frac{9^2}{18}}}\approx 1.715$$

由于 $z=1.715$ 小于 1.96，检验统计量的值没有落入拒绝域，故无法拒绝原假设。说明该产品两个城市用户群体在年龄上没有显著差异。

如果用 P 值法，在 Excel 中运用 NORMSDIST 函数计算 $z=1.715$ 外侧的面积，可得 $P=0.086\ 345$，因为大于 0.05，故不拒绝原假设。

3. 大样本，σ_1^2，σ_2^2 未知

在大部分情况下，总体方差是无法事先得到的，这时我们需要使用样本方差来替代总体方差，在大样本条件下，经过标准化变换后，检验统计量服从 t 分布，故称 t 检验。但是，t 检验的自由度确定分为以下两种情况。

1）两个总体方差相等

在这个条件下，两个总体数据分散程度是一样的，故在两个总体取样的风险相对较小，这时检验统计量为

$$t=\frac{(\bar{x}_1-\bar{x}_2)-(\mu_1-\mu_2)}{\sqrt{s_p^2\left(\frac{1}{n_1}+\frac{1}{n_2}\right)}}\sim t(n_1+n_2-2)$$

其中

$$s_p^2=\frac{(n_1-1)s_1^2+(n_2-1)s_2^2}{n_1+n_2-2}$$

式中：μ_1 为总体 1 的均值；μ_2 为总体 2 的均值。

当 $\mu_1=\mu_2$ 时，统计量服从 $N(0,1)$。给定显著性水平，检验问题(1)、(2)、(3)的检验规则分别为

当 $|z|>z_{\frac{\alpha}{2}}$ 时，拒绝 H_0，$|z|\leqslant z_{\frac{\alpha}{2}}$，接受 H_0。

当 $z<z_\alpha$ 时，拒绝 H_0，$z\geqslant -z_\alpha$，接受 H_0。

当 $z>z_\alpha$ 时，拒绝 H_0，$z\leqslant z_\alpha$，接受 H_0。

2）两个总体方差不相等

在这个条件下，两个总体数据分散程度是不一样的，故在两个总体取样的风险相对较大，这时检验统计量为

$$t=\frac{(\bar{x}_1-\bar{x}_2)-(\mu_1-\mu_2)}{\sqrt{\frac{s_1^2}{n_1}+\frac{s_2^2}{n_2}}}$$

其中，自由度为

$$\nu=\frac{\left(\frac{s_1^2}{n_1}+\frac{s_2^2}{n_2}\right)^2}{\frac{(s_1^2/n_1)^2}{n_1-1}+\frac{(s_2^2/n_2)^2}{n_2-1}}$$

按照 t 分布检验规则判断是否拒绝原假设。

【例 5-11】 目前我国中小学生身体素质一直在下降，其中爆发力、力量、耐力等体质指标，都呈现出明显的下降趋势。造成我国中小学生体质下降的原因是多方面的，但片面追求分数和升学率形成的重文轻武的应试教育的教育教学体制与环境，是造成目前我国中小学生身体素质呈下降趋势的主要原因；专业的体育教师严重缺乏，是造成这一现状的外在因素；学校运动场地与器材严重不足，结构上不尽合理是造成这一现状的重要推手，沉迷于网络游戏也是目前我国中小学生身体素质呈现出明显下降趋势的很重要的原因。研究小组在 2010 年和 2016 年分别选取了高二的男生测试 1 000 m 进行比较，假定两个总体方差相等，$\alpha=0.05$，在这个项目上，2016 年是否比 2010 年水平有所下降？

2010 年：$\bar{x}_1=3.75$ min，$n_1=125$，$s_1=1.1$

2016 年：$\bar{x}_2=3.90$ min，$n_2=127$，$s_2=1.2$

解：研究者想要证实是否中小学生在这个项目上 2016 年的水平比 2010 年有所降低，所以假设为

H_0：$\mu_1-\mu_2\geqslant 0$，即 2016 年 1 000 m 跑项目高二男生水平有所降低。

H_1：$\mu_1-\mu_2<0$，即 2016 年 1 000 m 跑项目高二男生水平没有显著变化。

这是大样本，两个总体均值比较的假设检验，因为总体是正态分布，方差未知但相等，

所以用 t 检验，自由度为 250。

$$t=\frac{(\bar{x}_1-\bar{x}_2)-(\mu_1-\mu_2)}{\sqrt{s_p^2\left(\frac{1}{n_1}+\frac{1}{n_2}\right)}}$$

$$=\frac{(3.75-3.90)}{\sqrt{\frac{(125-1)\times 1.1^2+(127-1)\times 1.2^2}{125-127-2}\times\left(\frac{1}{125}+\frac{1}{127}\right)}}$$

$$\approx -1.034$$

由于计算出自由度 $v=250$，$-t_{0.05}(250)=-1.651$，检验统计量的值没有落入拒绝域，故无法拒绝原假设。说明没有足够证据显示在 1 000 m 高二男子项目上 2016 年的水平低于 2010 年。

如果用 P 值法，在 Excel 中运用 TDIST 函数计算 $t=1.034$ 右侧的面积，可得 $P=0.151\ 068$，大于 0.05，不拒绝原假设。

4．小样本，σ_1^2，σ_2^2 未知

由于小样本有更大的偶然性，需要承担更大的风险，所以这个条件下需要增加一个条件：总体服从正态分布，这样检验的方法与大样本时完全相同。

【例 5-12】 一家物流企业分白班和黑班进行装卸作业，管理者想知道是否由于人体生物钟原因，白班工人的生产效率要高于夜班，从而制定不同的生产定额。为了证实这个判断，管理者抽取了两个班次某天的作业量，假设总体服从正态分布且方差相等，$\alpha=0.05$，数据能否证实管理者的判断？

白班：$\bar{x}_1=456$ 件，$n_1=25$，$s_1=40$

黑班：$\bar{x}_2=436$ 件，$n_2=23$，$s_2=35$

解：由于管理者研究者想要证实是否白班生产效率高于夜班，所以假设为

H_0：$\mu_1-\mu_2\leqslant 0$，即白班生产效率低于夜班。

H_1：$\mu_1-\mu_2>0$，即白班生产效率明显高于夜班。

两个总体服从正态分布且方差未知但相等，所以用 t 检验，自由度为 $25+23-2=46$。

$$t=\frac{(\bar{x}_1-\bar{x}_2)-(\mu_1-\mu_2)}{\sqrt{s_p^2\left(\frac{1}{n_1}+\frac{1}{n_2}\right)}}=\frac{(456-436)-0}{\sqrt{\frac{(25-1)\times 40^2+(23-1)\times 35^2}{25+23-2}\times\left(\frac{1}{25}+\frac{1}{23}\right)}}$$

$$\approx -1.84$$

由于 $t_{0.05}(46)=1.68$，t 大于临界值，检验统计量的值落入拒绝域，故拒绝原假设。说明证据显示白班工人生产效率高于夜班工人。如果用 P 值法，在 Excel 中运用 TDIST 函数计算 $t=1.84$ 上侧的面积，可得 $P=0.036\ 113$，小于 0.05，故拒绝原假设。

5．匹配样本

在选择用于收集生产时间数据及检验假设的抽样方法时，可以考虑两种方案：基于独立样本和基于匹配样本。独立样本设计：抽取工人的一个简单随机样本，样本中的每个工人使用方法 1；抽取工人的另一个独立的简单随机样本，样本中的每个工人使用方法 2。匹配样本设计：抽取工人的一个简单随机样本，每个工人先用一种方法，然后使用另一种方法，这两种方法的次序被随机地指派给工人，一些工人先使用方法 1，其他工人先

使用方法 2，每个工人提供一对数据值，一个数值是方法 1 的，另一个数值是方法 2 的。在匹配样本设计中，两种生产方法在相似条件下被检验（由相同的工人使用），因此这一设计产生的抽样误差往往比独立样本设计更小。这主要是因为在匹配样本设计中，两种方法被相同的工人使用，剔除了工人之间的差异。在这个条件下，检验统计量服从 t 分布：

$$t=\frac{\bar{d}-(\mu_1-\mu_2)}{s_d/\sqrt{n_d}}\sim t(n_d-1)$$

式中：$\bar{d}$ 为 d 的均值；s_d 为 d 的样本方差。

【例 5-13】 某饮料公司开发研制出一种新产品，为比较消费者对新老产品口感的满意程度，该公司随机抽选一组消费者（6 人），每个消费者先品尝一种饮料，然后再品尝另一种饮料，两种饮料的品尝顺序是随机的，而后每个消费者要对两种饮料分别进行评分（0～10 分），根据样本计算出两组评分如表 5-8 所示。取显著性水平 $\alpha=0.05$，该公司是否有证据认为消费者对两种饮料的评分存在显著差异？

表 5-8　两种饮料匹配样本打分

消费者	饮料 A 评分	饮料 B 评分	差值 d_i
1	6.0	5.4	0.6
2	5.0	5.2	−0.2
3	7.0	6.5	0.5
4	6.2	5.9	0.3
5	6.0	6.0	0
6	6.4	5.8	0.6

解：由于该公司想要证实消费者是否对两种饮料评价不同，所以假设为

H_0：$\mu_1-\mu_2\neq 0$，消费者对两种饮料评价差异不显著。

H_1：$\mu_1-\mu_2\neq 0$，消费者对两种饮料评价差异显著。

由于 $n=6$，属于小样本，假设差值的总体服从正态分布，使用自由度为 $n-1$ 的 t 分布检验统计量

$$t=\frac{\bar{d}-(\mu_1-\mu_2)}{s_d/\sqrt{n_d}}=\frac{0.30-0}{0.335/\sqrt{6}}\approx 2.20$$

由于 $t_{0.025}(6-1)=2.57$，t 小于临界值，检验统计量的值没落入拒绝域，故不能拒绝原假设。无法证实两种饮料消费者对其评价有明显差异。

5.3.2　两个总体比率之差的假设检验

有时研究人员希望能对两个总体比率之差作出判断。例如比较两种产品的市场份额，研究两个杂志的读者性别比率，等等。这种检验一般先抽取两个随机样本，计算每个样本中具有某种特征的比率值，然后将这两个比率做减法算出一个差值，用这个样本比率之差来对总体比率作出判断。与两个总体均值之差的检验类似，两个总体比例之差的检

验形式也有三种。

双侧检验：$H_0: \pi_1-\pi_2=d, H_1: \pi_1-\pi_2 \neq d$。

左侧检验：$H_0: \pi_1-\pi_2 \geqslant d, H_1: \pi_1-\pi_2<d$。

右侧检验：$H_0: \pi_1-\pi_2 \leqslant d, H_1: \pi_1-\pi_2>d$。

当 $n_1 p_1$、$n_1 q_1$ 和 $n_2 p_2$、$n_2 q_2$ 都大于 5 时，两个样本比例之差的抽样分布近似为正态分布。

$$z=\frac{(p_1-p_2)-(\pi_1-\pi_2)}{\sqrt{\dfrac{\pi_1(1-\pi_1)}{n_1}+\dfrac{\pi_2(1-\pi_2)}{n_2}}}$$

式中：p_1 为样本 1 的比率；p_2 为样本 2 的比率；n_1 为样本 1 的容量；n_2 为样本 2 的容量；π_1 为总体 1 的比率；π_2 为总体 2 的比率。

在实际应用中，由于总体比率未知，可以用样本比率来估计未来总体比率，将两个样本比率合并计算得到一个加权比率，然后结合样本容量，就可以对两个总体比率之差的假设进行检验，调整后公式如下：

$$p=\frac{x_1+x_2}{n_1+n_2}=\frac{p_1 n_1+p_2 n_2}{n_1+n_2}$$

两个总体比例之差检验的统计量为

$$z=\frac{p_1-p_2}{\sqrt{p(1-p)\left(\dfrac{1}{n_1}+\dfrac{1}{n_2}\right)}}$$

【例 5-14】 一所大学准备采取一项学生宿舍上网收费的措施，为了了解男女学生对这一措施的看法是否存在差异，分别抽取了 200 名男生和 200 名女生进行调查，其中一个问题是“你是否赞成采取上网收费的措施？”男生表示赞成的比例为 27%，女生表示赞成的比例为 35%。调查者认为，男生中表示赞成的比例显著低于女生。取显著性水平为 0.05，样本提供的证据是否支持调查者的看法？

解：设 π_1＝男生中表示赞成的比例，π_2＝女生中表示赞成的比例。依据题意，提出原假设和备择假设应为 $H_0: \pi_1-\pi_2 \geqslant 0, H_1: \pi_1-\pi_2<0$。

两样本的合并比例 p 为

$$p=\frac{x_1+x_2}{n_1+n_2}=\frac{p_1 n_1+p_2 n_2}{n_1+n_2}=\frac{200 \times 0.27+200 \times 0.35}{200+200}=0.31$$

计算的检验统计量为

$$z=\frac{p_1-p_2}{\sqrt{p(1-p)\left(\dfrac{1}{n_1}+\dfrac{1}{n_2}\right)}}=\frac{0.27-0.35}{\sqrt{\dfrac{0.31 \times(1-0.31)}{200}+\dfrac{0.31 \times(1-0.31)}{200}}} \approx -1.73$$

由于 $z \approx -1.73<z_\alpha=-1.645$，所以拒绝原假设，样本提供的证据是支持调查者的看法。

5.3.3 两个总体方差之比的假设检验

在有些研究中，研究人员相对两个总体方差进行比较。例如在质量控制中要求零件的尺寸差异不能太大，分析人员会比较两批零件的变异性，以确定使用哪批零件。再如在资本市场中，方差一般用来衡量哪种投资项目风险更大，金融分析师需要比较两种投资产品的方差来确定其风险差异。

如果两个样本方差相差不大，可以认为它们来自同一总体，其样本方差之比应该接近于 1，如果实际比率比 1 大得多或者小得多，都可能说明这两个样本方差不同。由概率知识可以证明，若从同一总体中重复抽取样本计算其方差比，这个比率服从 F 分布，那么可以用 F 检验来对两个总体的方差进行假设检验。确定 F 值可以通过查 F 分布表，需要三个参数：分子自由度、分母自由度和显著性水平。使用 F 检验的前提是总体的分布必须是正态的。

两个正态总体方差之比的假设检验共有如下三种形式。

假设 1：$H_0: \sigma_1^2=\sigma_2^2, H_1: \sigma_1^2 \neq \sigma_2^2$。

假设 2：$H_0: \sigma_1^2 \geqslant \sigma_2^2, H_1: \sigma_1^2 < \sigma_2^2$。

假设 3：$H_0: \sigma_1^2 \leqslant \sigma_2^2, H_1: \sigma_1^2 > \sigma_2^2$。

此时，方差比的估计量的抽样分布是 F 分布。F 分布的构造如下：

$$F=\frac{s_1^2}{s_2^2} \sim F(n_1-1, n_2-1)$$

式中：s_1^2 为样本 1 的方差(较大的)；s_2^2 为样本 2 的方差(较小的)；n_1-1 为分子的自由度；n_2-1 为分母的自由度。

在一定的显著性水平下，查表可得出相应的临界值，检验三种形式假设的检验规则分别为：

针对假设 1，当 $F>F_{\frac{\alpha}{2}}(n_1-1, n_2-1)$ 或 $F<F_{1-\frac{\alpha}{2}}(n_1-1, n_2-1)$ 时拒绝 H_0，否则接受 H_0。

针对假设 2，当 $F<F_{1-\alpha}(n_1-1, n_2-1)$ 时拒绝 H_0，$F \geqslant F_{1-\alpha}(n_1-1, n_2-1)$ 时接受 H_0。

针对假设 3，当 $F>F_\alpha(n_1-1, n_2-1)$ 时拒绝 H_0，$F \leqslant F_\alpha(n_1-1, n_2-1)$ 时接受 H_0。

【例 5-15】 理财分析师需要分析 A、B 两只基金哪种风险更高，为此，他抽取了两只基金共 16 个交易周的价格样本，计算得到 $s_1^2=2.21, s_2^2=0.61, n_1=n_2=16$，在 $\alpha=0.05$ 条件下，这两只基金风险是否相同?

解：要比较两只基金风险是否相同，故假设为：$H_0: \sigma_1^2=\sigma_2^2, H_1: \sigma_1^2 \neq \sigma_2^2$

两个方差之比服从 F 分布，分子与分母自由度均为 15，查表得：$F_{0.025}(15,15)=2.86$，$F_{0.975}(15,15)=0.35$，拒绝拒绝域为 $(0,0.35)$，$(2.86,+\infty)$。

计算检验统计量的值：

$$F=\frac{s_1^2}{s_2^2}=\frac{2.21}{0.61} \approx 3.62$$

由于 $F=3.62>F_{0.025}(15,15)=2.86$，检验统计量的值落入拒绝域，故拒绝原假设，说明两只基金风险明显不同。

如果用 P 值检验，在 Excel 中运用 FDIST 函数计算 $F=3.62$ 上侧的面积(必须计算正值)再乘以 2，可得 $P=0.0174$，因为 $P=0.0174<\alpha=0.05$，故拒绝原假设。

该问题也可以用单侧检验。如我们观测到基金1比基金2波动更大，因此可以设立如下假设：

$$H_0: \sigma_1^2 \leqslant \sigma_2^2, \quad H_1: \sigma_1^2 > \sigma^2$$

仍然使用 F 分布，查表得：$F_{0.05}(15,15)=2.40$，拒绝域为 $(2.86,+\infty)$。

计算检验统计量的值：

$$F=\frac{s_1^2}{s_2^2}=\frac{2.21}{0.61}\approx 3.62$$

由于 $F=3.62>F_{0.05}(15,15)=2.40$，检验统计量的值落入拒绝域，故拒绝原假设，说明基金1风险明显高于基金2。

如果用 P 值检验，在 Excel 中运用 FDIST 函数计算 $F=3.63$ 上侧的面积（必须计算正值），可得 $P=0.0087$，因为 $P=0.0087<\alpha=0.05$，故拒绝原假设。

5.4 假设检验的可视化软件应用

在 Excel 中，“数据分析”功能包含 t 检验、z 检验和 F 检验。SPSS 的功能更加完整。SPSS 提供了对单变量进行正态性检验和 t 检验的功能。在 SPSS 中检验单变量正态性检验的步骤：选择菜单项“分析”中的“描述统计”，打开“探索”对话框。将待估计的变量移入右边的“因变量”框中。单击“绘制”按钮，打开“绘制”子对话框，在对话框中选择“带检验的正态分布图”复选框，单击“继续”按钮，返回主对话框。再单击“确定”按钮，则在结果输出窗口可以输出有关正态性检验的表和图。SPSS 的比较均值中包含均值是否相等的假设检验、t 检验中包含单样本 t 检验、独立样本 t 检验、匹配样本 t 检验等。例如，考察某品牌汽车加固定油量后，在高速公路和城市道路上的行驶里程是否相同，收集 36 个数据如表 5-9 所示。

表 5-9 两个品牌汽车固定油量在高速公路所能行驶的最大千米数 km

A品牌汽车行驶里程	B品牌汽车行驶里程	A品牌汽车行驶里程	B品牌汽车行驶里程	A品牌汽车行驶里程	B品牌汽车行驶里程
19.80	19.84	12.27	16.62	13.61	8.00
15.89	24.32	20.06	18.85	17.09	14.16
21.98	20.38	25.38	12.13	17.91	20.95
26.11	13.50	16.65	13.83	12.53	17.67
25.79	8.23	18.24	6.00	18.73	22.58
27.93	14.06	14.24	22.27	19.38	18.00

考虑两个独立样本的 t 检验，但首先要知道方差是否相等，所以先进行 F 检验，然后选择 t 检验。利用 Excel“数据分析”中的“F 检验：双样本方差”，结果如表 5-10 所示。由于 P 值 $=0.32796$，大于 0.05，所以不能否认方差相等的假设。因此，考虑使用“数据分析”中“t 检验：双样本同方差检验”，得到表 5-11。可见，考虑双尾检验的 P 值 $=0.09$ 大

于 0.05，因此不拒绝原假设，即 A 和 B 品牌汽车固定油量时在高速公路上能行驶的里程没有显著不同。但是如果是单尾检验，备择假设 A 品牌汽车平均行驶路程大于 B 品牌汽车的平均行驶路程，则 P 值＝0.047 2 小于 0.05，由 A 品牌汽车平均行驶里程为 19 km，B 品牌汽车平均行驶里程为 16 km 可知，A 品牌汽车更省油。

表 5-10 F-检验 双样本方差分析

参 数	A 品牌汽车行驶里程	B 品牌汽车行驶里程
df	17	17
F	0.802 89	—
$P(F \leqslant f)$ 单尾	0.327 96	—
F 单尾临界	0.440 16	—

表 5-11 t 检验：双样本同方差假设

参数	A 品牌汽车行驶里程	B 品牌汽车行驶里程
平均	19.088 33	16.188 33
方差	22.782 25	28.375 26
观测值	18	18
假设平均差	25.578 76	—
t Stat	34	—
$P(T \leqslant t)$ 单尾	1.720 202	—
t 单尾临界	0.047 243	—
$P(T \leqslant t)$ 双尾	1.690 924	—
t 双尾临界	0.094 487	—

如果利用 SPSS 进行分析，使用“分析”菜单中的“均值比较”，选择“独立样本 t 检验”得到表 5-12 的分析结果。SPSS 在独立样本 t 检验中的 F 检验结果与 t 检验结果均为双尾检验结果。结论与 Excel 的双尾检验结果相同。

表 5-12 SPSS 独立样本检验

检验变量	方差条件	方差方程的 Levene 检验		均值方程的 t 检验					差分的 95% 置信区间	
		F	Sig.	t	df	Sig.（双侧）	均值差值	标准误差值	下限	上限
不同品牌汽车里程	假设方差相等	0.485	0.491	1.720	34	0.094	2.900 0	1.685 85	−0.526 06	6.326 1
	假设方差不相等			1.720	33.598	0.095	2.900 0	1.685 85	−0.527 56	6.327 6

※案例思考与商务实践

1. 案例思考

1）调查方法说明

根据前面的案例与案例问题，辛迪健美沙龙应当抽取客户样本用以分析减肥前后客户的体重变化数据。例如，可以抽取30人，让他们全程同周期参与公司有效的减肥项目。实际上，公司收集了一个有历时12周的引导性减肥项目之前与之后30个客户样本体重如表5-13所示。

表5-13　30个客户参加减肥项目前后体重比较　　斤

客户编号	之前体重	之后体重	客户编号	之前体重	之后体重
1	170	200	16	160	177
2	190	205	17	180	194
3	148	219	18	152	196
4	210	182	19	195	181
5	160	154	20	158	146
6	140	168	21	132	160
7	300	159	22	280	155
8	280	147	23	265	143
9	161	156	24	156	153
10	171	142	25	162	141
11	175	153	26	173	149
12	185	155	27	183	150
13	254	189	28	221	182
14	265	193	29	260	178
15	214	152	30	203	139

2）报告内容

公司可以首先对参加减肥项目之前之后的样本体重数据进行描述性统计分析，其次分析客户参加引导性减肥项目的前后体重是否有显著差异，需要采用配对数据的t检验方法，取显著性水平为0.05。具体分析过程如下：

第一，描述性统计分析得到的分析结果如表5-14所示。从客户参加减肥项目之前体重的均值、众数、中位数上看，都大于参加减肥项目之后的体重。从方差、标准差和最大值减去最小值获得的极差等指标上看，减肥之前的体重离散程度要明显高于减肥之后体重的离散程度。

表 5-14　客户参加减肥项目之前和之后体重的统计量

项目		之前体重	之后体重
N	有效	30	30
	缺失	0	0
均值		196.77	167.27
中值		181.50	157.50
众数		160[a]	153[a]
标准差		47.499	22.172
方差		2 256.185	491.582
极小值		132	139
极大值		300	219

注：a. 存在多个众数。显示最小值。

第二，利用单样本 t 检验，分别分析客户参加减肥项目之前和之后的体重情况，利用 SPSS 软件，得到表 5-15。可见，客户参加减肥项目之前体重的置信区间为(179.03，214.50)，之后体重的置信区间为(158.99，175.55)。

表 5-15　单个样本检验

检验变量	检验值＝0					
	t 检验				差分的 95％置信区间	
	t	df	Sig.（双侧）	均值差值	下限	上限
之前体重	22.689	29	0.000	196.767	179.03	214.50
之后体重	41.321	29	0.000	167.267	158.99	175.55

第三，配对样本 t 检验，分析客户参加减肥项目前后体重是否有显著差异。利用 SPSS 软件，得到表 5-16。可见，客户参加减肥项目之前的体重和之后的体重之间有显著差异（P 值＝0.005 小于 0.05），参加减肥项目后，客户体重平均下降 29.5 公斤，差值的置信区间为(9.494，49.506)。因此，该减肥项目十分有效。公司可以以此为依据，开展广告宣传。

表 5-16　成对样本检验

配对变量		成对差分					t	df	Sig.（双侧）
		均值	标准差	均值的标准误	差分的 95％置信区间				
					下限	上限			
对 1	之前体重－之后体重	29.500	53.577	9.782	9.494	49.506	3.016	29	0.005

2. 商务实践

据意大利《晚邮报》报道，意大利一所大学3名教授进行了这样一项实验：他们挑选了一名记忆中等的青年学生，让他每星期接受3～5天，每天1 h，背诵由3～4个数组成的数字训练。每次训练前，他如果能一字不差地背诵前次所记的训练，就让他再增加一组数字。经过20个月约230 h的训练，他起初能熟记7个数，以后增加到80个互不相关的数，而且在每次练习时几乎能记住80%的新数字，使得他的记忆力能同一些具有特殊记忆力的专家媲美。

因此专家提出，记忆力通过训练的确可以提高。事实上，古今中外的许多名人学者都通过各种方法来锻炼自己的记忆力。马克思从少年时代开始，坚持不断地用一种自己不太熟悉的外语去背诵诗歌，有意识地锻炼记忆力。一家培训机构设计了一种提高记忆力的培训方法，宣称对青少年记忆力提升效果显著。但有家长提出质疑，消费者协会决定开展调查，确定该机构是否存在虚假宣传问题。

消费者协会为了评估这种宣传是否有效，随机抽取了20名学生，在做记忆力测试后，留下记忆力差异不大的9名学生参加实验(剔除了强弱两端的学生)。训练完成后，再对两个组做记忆力测试。训练后的记忆力数据如表5-17所示，问$\alpha=0.01$的显著性水平上，该训练方法有效吗？

表5-17 调查数据资料示例

学生编号	1	2	3	4	5	6	7	8	9
训练前记忆力	23	22	20	21	23	18	17	20	23
训练后记忆力	28	29	26	23	31	25	22	26	26

请分小组讨论应该如何进行试验，尝试提出假设并通过数据支持来作出是否驳斥培训机构的说法。

习 题

1. 简要说明假设检验的步骤。

2. 简述假设检验中的两类错误并说明造成其可能的原因。

3. 比较单侧检验和双侧检验的区别。

4. 分别列出小样本情形下总体均值左侧检验、右侧检验及双侧检验的拒绝域。

5. 已知生产线上生产出来的零件直径服从正态分布，已知方差为0.09(mm^2)，现有假设H_0：均值$\mu=10$(mm)。这个假设可以是猜出来的，也可以是生产标准所要求的。现在有一组样本观察值：10.01，10.02，10.02，9.99，9.98，10.02，10.00，9.87，9.99，请写出备择假设，并请判断假设H_0是否正确。

6. 一家大型超市连锁店上个月接到许多消费者投诉某种品牌炸土豆片中60 g一袋的那种重量不符。店方猜想引起这些投诉的原因是运输过程中沉积在食品袋底部的土豆片碎屑，但为了使顾客对花钱买到的土豆片感到物有所值，店方仍然决定对来自一家最大

的供应商的下一批袋装炸土豆片的平均重量(g)μ进行检验,假设陈述如下:

$$H_0: \mu \geqslant 60, \quad H_1: \mu < 60$$

如果有证据可以拒绝原假设,店方就拒收这批炸土豆片并向供应商提出投诉。

(1) 与这一假设检验问题相关联的第Ⅰ类错误是什么?

(2) 与这一假设检验问题相关联的第Ⅱ类错误是什么?

(3) 你认为连锁店的顾客将哪类错误看得较为严重?而供应商会将哪类错误看得较为严重?

7. 某种纤维原有的平均强度不超过 6 g,现希望通过改进工艺来提高其平均强度。研究人员测得了 100 个关于新纤维的强度数据,发现其均值为 6.35。假定纤维强度的标准差仍保持在 1.19 不变,在 5%的显著性水平下对该问题进行假设检验。

(1) 选择检验统计量并说明其抽样分布如何。

(2) 检验的拒绝规则是什么?

(3) 计算检验统计量的值,你的结论是什么?

8. 一种机床加工的零件尺寸绝对平均误差为 1.35 mm。生产厂家现采用一种新的机床进行加工,以进一步降低误差。为检验新机床加工的零件平均误差与旧机床相比是否有显著降低,从某天生产的零件中随机抽取 50 个进行检验。50 个零件尺寸的绝对误差值如表 5-18 所示。

表 5-18 50 个零件尺寸的绝对误差值 mm

1.26	1.19	1.31	0.97	1.81
1.13	0.96	1.06	1.00	0.94
0.98	1.10	1.12	1.03	1.16
1.12	1.12	0.95	1.02	1.13
1.23	0.74	1.50	0.50	0.59
0.99	1.45	1.24	1.01	2.03
1.98	1.97	0.91	1.22	1.06
1.11	1.54	1.08	1.10	1.64
1.70	2.37	1.38	1.60	1.26
1.17	1.12	1.23	0.82	0.86

利用这些样本数据,检验新机床加工的零件尺寸的平均误差与旧机床相比是否有显著不同?又是否有显著降低($\alpha=0.05$)?

9. 某罐装饮料生产企业采用自动生产线罐装饮料,每瓶装填量为 640 ml,但由于受某些不可控因素的影响,每瓶的装填量均有差异。此时,不仅每瓶的平均装填量很重要,装填量的方差同样重要。如果 σ^2 很大,会出现装填量太多或太少的情况,这样要么生产企业不划算，要么消费者不满意。假定生产标准规定每瓶装填量的标准差不应超过4 ml。企业质检部门抽取了10瓶饮料进行检验，得到的样本标准差为$s=3.8$ ml。试以$\alpha=0.10$的显著性水平检验装填量的标准差是否符合要求。

10. 某学校准备购进一批某种文具，该学校打算在两个供货商之间选择一家购买，两家供货商生产的该文具平均使用寿命差别不大，价格也很相近，考虑的主要因素就是文具的使用寿命的方差大小。如果方差相同，就选择距离较近的一家供货商进货。为此，学校管理人员对两家供货商提供的样品进行了检验，在较近一家选择21个样本，较远一家选择16个样本。得到平均使用寿命：距离较近的一家$\bar{x}_1=829$ h，距离较远的一家$\bar{x}_2=758$ h。方差：距离较近的一家$s_1^2=3\ 675.460$，距离较远的一家$s_2^2=2\ 431.428$。试以$\alpha=0.05$的显著性水平检验两家供货商的文具使用寿命的方差是否存在显著差异。

11. 甲、乙两台机床同时加工某种同类型的零件，已知两台机床加工的零件直径(单位：cm)分别服从正态分布$N(\mu_1,\sigma_1^2)$、$N(\mu_2,\sigma_2^2)$，并且有$\sigma_1^2=\sigma_2^2$。为比较两台机床的加工精度有无显著差异，分别独立抽取了甲机床加工的8个零件和乙机床加工的7个零件，通过测量得到的数据如表5-19所示。

表5-19 两台机床加工零件的样本数据 cm

机床	零件直径							
甲	20.5	19.8	19.7	20.4	20.1	20.0	19.0	19.9
乙	20.7	19.8	19.5	20.8	20.4	19.6	20.2	

在$\alpha=0.05$的显著性水平下，样本数据是否提供证据支持“两台机床加工的零件直径不一致”的看法？

12. 在旅游业中，特定目的地的旅游文化由旅游手册提供，这种小册子由旅游管理当局向有需要的旅游者免费提供。有人曾进行过一项研究，内容是调查信息的追求者(需要旅游手册者)与非追求者之间在各种旅游消费方面的差别。两个独立随机样本分别由288名信息追求者和367名非信息追求者组成。对样本成员就他们最近一次离家两天或两天以上的愉快旅行或度假提出若干问题。问题之一是：“你这次度假是积极的(主要包括一些富有挑战性的事件或教育活动)，还是消极的(主要是休息和放松)？”每个样本中消极休假的人数列于表5-20中。

表5-20 追求信息人数及非追求信息人数资料 人

人数	信息追求者	非信息追求者
被调查人数	288	367
消极度假人数	197	301

试问：这些数据是否提供了充分证据，说明信息追求者消极度假的可能性比非信息追求者的小？显著性水平$\alpha=0.10$。

13. 检验零假设：初中男生平均身高 160 cm。备择假设：初中男生平均身高超过 160 cm。抽样测得 36 名初中男生的身高如表 5-21 所示，试用 SPSS 完成这个假设检验。

表 5-21　36 名初中男生的身高

170	168	145	148	157	173	170	149	155	176	153	170	146	159	186
173	176	145	166	167	176	169	147	156	175	166	174	150	176	181
173	148	158	167	143	156									

第 6 章 实验设计和方差分析

※本章与各小节能力培养提示

按照"工程教育认证标准(2015)版"12 条毕业要求,结合经济管理专业方向,本章对应于教学毕业要求(1)(2)(3)(5),即(1)将经济管理基础知识应用于实践中;(2)能够据此分析实际经济管理问题;(3)应用实验性研究方法设计并解决问题;(5)能够应用信息技术。本章的教学目标是了解实验性研究方法、掌握三种类型的实验设计及如何应用方差分析方法进行数据分析,并会使用 Excel 和 SPSS 统计分析软件。

章节名称	培养能力提示
6.1 实验设计的基本概念	了解实验设计的概念,掌握方差分析的概念和基本原理
6.2 完全随机化设计与单因子方差分析	了解完全随机化设计,掌握单因子方差分析方法
6.3 随机区组设计与无交互作用的双因子方差分析	了解随机区组设计,掌握无交互作用的双因子方差分析方法
6.4 因子设计与有交互作用的双因子方差分析	了解因子设计,掌握有交互作用的双因子方差分析方法
6.5 方差分析的可视化软件应用	会使用 Excel 和 SPSS 统计分析软件进行方差分析

※案例与案例问题

空中交通管理员工作压力测试

一项测试空中交通管理员的疲劳程度与工作压力的研究得到的结果是建议改造并重新设计管理员工作站。考虑了工作站的若干设计方案后,三种最能减轻管理员工作压力的工作站方案 A、B、C 被选中。哪个方案对减轻管理员工作压力有效呢? 随机抽取了 6 名管理员进行测试。如果你是决策者,应该如何设计这项测试实验呢?

6.1 实验设计的基本概念

实验性研究是统计研究中的一类研究方法。首先确定感兴趣的主要变量,然后通过控制一个或多个其他变量,以便获得它们如何影响主要变量的数据。例如,一家制药公司开发了一种治疗血压的新药，想要进行一项实验，以获得该新药是如何影响血压情况的。在研究中，血压是感兴趣的主要变量，新药的剂量是影响血压的另一个变量。通过控制新药的剂量，研究人员选择了不同个体组给予不同剂量的药品，然后收集每组服药后的血压数据，希望找出血压与药品剂量之间的因果关系。

实验设计是研究如何科学地安排实验，使研究者能够通过实验获得科学的研究数据。在本章我们都将要介绍三种类型的实验设计方法：完全随机化设计、随机区组设计和因子设计。对每一种实验设计方法我们都将利用方差分析(ANOVA)的统计方法来分析数据。方差分析是在 20 世纪 20 年代发展起来的一种统计方法，它被广泛应用于分析心理学、生物学、工程和医药等领域的实验数据。与此同时，方差分析方法也可以用来分析观测性研究得到的数据。

6.2 完全随机化设计与单因子方差分析

6.2.1 完全随机化设计

一家饮料生产公司研究出三个新的饮料口味：口味 1、口味 2、口味 3。公司想要研究不同口味对销量的影响，为此选择了一些规模、地理位置、所在城市规模等相同的连锁超市，在每个超市销售一种口味的饮料，然后获得销量数据，进而分析饮料口味对销量是否有显著影响。这一过程就是实验设计的过程。这里，销量是我们感兴趣的变量，即因变量或响应变量，而饮料口味是可能影响产量的一个控制变量，我们通过"控制"口味这个变量，不同超市给予不同口味的饮料，来找出其与销量之间的因果关系。

在这个实验中，饮料口味是独立变量或因子。有三个饮料口味，我们称为三个处理或水平，将三种口味的饮料随机地放到在三个超市中，每个超市称为实验单元，我们将这种 K 个处理随机地指派给实验单元的设计，称为完全随机化设计。比如，口味 1 随机地指派给超市 2，口味 2 指派给超市 3，口味 3 指派给超市 1。

注意，这个实验对每一种饮料口味只会得到一个销量数据。对于每种口味或处理为了得到更多的数据，我们必须重复实验过程。因此，完全随机化设计除了符合随机化要求外，还必须符合可重复性原则。

【例 6-1】 我们随机抽取 12 个规模、地理位置、所在城市规模等相同的连锁超市，若每个超市只销售一种口味的饮料，将每一种口味的饮料随机地指派给 4 家超市，相当于重复做了 4 次实验。三个处理确定了该实验的三个总体。第一个总体是口味 1 的饮料指派的所有超市，第二个总体是口味 2 的饮料指派的所有超市，第三个总体是口味 3 的饮料指派的所有超市。对每一个总体，因变量或响应变量是饮料的销售量。该实验的目的是确定三个总体(三种口味的饮料)的平均销量是否相同。

以上就是完全随机化设计的基本步骤，一旦我们对实验设计感到满意，我们将收集并分析数据。假设通过上述设计后取得的样本数据如表 6-1 所示。

表 6-1　三种口味的饮料在 12 家连锁超市的销量数据　　瓶/家

口味 1	口味 2	口味 3
368	386	351
349	383	348
351	370	336
342	357	331

6.2.2　方差分析的基本思想

根据表 6-1 的数据，我们进一步得出三种口味在各自 4 家超市实验的样本均值销量数据。口味 1 销量的样本均值是 352.5 瓶，口味 2 销量的样本均值是 374 瓶，口味 3 销量的样本均值是 341.5 瓶。从这些数据中可以看出，口味 2 的销量似乎比其他更高。

实际的问题是，观察到的三个样本均值之间的差异是否足够大，以致可以使我们得出结论：三种口味饮料销量的总体均值是不同的，或者说三种口味饮料对销量有显著的影响。我们记 μ_1 为口味 1 的销量，μ_2 为口味 2 的销量，μ_3 为口味 3 的销量，利用样本数据检验下面的假设：

$$H_0: \mu_1 = \mu_2 = \mu_3$$

$$H_1: \mu_1, \mu_2, \mu_3 \text{ 不全相等}$$

方差分析是一种统计方法，利用这一方法可以检验多个总体均值是否相等的假设。在此例中，涉及两个变量：一个是饮料口味，是分类型自变量；一个是饮料销量，是数值型因变量。方差分析所要研究的问题就是分类型自变量对数值型因变量的影响，即研究“口味”对“销量”的影响。我们怎样判断不同口味的销量是否有显著差异呢？为了检验上述假设，需要考察数据误差的来源。表 6-1 的样本数据之间存在着差异，这些差异主要来自两个方面。

首先，同一口味饮料的 4 次重复实验的样本数据是不同的。比如，口味 1 在 4 家超市的实验数据分别是 368、349、351、342。由于超市是随机分配的，因此它们之间的差异可以看成是随机因素的影响造成的，我们称为处理内差异。值得注意的是，这里没有考虑不同超市地理位置的差别，如果某一口味被分配到了地理位置好的超市，将有失公平，地理位置好坏将成为研究的另一个变量或因子，应该使用另外一种实验设计，我们将在下一节进行介绍。

其次，不同口味之间的各样本数据也是不同的。这种差异可能来源于抽样的随机性，也可能是由于口味本身的差异所造成的。后者所形成的误差是由系统性因素造成的，称为系统误差，或称处理间差异。

显然，处理内差异只包含随机误差，而处理间差异既包括随机误差，也可能包括系统误差。如果不同口味饮料的销量没有显著差异，这两个差异的数值就会很接近，它们的比值会接近 1；相反，如果不同口味饮料的销量存在显著差异，那么处理间差异的数值就会大于处理内差异的数值，它们的比值就会大于1。当这个比值大到某种程度时，就可以说不同处理之间存在着显著差异，即不同口味饮料的销量存在显著差异。

6.2.3 方差分析的基本假定

应用方差分析需要三个基本假定。

(1) 每个总体都服从正态分布。也就是说，对于因子的每一个处理，其观测值是来自正态分布总体的简单随机样本。比如，在上例中，每种口味饮料的销量必须服从正态分布。

(2) 各个总体的方差，记为σ^2，必须相同。也就是说，对于各组观察数据，是从具有相同方差的总体中抽取的。比如，在上例中，每一中口味饮料销量的方差都相同。

(3) 观测值是独立的。比如，在上例中，每个口味饮料的销量都必须与其他口味饮料的销量独立。

6.2.4 单因子方差分析

当方差分析中只涉及一个分类型自变量时，称为单因子方差分析。接下来，我们将介绍单因子方差分析的步骤，分别为提出假设、构造检验统计量和统计决策。

1. 提出假设

$$H_0:\mu_1=\mu_2=\cdots=\mu_k$$
$$H_1:\mu_i(i=1,2,\cdots,k)\text{ 不全相等}$$

式中：μ_i 为第 i 个总体的均值。

如果结论是不拒绝原假设，则不能认为自变量对因变量有显著影响；如果拒绝原假设，则意味着自变量对因变量有显著影响，也就是自变量与因变量之间有显著关系。

2. 构造检验统计量

为检验原假设是否成立，需要确定检验统计量。这个过程来自方差分析的基本思想和原理，即处理内差异和处理间差异的数值比较。数据的差异是用平方和来表示的。因此，我们先从计算误差平方和开始。

1)处理间误差平方和

处理间误差平方和简称处理平方和，记为SSTR。它是各处理平均值与总平均值的误差平方和。反映了各总体的样本均值之间的差异程度。计算公式为

$$\text{SSTR}=\sum_{i=1}^{k}n_i(\bar{x}_i-\bar{\bar{x}})^2$$

式中：n_i 为第 i 个处理的观察值个数；$\bar{x}_i$ 为第 i 个处理的样本均值，计算公式：$\bar{x}_1=\dfrac{\sum_{i=1}^{n_i}x_{ij}}{n_i}$，其中 x_{ij} 为第i个总体的第j个观察值；$\bar{\bar{x}}$ 为总样本均值，计算公式：$\bar{\bar{x}}_1=\dfrac{\sum_{i=1}^{k}n_i\bar{x}_i}{n}$，其中 $n=n_1+n_2+\cdots+n_k$。

表6-1数据重新整理于表6-2。根据表6-2中的数据计算，得

$$\begin{aligned}\text{SSTR} &= \sum_{i=1}^{3} n_i(\bar{x}_1 - \bar{\bar{x}})^2 \\ &= 4 \times (352.5 - 356)^2 + 4 \times (374 - 356)^2 + 4 \times (341.5 - 356)^2 \\ &= 2\ 186\end{aligned}$$

表 6-2 三种口味饮料在 12 个超市的销量及均值数据 瓶/家

序号	口味 1	口味 2	口味 3
1	368	386	351
2	349	383	348
3	351	370	336
4	342	357	331
样本均值	352.5	374	341.5
样本容量	4	4	4
样本总均值		356	

2) 处理内误差平方和

处理内误差平方和简称误差平方和，记为 SSE。它是各处理内的样本数据与其均值误差的平方和，反映了每个处理各观察值的离散状况。前面已经提到，该平方和实际反映的是随机误差的大小。其计算公式为

$$\text{SSE} = \sum_{i=1}^{k} \sum_{j=1}^{n_i} (x_{ij} - \bar{x}_i)^2$$

根据表 6-2 的数据计算，分别算出三个处理的误差平方和，即

$$\begin{aligned}\sum_{j=1}^{4} (x_{1j} - \bar{x}_1)^2 &= (368 - 352.5)^2 + (349 - 352.5)^2 + (351 - 352.5)^2 + (342 - 352.5)^2 \\ &= 365\end{aligned}$$

$$\begin{aligned}\sum_{j=1}^{4} (x_{2j} - \bar{x}_2)^2 &= (386 - 374)^2 + (383 - 374)^2 + (370 - 374)^2 + (357 - 374)^2 \\ &= 530\end{aligned}$$

$$\begin{aligned}\sum_{j=1}^{4} (x_{3j} - \bar{x}_3)^2 &= (351 - 341.5)^2 + (348 - 341.5)^2 + (336 - 341.5)^2 + (331 - 341.5)^2 \\ &= 273\end{aligned}$$

然后加总可以得到

$$\text{SSE} = 365 + 530 + 273 = 1\ 168$$

以上处理间误差平方和和处理内误差平方和之和我们称为总误差平方和，记为 SST。它是全部观察值与总平均值的误差平方和，反映了全部观察值的离散状况。其计算公式为

$$\text{SST} = \sum_{i=1}^{k} \sum_{j=1}^{n_i} (x_{ij} - \bar{\bar{x}})^2 = \sum_{i=1}^{k} n_i(\bar{x}_i - \bar{\bar{x}}) + \sum_{i=1}^{k} \sum_{j=1}^{n_i} (x_{ij} - \bar{x}_i)^2$$

根据表 6-2 的数据可以算出 SST：

$$\text{SST} = (368 - 356)^2 + (349 - 356)^2 + \cdots + (331 - 356)^2 = 2\ 186 + 1\ 168 + 3\ 354$$

3）计算检验统计量

各误差平方和的大小与观测值数量有关，为了消除观测值多少对误差平方和大小的影响，需要将其平均，也就是用各平方和除以它们所对应的自由度，结果称为均方。处理平方和 SSTR 的自由度为$(k-1)$，其均方称为处理均方，记为 MSTR。其计算公式为

$$\mathrm{MSTR}=\frac{\mathrm{SSTR}}{k-1}$$

根据【例 6-1】计算的 MSTR 为

$$\mathrm{MSTR}=\frac{2\,186}{3-1}=1\,093$$

误差平方和 SSE 的自由度为$(n-k)$，其均方称为误差均方(mean square due to error)，记为 MSE。其计算公式为

$$\mathrm{MSE}=\frac{\mathrm{SSE}}{n-k}$$

根据【例 6-1】计算的 MSE 为

$$\mathrm{MSE}=\frac{1\,168}{12-3}=129.777\,8$$

将上述的两个均方进行对比，即得到所需要的检验统计量 F。当原假设为真时，MSTR/MSE 服从分子自由度为$(k-1)$，分母自由度为$(n-k)$的 F 分布。即

$$F=\frac{\mathrm{MSTR}}{\mathrm{MSE}}\sim F(k-1,n-k)$$

根据【例 6-1】计算得检验统计量 F 的值为

$$F=\frac{\mathrm{MSTR}}{\mathrm{MSE}}=\frac{1\,093}{129.777\,8}=8.422\,089$$

3. 统计决策

计算出检验统计量后，将统计量的值 F 与给定的显著性水平 α 的临界值 F_α 进行比较，从而得出对原假设的决策。

根据给定的显著性水平 α，在 F 分布表中查找临界值 $F_\alpha(k-1,n-k)$。如果 $F>F_\alpha$，则拒绝原假设，即 $\mu_1=\mu_2=\cdots=\mu_k$ 不成立，表明 μ_i 之间的差异是显著的。本例中，即表明不同口味饮料的销量有显著差异。

如果 $F<F_\alpha$，则不拒绝原假设，没有证据表明 μ_i 之间有显著差异。本例中，即表明不能认为不同口味饮料的销量有显著差异。

【例 6-1】中，假定取显著性水平 $\alpha=0.05$，查 F 分布表得到临界值 $F_{0.05}(2,9)=4.26$。由于 $F>F_\alpha$，拒绝原假设 H_0，即 $\mu_1=\mu_2=\mu_3$ 不成立，表明 μ_1,μ_2,μ_3 不全相等，即不同口味饮料的销量存在显著差异。

6.3　随机区组设计与无交互作用的双因子方差分析

6.3.1　随机区组设计

【例 6-1】中我们讨论了完全随机化实验设计，但是如果指派给某一口味饮料的超市

地理位置好坏不同(前面实验中没有考虑到的因素),那么有可能引起的差异使得误差均方,即检验统计量的分母 MSE 变大,F 值将变小,就有可能得出错误的结论。

为此我们需要删除 MSE 内非随机因素的变异,即此例中消除超市差异的影响。先按一定规则将实验单元划分为若干同质组,成为区组,然后再将各种处理随机地指派给各个区组,这样的实验设计称为随机化区组设计。

【例 6-2】 我们首先根据地理位置的好坏分为几个区组,假定分为 4 个区组:区组 1(商业区),区组 2(写字楼),区组 3(居民区),区组 4(工厂区),每个区组有 3 个规模相同、地理位置相似的超市。在每个区组内的 3 个超市以抽签的方式决定所分的饮料口味。这种分组后再将每个处理(口味)随机地指派给每个区组的设计就是随机化区组设计。假定通过随机化区组设计后得到的数据如表 6-3 所示。

表 6-3 3 个饮料口味在 4 个区组上的销量数据

组别		处理		
		口味 1	口味 2	口味 3
区组	区组 1	355	378	347
	区组 2	349	369	347
	区组 3	341	361	333
	区组 4	337	356	339

6.3.2 无交互作用的双因子方差分析

单因子方差分析只考虑一个自变量对因变量的影响。在实际问题的研究中,有时需要考虑两个或多个变量对实验结果的影响。比如,分析影响饮料销量因素时,除了口味,可能还要考虑地理位置、销售方式等。当方差分析中涉及两个自变量时,称为双因子方差分析。

表 6-3 的例子根据随机化区组设计原则分析处理(口味)因子对实验结果的影响及作用,这里我们感兴趣的也正是这个因素。此外,划分的超市区组可以看为第二个因子,我们称为区组因子,通过区组来控制可能的非处理因素,且在进行方差分析时将区组变异从总变异中分解出来。这里,两个因子相互独立,并且每一个区组中只做一次实验(无重复实验),无法求交互作用。因此对表 6-3 中的数据分析采用无交互作用的双因子方差分析。分析步骤与单因子方差分析类似,分为提出假设、构造检验统计量、统计决策等。

1. 提出假设

H_{TR0}: $\mu_1=\mu_2=\cdots=\mu_k$。

H_{TR1}: $\mu_i\,(i=1,2,\cdots,k)$不全相等。

H_{BL0}: $\mu_1=\mu_2=\cdots=\mu_b$。

H_{BL1}: $\mu_j\,(j=1,2,\cdots,b)$不全相等。

检验处理变量(饮料口味)对销量是否有显著影响。本例中 $k=3$。

2. 构造检验统计量

和完全随机化设计不同的是，随机区组化设计中总平方和(SST)分解为三个部分：处理平方和(SSTR)、区组平方和(SSBL)和误差平方和(SSE)。它们之间的关系公式如下：

$$\mathrm{SST}=\mathrm{SSTR}+\mathrm{SSBL}+\mathrm{SSE}$$

其中：

$\mathrm{SST}=\sum_{i=1}^{b}\sum_{j=1}^{k}(x_{ij}-\bar{\bar{x}})^2$，式中 b 代表区组的个数。

$\mathrm{SSTR}=b\sum_{j=1}^{k}(\bar{x}_{.j}-\bar{\bar{x}})^2$，式中 $\bar{x}_{.j}$ 表示第 j 个处理的样本均值。

$SSBL=k\sum_{i=1}^{b}(\bar{x}_{i.}-\bar{\bar{x}})^2$，式中 $\bar{x}_{i.}$ 表示第 i 个区组的样本均值。

在上述平方和的基础上，计算均方。也就是将各平方和除以相应的自由度，即为均方，进而根据均方构造检验统计量。如表 6-4 所示。

表 6-4　随机化区组设计的方差分析表

方差来源	平方和	自由度	均方	F 检验统计量
处理	SSTR	$k-1$	$\mathrm{MSTR}=\frac{\mathrm{SSTR}}{k-1}$	$F_1=\frac{\mathrm{MSTR}}{\mathrm{MSE}}$
区组	SSBL	$b-1$	$\mathrm{MSBL}=\frac{\mathrm{SSBL}}{b-1}$	$F_2=\frac{\mathrm{MSBL}}{\mathrm{MSE}}$
误差	SSE	$(k-1)(b-1)$	$\mathrm{MSE}=\frac{\mathrm{SSE}}{(k-1)(b-1)}$	
总计	SST	$bk-1$		

3. 统计决策

表 6-4 中的检验统计量

$$F_1=\frac{\mathrm{MSTR}}{\mathrm{MSE}}\sim F[(k-1),(k-1)(b-1)]$$

$$F_2=\frac{\mathrm{MSBL}}{\mathrm{MSE}}\sim F[(b-1),(k-1)(b-1)]$$

当根据样本数据计算出检验统计量 F_1 和 F_2 后，根据给定的显著性水平 α，查 F 分布表得到临界值量 $F_{\alpha1}$ 和 $F_{\alpha2}$，然后将 F_1 与量 $F_{\alpha1}$ 比较，F_2 与量 $F_{\alpha2}$ 进行比较，如果大于临界值，说明检验的处理变量或区块变量对因变量有显著影响；否则，不拒绝原假设，表明所检验的处理变量或区块变量对因变量没有显著影响。

接下来，我们利用随机化区组设计原则，完成【例 6-2】的方差分析问题，检验饮料口味对销量是否有显著影响。

首先，提出假设：

H_{TR0}：$\mu_1=\mu_2=\mu_3$。

H_{TR1}：$\mu_i(i=1,2,3)$不全相等。

H_{BL0}：$\mu_1=\mu_2=\mu_3=\mu_4$。

H_{BL1}：$\mu_j(j=1,2,3,4)$不全相等。

接下来计算检验统计量。将表 6-3 的数据重新整理于表 6-5。

表 6-5 3 个饮料口味在 4 个区组上的销量及均值数据

组别		处理			区组均值
		口味 1	口味 2	口味 3	
区组	区组 1	355	378	347	$\bar{x}_{1.}=360$
	区组 2	349	369	347	$\bar{x}_{2.}=355$
	区组 3	341	361	333	$\bar{x}_{3.}=345$
	区组 4	337	356	339	$\bar{x}_{4.}=344$
处理均值		$\bar{x}_{.1}=345.5$	$\bar{x}_{.2}=366$	$\bar{x}_{.3}=341.5$	$\bar{\bar{x}}=351$

根据表 6-5，计算得到以下平方和。

$$SST=(355-351)^2+(349-351)^2+\cdots+(339-351)^2=1\ 994$$

$$SSTR=4\times(345.5-351)^2+4\times(366-351)^2+4\times(341.5-351)^2=1\ 382$$

$$SSBL=3\times(360-351)^2+3\times(355-351)^2+3\times(344-351)^2=546$$

$$SSE=SST-SSTR-SSBL=66$$

将这些平方和除以各自的自由度得到对应的均方值，进而计算检验统计量，如表 6-6 所示。

表 6-6 3 个饮料口味 4 个区组的方差分析数据表

方差来源	平方和	自由度	均方	F 检验统计量
处理	1 382	2	691	62.818 18
区组	546	3	182	16.545 45
误差	66	6	11	—
总计	1 994	11	—	—

然后将两个 F 值与临界值比较，作出最后的决策。

我们要注意表 6-6 所示的方差分析表一般只检验处理因素影响的 F 值，而不是检验区组影响的 F 值。其原因在于虽然这里采用了无交互作用的双因子方差分析方法，但是实验是按照单个因子（口味）而设计的。基于地理位置差异的区组划分是为了从误差项中剔除变异性而进行的，该实验研究不是特别为检验地理位置差异而设计的。然而，如果地理位置差异成为研究的另一个因子，那么应该采用另外一种实验设计，即接下来的因子设计。

6.4　因子设计与有交互作用的双因子方差分析

6.4.1　因子设计

前面我们所讨论的实验设计使我们能够得出有关一个因子的一些统计结论。然而在有些实验中,我们希望得到有关两个或多个因子的统计结论,这样的实验设计我们称为因子设计。本节我们将介绍两因子实验设计。如果因子 A 有 a 个水平,因子 B 有 b 个水平,那么实验将涉及收集 ab 个处理组合的数据。

【例 6-3】　考虑饮料口味及销售方式对饮料销量的影响,这时我们感兴趣的因子有两个:饮料口味和销售方式。假定有甲、乙两种销售方式,这样 3 个饮料口味和两种销售方式的搭配一共有 6 种。如果选择 30 个超市进行实验,每一种搭配可以做 5 次试验,相当于重复了 5 次,有 5 个复制。

6.4.2　有交互作用的双因子方差分析

按照两因子设计的实验数据统计我们可以采用有交互作用的双因子方差分析方法。交互是指一种新影响,是除了因子 A 和因子 B 的单独影响外,两因子的搭配对因变量产生的一种新的影响效应。

提出的假设包含三组:

H_{A0}:$\mu_1=\mu_2=\cdots=\mu_a$。

H_{A1}:$\mu_i(i=1,2,\cdots,a)$不全相等。

H_{B0}:$\mu_1=\mu_2=\cdots=\mu_b$。

H_{B1}:$\mu_j(j=1,2,\cdots,b)$不全相等。

H_{AB0}:无交互作用。

H_{AB1}:有交互作用。

接下来将对【例 6-3】采用有交互作用的双因子方差分析方法,实验数据如表 6-7 所示。计算结果可以给出下面问题的答案:口味对饮料销量有显著影响吗?销售方式对饮料销量有显著影响吗?某饮料口味采用某种销售方式有较高的饮料销量?

表 6-7　饮料口味与销售方式的因子实验数据

		销售方式	
		甲	乙
饮料口味	口味 1	81	89
		82	92
		79	87
		81	85
		78	86

续表

		销售方式	
		甲	乙
饮料口味	口味 2	71	77
		72	81
		72	77
		66	73
		72	79
	口味 3	76	89
		79	87
		77	84
		76	87
		78	87

两因子设计实验的方差分析方法类似于完全随机化设计和随机化区组设计实验，即找到差异来源，计算平方和，根据其自由度进而计算均方，然后构造检验统计量，最后得出结论。表 6-8 为有 r 个复制的两因子设计实验的方差分析表。

表 6-8　两因子设计实验的方差分析表

方差来源	平方和	自由度	均方	F 检验统计量
因子 A	SSA	$a-1$	$\mathrm{MSA}=\dfrac{\mathrm{SSA}}{a-1}$	$\dfrac{\mathrm{MSA}}{\mathrm{MSE}}$
因子 B	SSB	$b-1$	$\mathrm{MSB}=\dfrac{\mathrm{SSB}}{b-1}$	$\dfrac{\mathrm{MSB}}{\mathrm{MSE}}$
交互作用	SSAB	$(a-1)(b-1)$	$\mathrm{MSAB}=\dfrac{\mathrm{SSAB}}{(a-1)(b-1)}$	$\dfrac{\mathrm{MSAB}}{\mathrm{MSE}}$
误差	SSE	$ab(r-1)$	$\mathrm{MSE}=\dfrac{\mathrm{SSE}}{ab(r-1)}$	
总计	SST	$n-1$	—	—

表 6-8 中的符号及公式如下：

a 为因子 A 的水平数；b 为因子 B 的水平数；r 为复制的个数；

$$\mathrm{SST}=\mathrm{SSA}+\mathrm{SSB}+\mathrm{SSAB}+\mathrm{SSE}$$

$\mathrm{SST}=\sum_{i=1}^{a}\sum_{j=1}^{b}\sum_{k=1}^{r}(x_{ijk}-\bar{\bar{x}})^2$，其中 x_{ijk} 是因子 A 的处理 i 和因子 B 的处理 j 的第 k 次复制的观察值。

$\mathrm{SSA}=br\sum_{i=1}^{a}(\bar{x}_{i.}-\bar{\bar{x}})^2$，其中 $\bar{x}_{i.}$ 是处理 i(因子 A) 的样本均值。

$\text{SSB}=ar\sum_{j=1}^{b}(\bar{x}_{.j}-\bar{\bar{x}})^2$，其中$\bar{x}_{.j}$是处理$j$(因子 B)的样本均值。

$\text{SSAB}=r\sum_{i=1}^{a}\sum_{j=1}^{b}(\bar{x}_{ij}-\bar{x}_{i.}-\bar{x}_{.j}+\bar{\bar{x}})^2$，其中$\bar{x}_{ij}$为对应于处理$i$(因子 A)和处理$j$(因子 B)组合的样本均值。

将表 6-6 的数据重新整理于表 6-9，根据表 6-9 我们计算上述平方和。

表 6-9 两因子设计实验的饮料销量数据汇总

因子品种		因子 B(销售方式)		因子 A 平均值
		甲	乙	
因子 A	口味 1	81	89	$\bar{x}_{1.}=84$
		82	92	
		79	87	
		81	85	
		78	86	
		$\bar{x}_{11}=80.2$	$\bar{x}_{12}=87.8$	
	口味 2	71	77	$\bar{x}_{2.}=74$
		72	81	
		72	77	
		66	73	
		72	79	
		$\bar{x}_{21}=70.6$	$\bar{x}_{22}=77.4$	
	口味 3	76	89	$\bar{x}_{3.}=82$
		79	87	
		77	84	
		76	87	
		78	87	
		$\bar{x}_{31}=77.2$	$\bar{x}_{32}=86.8$	
因子 B 平均值		$\bar{x}_{.1}=76$	$\bar{x}_{.2}=84$	$\bar{\bar{x}}=80$

$\text{SST}=(81-80)^2+(82-80)^2+\cdots+(87-80)^2=1174$

$\text{SSA}=2\times5\times(84-80)^2+2\times5\times(74-80)^2+2\times5\times(82-80)^2=560$

$\text{SSB}=3\times5\times(76-80)^2+3\times5\times(84-80)^2=480$

$\text{SSAB}=5\times(80.2-84-76+80)^2+5\times(87.8-84-84+80)^2+\cdots+5\times(86.8-82-84+80)^2=10.4$

$\text{SSE}=1\,174-560-480-10.4=123.6$

将这些平方和除以各自的自由度得到对应的均方值，进而计算检验统计量，如表 6-10 所示。

表 6-10 两因子设计实验的饮料销量方差分析表

方差来源	平方和	自由度	均方	F 检验统计量
因子 A	560	2	280	54.368 9
因子 B	480	1	480	93.203 9
交互作用	10.4	2	5.2	1.009 7
误差	123.6	24	5.15	
总计	1 174	29		

假定取显著性水平 $\alpha=0.05$，查 F 分布表得到临界值 $F_{0.05}(2,24)=3.402\ 8$，$F_{0.05}(1,24)=4.259\ 7$，比较后得出结论：因子 A(饮料口味)对销量有显著影响；因子 B(销售方式)对销量有显著影响；没有证据表明口味与销售方式的交互作用对销量有显著影响。

6.5 方差分析的可视化软件应用

Excel 中的数据分析功能包含方差分析。其方差分析包含单因素方差分析、可重复双因素方差分析、不可重复双因素方差分析。SPSS 中方差分析包含均值比较功能中的单因素方差分析和一般线性模型中的单变量分析、多变量分析和重复测量分析。

四种刹车系统的制动距离如表 6-11 所示，我们要考察四种刹车系统的制动距离是否有区别。

表 6-11 四种刹车系统的制动距离 m

样本汽车序号	A 刹车系统	B 刹车系统	C 刹车系统	D 刹车系统
1	274	277	264	283
2	259	267	258	270
3	275	271	257	281
4	276	267	264	259
5	278	279	269	258
6	283	272	257	259

使用 Excel，可以得到单因素方差分析结果，如图 6-1 所示。

图 6-1 中的第二张表格为方差分析表，直接显示了方差分析的 P 值为 0.049 和 F 检验的临界值 3.098。因为 P 值小于 0.05，或 F 值大于 F 临界值，因此，四种刹车系统的均值不完全相等。SPSS 中使用“分析”打开“均值比较”中的“单因素方差分析”，或者“一般线性模型”中的“单变量方差分析”，也会得到类似图 6-1 中的方差分析表(因表格形式与 Excel 基本相同，所以略)。

方差分析：单因素方差分析						
SUMMARY						
组	观测数	求和	平均	方差		
A刹车系统	6	1645.36	274.2267	61.31674		
B刹车系统	6	1633.278	272.2129	25.24396		
C刹车系统	6	1568.549	261.4248	25.27735		
D刹车系统	6	1611.775	268.6292	131.6736		
方差分析						
差异源	SS	df	MS	F	P-value	F crit
组间	570.6134	3	190.2045	3.124359	0.048797	3.098391
组内	1217.558	20	60.87791			
总计	1788.172	23				

图 6-1　单因素方差分析结果

※案例思考与商务实践

1. 案例思考

前述的案例中关键问题是：三种备选方案对管理员工作压力的影响程度有多大差异？为了回答这个问题，需要设计一个实验，它能在每种方案下给出空中交通管理员工作压力的测度。

选用完全随机化设计？随机区组设计？还是因子设计实验？

在完全随机化实验中，管理员的随机样本被指派给每个工作站方案。但是，管理员在应付有压力的局面时，彼此之间的差别是相当大的。一名管理员认为是大的压力，而对于另一名管理员来说，可能是中等的甚至是小的压力。因此，当考虑变异的组内来源时，我们必须意识到：该变异既包括随机误差，又包括管理员个人差异导致的误差。

因此，将个人差异的影响分离出来的一种办法是使用随机化区组设计。这样的设计能识别出源自管理员个人差异的变异性，并将其从 MSE 项中剔除。随机化区组设计需要样本中的每个管理员分别在三种工作站方案下接受检验。用实验设计的术语，工作站方案是影响因子，管理员是区组，与工作站因子有关的三个处理分别对应于三种工作站方案。

为了给出必要的数据，将三种类型的工作站安装在某控制中心。随机选出 6 名管理员，并指派他们操作每个工作站方案。对于参加研究的每一名管理员，随后的一次面试和一次医学检验提供了每名管理员在每个方案上的工作压力的度量。如表 6-12 所示。

这三种可供选择的工作站方案，对减轻管理员工作压力是否有显著的差异，利用 SPSS 软件“分析”中的“一般线性模型”，打开“单变量”对话框，因变量导入“压力测试指数”，固定因子导入“管理员”和“方案”，单击“确定”按钮。得到表 6-13。可见，根据 P 值 $=0.24$ 大于 0.05 可以发现，不同方案的平均压力测试指数值有所不同。而不同管理员的“压力测试指数”没有表现出不同。

表 6-12 空中交通管理员压力测试的随机化区组设计

分组		处理		
		方案 A	方案 B	方案 C
区组	管理员 1	15	15	18
	管理员 2	14	14	14
	管理员 3	10	11	15
	管理员 4	13	12	17
	管理员 5	16	13	16
	管理员 6	13	13	13

表 6-13 主体间效应的检验

因变量：工作压力指数

源	Ⅲ型平方和	df	均方	F	Sig.
校正模型	51.000[a]	7	7.286	3.835	0.027
截距	3 528.000	1	3 528.000	1 856.842	0.000
方案	21.000	2	10.500	5.526	0.024
管理员	30.000	5	6.000	3.158	0.057
误差	19.000	10	1.900	—	—
总计	3 598.000	18	—	—	—
校正的总计	70.000	17	—	—	—

注：a. $R^2=0.729$（调整 $R^2=0.539$）。

2. 商务实践

请设计考虑评委和参赛选手性别的同异性及参赛选手综合吸引力大小两个因素对参赛选手最后成绩是否有影响。请同学们分组讨论，并确定实验方案。

习　题

1. 一家著名的汽车杂志对正在美国生产的三种顶级中型汽车进行耗油量测试。每周型号有 5 辆汽车进行 500 mi 的行驶测试。我们得到每 gal 汽油行驶英里数的数据如表 6-14 所示。在 0.05 的显著性水平下，检验三种型号的汽车每 gal 汽油平均行驶英里数是否存在显著差异。

2. 一位汽车经销商进行了启动一台小型发动机所需时间的测试，以判断启动时间是与发动机使用计算机控制的分析器还是与电子控制的分析器有关。因为启动时间对于小型、中型和大型汽车是不同的，使用了三种类型的汽车作为实验的区组。得到的样本数据如表 6-15 所示。

表 6-14 三种汽车的耗油量数据

型号 A	型号 B	型号 C
19	19	24
21	20	26
20	22	23
19	21	25
21	23	27

表 6-15 三种类型汽车的样本数据

汽车类型		分析器	
		计算机控制	电子控制
汽车	小型	50	42
	中型	55	44
	大型	63	46

3. 为研究食品的包装和销售地区对其销售量是否有影响，在 3 个不同地区中用 3 种不同包装方法进行销售，获得的销售量数据如表 6-16 所示。

表 6-16 不同地区所用不同包装方法所获得的销售量

销售地区(A)	包装方法(B)		
	B_1	B_2	B_3
A_1	45	75	30
A_2	50	50	40
A_3	35	65	50

检验不同地区和不同包装方法对该食品的销售量是否有显著影响($\alpha=0.05$)。

4. 为检验广告媒体和广告方案对产品销售量的影响，一家营销公司做了一项实验，考察了 3 种广告方案和两种广告媒体，获得的销售量数据如表 6-17 所示。

表 6-17 不同广告方案中各广告媒体所获得的销售量

广告方案	广告媒体	
	报纸	电视
A	8	12
	12	8
B	22	26
	14	30
C	10	18
	18	14

检验广告方案、广告媒体或其交互作用对销售量的影响是否显著($\alpha=0.05$)。

5. 一家制造公司设计了一个因子实验,以确定两台机器生产的有缺陷的零部件数是否有差异,并确定生产的有缺陷的零部件数是否与机器的原材料是用人工投料还是用机械系统投料有关。生产的有缺陷的零部件数的资料如表 6-18 所示。在 $\alpha=0.05$ 的显著性水平下,检验机器、投料系统和它们之间交互作用的显著影响。

表 6-18　两台机器生产的有缺陷的零部件数

机器	投料系统	
	人工	机械
机器 1	30	30
	34	26
机器 2	20	24
	22	28

第 7 章

相关与回归分析

※本章与各小节能力培养提示

按照“工程教育认证标准(2015)版”12 条毕业要求，结合经济管理专业方向，本章对应于教学毕业要求(1)(2)(3)(5)，即(1)将经济管理基础知识应用于实践中；(2)能够据此分析实际经济管理问题；(3)应用相关与回归分析解决问题；(5)能够应用信息技术。本章的教学目标是了解相关分析与回归分析，掌握两种分析方法，并会使用 Excel 和 SPSS 统计分析软件。

章节名称	培养能力提示
7.1　相关分析与检验	了解相关分析的方法，掌握相关系数的计算与检验
7.2　简单线性回归模型和最小二乘点估计	掌握一元线性回归模型及回归系数的估计方法
7.3　线性回归模型的检验	掌握一元线性回归模型的三类检验方法
7.4　线性回归模型预测	掌握一元线性回归模型的预测方法，了解预测区间的特性
7.5　多元线性回归分析	掌握多元线性回归模型的估计及检验方法
7.6　相关与回归分析的可视化软件应用	能够使用 Excel 和 SPSS 软件进行相关与回归分析

※案例与案例问题

居民消费在社会经济的持续发展中有着重要的作用。居民合理的消费模式和适度的消费规模有利于经济持续健康地增长，而且这也是人民生活水平的具体体现。改革开放 40 年以来，随着中国经济的快速发展，人民生活水平不断提高，居民的消费水平也不断增长。但是在看到这个整体趋势的同时，还应该看到全国各地区经济发展速度不同，居民消费水平也有明显差别。例如，2016 年最低的西藏自治区居民人均消费支出为 9 318.71 元，最高的上海为 37 458.33 元，是西藏的 4 倍。

为了研究全国居民消费水平及其变动的原因，需要做具体的分析。影响各地区居民消费支出有明显差异的因素很多，如居民的收入水平、就业状况、零售物价指数、居民财产、购物环境等都可能对居民消费有影响。这就需要对各地区居民消费支出及影响因素进行深入具体的数量分析，收集反映各地区消费支出、居民收入、物价指数、就业状况等相关数据。

问题一：应当怎样分析这些数据之间是否真的有内在联系？如何去分析它们相互联系的性质和程度？

问题二：各地区居民消费支出与居民收入水平的具体数量规律性是什么？应当怎样通过某些因素的变动去分析预测地区居民消费支出变动的趋势？

实际决策经常取决于两个或多个变量的分析。例如，某销售部经理在考虑了广告费用和销售收入之间的关系后，才会制定有关广告费用投入的决策。又如，商品价格决策需要考虑到价格与商品销售量的关系。因此，我们需要寻找分析各种数据之间关系的统计方法，以便使用数据对变量间的数量关系给出具体的答案。本章将要讨论如何运用相关分析和回归分析的方法来解决这种类型的问题。

7.1 相关分析与检验

7.1.1 相关关系

1. 相关关系的概念

现实世界中各种现象之间存在着相互联系、相互制约等关系，当某种现象发生变化时，另一个现象也随之发生变化。例如，小麦施肥量与产量之间的关系，一个人的身高与体重的关系，等等。从数量上通过一个变量无法完全精确地预测另一个变量，只能知道其按照某种规律在一定范围内变化，我们称这样的关系为相关关系。例如，研究商品价格和商品销售量的关系，我们知道价格上涨可能引起销售量的下降，但是当价格变量取某一特定数值时，我们无法准确预测销售量。因为影响销售量的因素除了价格还有其他变量，但是我们能够大概判断随着价格变动，销售量变动的方向和程度。这样的关系就是相关关系。

2. 相关关系的种类

根据涉及的变量数量、相关性质及程度的不同，相关关系可以分为不同类型。

(1) 按涉及变量的多少，相关关系可以分为单相关和复相关。单相关是指两个变量之间的相关关系。复相关是指三个或三个以上变量之间的相关关系。

(2) 按表现形式，相关关系可以分为线性相关和非线性相关。相关关系可以用散点图进行描述。当变量之间相关关系如图 7-1(a)和(b)所示，近似一条直线时，称为线性相关。当变量之间相关关系如图 7-1(c)所示，近似一条曲线时，称为非线性相关。不相关关系如图 7-1(d)所示。

(3) 按变化的方向，相关关系可以分为正相关和负相关。正相关是指当一个变量的值增加或减少时，另一个变量的值也随之增加或减少如图 7-1(a)所示。负相关是指当一个变量的值增加或减少时，另一个变量的值减少或增加如图 7-1(b)所示。

7.1.2 相关分析的方法

研究两个或两个以上变量间是否存在相关关系，并分析变量间相关关系形态和程度的统计方法称为相关分析。相关分析的方法有相关表、相关图和相关系数三种。

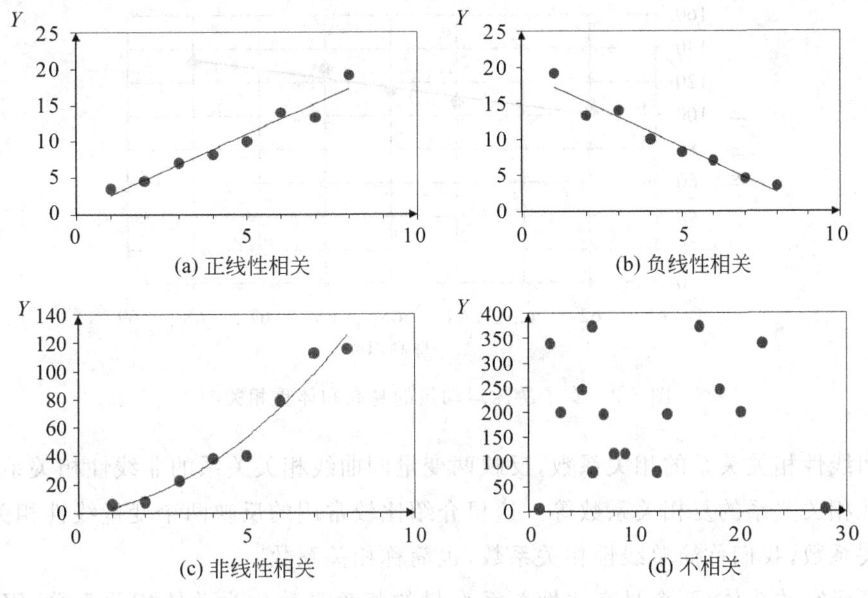

图 7-1 散点图与相关关系

1. 相关表

相关表是一种统计表，将一个变量的观察值按照从小到大的顺序排列，并将另一变量的值与之对应排列形成的统计表。如表 7-1 所示。

表 7-1 女子游泳运动员的身高和体重的数据

序号	身高/in	体重/lb
1	62	102
2	64	108
3	65	115
4	66	128
5	68	132

从表 7-1 可以直观地看出，随着身高的增加，体重有上升的趋势，两者之间存在一定的正相关关系。

2. 相关图

相关图又称散点图，它是用直角坐标系的两个轴代表两个变量，将两个变量对应的变量值用点的形式描绘出来。根据表 7-1 的资料可以绘制相关图，如图 7-2 所示。

从图 7-2 可以直观地看出，游泳运动员的身高与体重之间关系密切，且有线性正相关的趋势。

3. 相关系数

图表方法虽然能够较直观地展现变量间的相关关系，但对变量相关关系及其程度的描述不够精确。在统计学中，常用各种相关系数来定量描述变量间相关关系程度，如反映

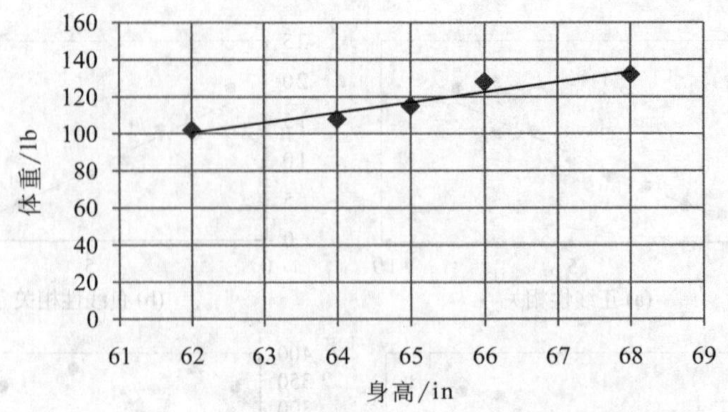

图 7-2 女子游泳运动员的身高和体重相关图

两变量间线性相关关系的相关系数，反映两变量间曲线相关关系的非线性相关系数，反映多元线性相关关系的复相关系数等。这里介绍比较常用的反映两个变量线性相关关系程度的相关系数，我们称简单线性相关系数，也简称相关系数。

对于研究的总体，两个具有线性关系变量的相关系数称为总体相关系数，用 ρ 表示，计算公式为

$$\rho=\frac{\operatorname{cov}(x,y)}{\sqrt{\operatorname{var}(x)\operatorname{var}(y)}} \tag{7-1}$$

式中：$\operatorname{var}(x)$ 为变量 x 的方差；$\operatorname{var}(y)$ 为变量 y 的方差；$\operatorname{cov}(x,y)$ 为变量 x 和 y 的协方差。

总体相关系数 ρ 反映了总体两个变量 x 和 y 的线性相关程度，但一般是未知的。我们需要用样本数据对其进行估计，估计量称为样本相关系数，用 r 表示。公式如下：

$$\begin{aligned} r &= \frac{\sum(x_i-\bar{x})(y_i-\bar{y})/n}{\sqrt{\sum(x_i-\bar{x})^2/n}\sqrt{\sum(y_i-\bar{y})^2/n}} \\ &= \frac{\sum(x_i-\bar{x})(y_i-\bar{y})}{\sqrt{\sum(x_i-\bar{x})^2}\sqrt{\sum(y_i-\bar{y})^2}} \end{aligned} \tag{7-2}$$

式中：x_i 和 y_i 为变量 x 和 y 的样本观察值；$\bar{x}$ 和 $\bar{y}$ 为变量 x 和 y 的样本均值。可以证明样本相关系数 r 是总体相关系数 ρ 的无偏估计。此处略。

将表 7-1 中的数据代入式(7-2)，可以计算出相关系数为 0.960 3。

相关系数具有以下特点。

(1) 相关系数的取值在 -1 和 1 之间。

(2) 当 $r=0$ 时，表明 x 和 y 没有线性相关关系，但不能说明不存在其他相关关系。

(3) 当 $0<|r|<1$ 时，表明 x 和 y 存在一定的线性相关关系，并且 $|r|$ 越大，表明相关关系程度越高。$r>0$，表明 x 和 y 为正相关，反之为负相关。

(4) 当 $|r|=1$ 时，表明 x 和 y 完全线性相关，即函数关系。

7.1.3 相关系数的检验

样本相关系数是根据从总体中抽取的随机样本的观察值 x 和 y 计算出来的，是对未知的总体相关系数的估计。而从总体中每抽取一个样本，都可以估计出一个样本相关系数，因此样本相关系数是随机变量。通过某一次抽样得出的样本相关系数值是否可以表明总体相关系数水平呢？为此，我们需要对总体相关系数进行显著性检验。

相关系数 ρ 的检验可以分为检验 ρ 是否等于零，或者是否等于某一个不为零的值。其中若 $\rho=0$ 表明变量 x 和 y 不存在线性关系，因此这里只介绍 ρ 是否为零的显著性检验。

作为随机变量的样本相关系数具有一定的概率分布，要对总体相关系数进行显著性检验，必须明确样本相关系数的抽样分布性质。假定对于正态分布的总体 X 和 Y，原假设 $H_0:\rho=0$，备择假设 $H_1:\rho\neq 0$，可以证明当 $H_0:\rho=0$ 成立时，与样本相关系数 r 有关的 t 统计量服从自由度为 $(n-2)$ 的 t 分布，有 $t=\dfrac{r\sqrt{n-2}}{\sqrt{1-r^2}}\sim t(n-2)$。在给定显著性水平 α，查 t 分布表得自由度为 $(n-2)$ 的临界值 $t_{\alpha/2}$，若 $|t|\geqslant t_{\alpha/2}$，应拒绝原假设，表明总体相关系数 ρ 显著不为零。相反，若 $|t|<t_{\alpha/2}$，则不拒绝 $\rho=0$ 的原假设，表明两个变量间的线性相关关系不显著。

7.2 简单线性回归模型和最小二乘点估计

相关分析主要分析了现象间相互依存关系的性质和密切程度，但是却不能说明变量间相关关系的具体数量形式，也不能从一个变量的变化去推测另一个变量的变化。我们要利用统计方法去建立一个表示变量间相互关系的数量方程，这一统计方法称为回归分析。

在本节中，我们将讨论最简单的回归分析，它只包括一个自变量和一个因变量，二者之间的关系可以用一条直线近似表示，这种回归分析称为简单线性回归。两个或两个以上自变量的回归分析称为多元回归分析，多元回归分析又分为多元线性回归分析和曲线回归分析。

7.2.1 简单线性回归模型

简单线性回归分析中只有两个变量：一个自变量 x 和一个因变量 y。描述 y 如何依赖于 x 和除 x 的误差项的方程称为简单线性回归模型：

$$y=\beta_0+\beta_1 x+u \tag{7-3}$$

式中：β_0 和 β_1 为回归模型的参数，也称回归系数；u 是模型的误差项，是一个随机变量，说明了包含在 y 里面但不能被 x 和 y 之间的线性关系所解释的变异性。

有了误差项，使得自变量 x 和因变量 y 之间不是确定的函数关系，而是不确定的相关关系。当自变量 x 取某一固定值时，y 的取值并不确定，y 的不同取值会形成一定的分布。y 值的每一个分布都有它自己的平均值或期望值，记为 $E(y)$。描述 y 的期望值

$E(y)$如何依赖于 x 的方程称为回归方程(regression equation)。简单线性回归方程如下:

$$E(y)=\beta_0+\beta_1 x \tag{7-4}$$

简单线性回归方程的图示是一条直线:β_0 是回归直线的截距;β_1 是斜率。对于一个给定的 x 值,$E(y)$是 y 的平均值或期望值。

如果总体参数 β_0 和 β_1 已知,那么给定 x 一个值,我们就能利用式(7-4)计算 y 的平均值。遗憾的是,实际中 β_0 和 β_1 的值通常是未知的,必须用样本数据去估计它们。我们用$\hat{\beta}_0$ 和$\hat{\beta}_1$ 作为总体回归系数 β_0 和 β_1 的估计量,得到样本的简单线性回归方程:

$$\hat{y}=\hat{\beta}_0+\hat{\beta}_1 x \tag{7-5}$$

式中:$\hat{y}$为给定 x 一个值对应 y 的平均值 $E(y)$的一个点估计;$\hat{\beta}_0$ 和$\hat{\beta}_1$ 为样本回归方程的两个参数,也称样本回归系数。

对于样本回归方程中的$\hat{y}$并不完全等于因变量 y 的实际观察值,二者之间的偏差称为残差项,用 e 表示。则式(7-5)又可写成

$$y=\hat{\beta}_0+\hat{\beta}_1 x+e \tag{7-6}$$

式中的 e 是表示样本回归模型中自变量与因变量的随机性差异,在概念上类似总体回归模型中的随机误差项 u。

7.2.2 回归模型的基本假定

总体回归模型中的随机误差项 u 是无法直接观测的,为了进行回归分析,需要对其性质作一些假定。

假定 1:误差项 u 是一个平均值或期望值为零的随机变量,即 $E(u)=0$。

假定 2:对所有的 x 值,u 的方差都是相同的。我们用 σ^2 表示 u 的方差。

假定 3:u 的值是相互独立的。这就意味着,对于一个特定的 x 值,它所对应的 u 值与任何其他的 x 值所对应的 u 值不相关。

假定 4:误差项 u 是一个正态分布的随机变量,即 $u\sim N(0,\sigma^2)$。

7.2.3 回归模型的估计

建立了回归模型后,需要对模型中的几个未知参数进行估计,分别为 β_0 和 β_1,以及总体随机误差项 u 的方差 σ^2。

1. 最小二乘点估计

建立了回归模型后,需要用样本数据对总体未知参数 β_0 和 β_1 进行估计,找到 β_0 和 β_1 的样本估计量。对模型参数估计的方法很多,这里介绍最常用的最小二乘点估计方法。

最小二乘法(least squares method)是利用样本数据求估计的回归方程的一种方法。最小二乘准则是利用样本数据,通过使因变量的观测值 y_i 与估计值$\hat{y}_i$ 之间的离差平方和达到最小的求得样本回归参数$\hat{\beta}_0$ 与$\hat{\beta}_1$ 的值,即

$$\min\sum(y_i-\hat{y}_i)^2 \tag{7-7}$$

利用微积分可以证明使式(7-7)达到最小的$\hat{\beta}_0$和$\hat{\beta}_1$的值。得

$$\hat{\beta}_1=\frac{\sum(x_i-\bar{x})(y_i-\bar{y})}{\sum(x_i-\bar{x})^2} \tag{7-8}$$

$$\hat{\beta}_0=\bar{y}-\hat{\beta}_1\bar{x} \tag{7-9}$$

式中：$\bar{x}$和$\bar{y}$分别为样本观测值x_i和y_i的平均值。

2. 方差σ^2的估计

从回归模型及假定中，可以得知随机误差项u的方差σ^2也是因变量y关于回归直线的方差。由于u不能直接观测，显然σ^2也是未知的。可以证明(从略)，在最小二乘估计的基础上可以得到σ^2的无偏估计，记为s_e^2。

$$s_e^2=\hat{\sigma}^2=\frac{\sum e_i^2}{n-2} \tag{7-10}$$

其中$(n-2)$是自由度。

我们将s称为回归估计的标准误差。

【例 7-1】 某地区旅行社职工人均创利和全员劳动效率资料如表 7-2 所示，作出全员劳动效率和全员人均创利之间的一元线性回归方程并估计方差。说明回归系数$\hat{\beta}_1$表示的经济意义。

表 7-2 某地区旅行社职工人均创利和全员劳动生产率资料

企业	全员劳动效率(千元/人)	全员人均创利(千元/人)	xy	x^2	y^2	$\hat{y}$	$e^2=(y-\hat{y})^2$
1	8	3	24	64	9	3.5	0.25
2	9	5	45	81	25	4	1
3	10	4	40	100	16	4.5	0.25
4	13	6	78	169	36	6	0
5	15	7	105	225	49	7	0
合计	55	25	292	635	135	—	1.5

解：设全员劳动效率为自变量，全员人均利润为因变量，建立一元线性回归方程为

$$\hat{y}=\hat{\beta}_0+\hat{\beta}_1x$$

利用最小二乘法得到

$$\hat{\beta}_1=\frac{\sum(x-\bar{x})(y-\bar{y})}{\sum(x-\bar{x})^2}=\frac{n\sum xy-\sum x\sum y}{n\sum x^2-(\sum x)^2}=\frac{5\times292-55\times25}{5\times635-55\times55}=0.57$$

$$\hat{\beta}_0=\bar{y}-\hat{\beta}_1\bar{x}=\frac{25}{5}-0.57\times\frac{55}{5}=-1.27$$

即一元线性回归方程为

$$\hat{y}=-1.27+0.57x$$

因此,当全员劳动生产率为 8、9、10、13、15 时,可以根据估计出的回归方程进行预测,结果如表 7-2 的第七列所示。据此可以计算出残差 e,及残差平方之和为 1.5。

依据

$$s_e^2 = \frac{\sum e^2}{n-2} = \frac{1.5}{5-2} = 0.5$$

回归系数$\hat{\beta}_1$ 表示全员劳动效率每增加 1 单位,全员人均创利将平均增加 0.57 个单位。

当然此回归方程能否用于预测呢?主要进行回归模型的检验。由于本例题样本数量过少,其回归检验是无法通过的。

7.3 线性回归模型的检验

样本回归方程是根据样本数据拟合的,在坐标系中显示为一条直线。不同的估计方法可以拟合出不同的回归线,从散点图上看,样本回归直线与样本观测值总是在一定程度上存在或正或负的偏离。那么,回归直线对样本观测数据拟合的程度如何,是否能够解释和反映 x 与 y 的线性关系,因此,我们需要对拟合的回归模型进行检验。通过检验的回归模型,我们才可以对因变量进行预测。

对回归模型的检验包括拟合优度的检验、回归系数的显著性检验和回归方程的显著性检验,还包括自相关检验、共线性检验等,本教材只介绍前三种。

7.3.1 拟合优度的检验

对所估计出的样本回归线首先要考察对样本观测数据拟合的优劣程度,即拟合优度检验。对样本回归拟合优度的度量是建立在对因变量总离差平方和分解的基础上。

总离差平方和(SST)是因变量 y 的样本观测值与其平均值的离差平方和 $\sum(y_i-\bar{y})^2$,反映了所有样本观测值的离散程度。总离差平方和(SST)可以分解为两个离差平方和之和,其一是因变量 y 的样本估计值与其平均值的离差平方和 $\sum(\hat{y}_i-\bar{y})^2$,称为回归平方和(SSR),是由回归线作出解释的离差平方和;其二是因变量观测值与估计值之差的平方和 $\sum(y_i-\hat{y}_i)^2$,称为残差平方和(SSE),是回归线未作出解释的离差平方和。

可以证明

$$\sum(y_i-\bar{y})^2 = \sum(\hat{y}_i-\bar{y})^2 + \sum(y_i-\hat{y}_i)^2 \tag{7-11}$$

即

$$\text{SST} = \text{SSR} + \text{SSE} \tag{7-12}$$

将式(7-12)两边同除以 SST,得

$$1 = \frac{\text{SSR}}{\text{SST}} + \frac{\text{SSE}}{\text{SST}} \tag{7-13}$$

式中:$\frac{\text{SSR}}{\text{SST}}$为由样本回归线作出解释的离差平方和在总离差平方和中的比重;$\frac{\text{SSE}}{\text{SST}}$为未由样本回归线作出解释的离差平方和在总离差平方和中的比重。显然,如果样本回归线对样本观测值拟合程度越好，各样本观测点与回归线靠得越近，由样本回归线作出解释的离差平方和在总离差平方和中的比重越大。所以，$\frac{\text{SSR}}{\text{SST}}$可以作为检验和度量回归模型对样本观测值拟合优度的指标。这一比例称为可决系数，或判定系数，一般用 R^2 表示。

$$R^2=\frac{\sum(\hat{y}_i-\bar{y})^2}{\sum(y_i-\bar{y})^2}=\frac{\text{SSR}}{\text{SST}}=1-\frac{\sum(y_i-\hat{y}_i)^2}{\sum(y_i-\bar{y})^2}=1-\frac{\text{SSE}}{\text{SST}} \tag{7-14}$$

可决系数 R^2 有以下几个特点。

(1) 可决系数 R^2 是非负的统计量，取值范围是 $0\leqslant R^2\leqslant 1$。

(2) 可决系数 R^2 是样本观测值的函数，是随抽样而变动的随机变量。

(3) 在简单线性回归分析中，可决系数在数值上是简单线性相关系数的平方，即 $r=\pm\sqrt{R^2}$。

值得注意的是，对于简单线性回归分析，虽然可决系数在数值上等于简单线性相关系数的平方，但是二者是有区别的。相关系数是相关分析中的一种统计指标，反映两个变量的线性依存程度，不考虑变量间的因果关系；可决系数是对回归模型而言的，度量回归模型对样本观测值的拟合程度，反映了因变量如何依赖自变量变化的因果关系。

7.3.2 回归系数的显著性检验

对回归系数的显著性检验是为了根据样本回归估计的结果对总体回归方程的回归系数的有关假设进行检验，以检验总体回归系数是否等于某特定的数值。对 β_0 和 β_1 的检验方法相同，但如果 x 和 y 之间存在线性关系，必须满足 $\beta_1\neq 0$。因此，我们这里以检验 β_1 为例，步骤如下。

(1) 提出假设。

$$H_0:\beta_1=0,\quad H_1:\beta_1\neq 0$$

若不拒绝 $H_0:\beta_1=0$ 的原假设，表明 x 和 y 之间不存在显著的线性关系。若拒绝 $H_0:\beta_0=0$ 的原假设，表明 x 和 y 之间存在显著的线性关系。

(2) 计算检验统计量。检验统计量来自 β_1 的样本估计量$\hat{\beta}_1$ 的抽样分布。$\hat{\beta}_1$ 是服从正态分布的随机变量，记为$\hat{\beta}_1\sim N\left[\beta_1,\frac{\sigma^2}{\sum(x_i-\bar{x})^2}\right]$。当 σ^2 未知，且样本量较小时，用 $s_e^2=\frac{\sum e_i^2}{n-2}$ 代替 σ^2，此时可计算以下服从 t 分布的 t 统计量：

$$t=\frac{\hat{\beta}_1}{s_e/\sqrt{\sum(x_i-\bar{x})^2}}\sim t(n-2) \tag{7-15}$$

(3) 给定显著性水平 α，确定临界值。在给定显著性水平 α，查 t 分布表得自由度为 $(n-2)$ 的临界值 $t_{\alpha/2}$，若 $|t|\geqslant t_{\alpha/2}$，应拒绝原假设，表明 β_1 显著不为零。相反，若 $|t|<t_{\alpha/2}$，则不拒绝 $\beta_1=0$ 的原假设，进而表明两个变量间的线性关系不显著。

7.3.3 回归方程的显著性检验

建立在 F 概率分布基础上的 F 检验，也可以用来对回归方程进行显著性检验。对于简单线性回归方程，即仅有一个自变量的时候，F 检验将得出与回归系数 t 检验同样的结论，即表明 β_1 是否为零。但是，如果回归方程有两个或两个以上的自变量时，F 检验只能用于检验整体回归方程的显著性。关于 F 检验将在下一节多元线性回归分析中介绍。

7.4 线性回归模型预测

若回归方程通过了以上各项检验，就可以对因变量进行预测了。预测分为点预测和区间预测。点预测是将自变量的预期数值 x_f 代入回归模型，计算出因变量的预测值 $\hat{y}_f$：

$$\hat{y}_f = \hat{\beta}_0 + \hat{\beta}_1 x_f \tag{7-16}$$

点预测值 $\hat{y}_f$ 只是对 y_f 的平均值做的点估计。因为 $\hat{\beta}_0$ 和 $\hat{\beta}_1$ 是随样本而变化的随机变量，$\hat{y}_f$ 也是一个随机变量。因此还有必要对 y_f 进行区间预测，即计算出 y_f 的置信区间。预测区间为

$$\left[\hat{y}_f - t_{\frac{\alpha}{2}} s_e \sqrt{1 + \frac{1}{n} + \frac{(x_f - \bar{x})^2}{(x_i - \bar{x})^2}},\quad \hat{y}_f + t_{\frac{\alpha}{2}} s_e \sqrt{1 + \frac{1}{n} + \frac{(x_f - \bar{x})^2}{\sum (x_i - \bar{x})^2}}\right] \tag{7-17}$$

式中：$t_{\frac{\alpha}{2}}$ 为自由度为$(n-2)$时 t 分布的上 α 分位点。

预测区间具有以下两个特点。

(1) y_f 的预测区间不是常数，是随 x_f 的变化而变化的。当 $x_f = \bar{x}$ 时，$(x_f - \bar{x})^2 = 0$，此时预测区间最窄。x_f 越是远离 $\bar{x}$，$(x_f - \bar{x})^2$ 越大，预测区间越宽。因此用回归模型进行预测时，x_f 的取值不宜离 $\bar{x}$ 过远，否则预测精度会降低，甚至失效。

(2) 预测区间与样本量有关，样本容量 n 越大，$\sum (x_i - \bar{x})^2$ 越大，预测区间也越窄。相反，样本容量过小时，预测精度将较差。

7.5 多元线性回归分析

一元线性回归模型只是讨论因变量和一个自变量之间的线性关系。但是，由于社会经济现象的复杂性，一个变量(因变量)可能会同多个变量(自变量)相联系。例如，商品的销售量不仅受价格影响，还取决于消费者的收入水平。因此，有必要学习多元回归分析的方法。

7.5.1 多元线性回归模型

研究因变量与两个或两个以上自变量的线性关系，称为多元线性回归分析。表现多个变量线性关系的数学公式，称为多元线性回归模型，如式(7-18)所示，描述了因变量 y 如何依赖于自变量 $x_1, x_2, \cdots, x_k$ 和一个误差项的方程。

$$y = \beta_0 + \beta_1 x_1 + \beta_2 x_2 + \cdots + \beta_k x_k + u \tag{7-18}$$

式中：$\beta_0, \beta_1, \beta_2, \cdots, \beta_k$ 为模型参数；k 为自变量 x 的个数；u 为随机误差项。

多元线性回归模型与一元线性回归模型基本类似，只不过自变量由一个增加到两个

及以上。由于多个解释变量会同时对因变量 y 的变动发挥作用，因此，如果要考察其中某个解释变量对 y 的影响，就必须使其他解释变量保持不变。多元线性回归模型中，回归系数 $\beta_j(j=1,2,\cdots,k)$表示的是在控制其他自变量不变的条件下，第 j 个自变量的单位变动对因变量均值的影响，这样的回归系数称为偏回归系数。

在多元回归模型中，假定之一就是随机误差项 u 的平均值或期望值是零。由这个假定可以得到 y 的平均值或期望值等于 k 个自变量构成的回归函数，称为多元线性回归方程，即

$$E(y)=\beta_0+\beta_1x_1+\beta_2x_2+\cdots+\beta_kx_k \tag{7-19}$$

7.5.2 多元线性回归方程及参数估计

1. 多元线性回归方程

如果参数 $\beta_0,\beta_1,\beta_2,\cdots,\beta_k$ 的值是已知的，在给定 $x_1,x_2,\cdots,x_k$ 的值时，我们能利用式(7-18)计算 y 的平均值。遗憾的是，这些参数的值通常都是未知的，必须利用样本数据去估计它们。我们利用一个简单随机样本计算样本统计量$\hat{\beta}_0,\hat{\beta}_1,\hat{\beta}_2,\cdots,\hat{\beta}_k$，将它们作为未知参数 $\beta_0,\beta_1,\beta_2,\cdots,\beta_k$ 的点估计，就得到多元线性样本回归方程：

$$\hat{y}=\hat{\beta}_0+\hat{\beta}_1x_1+\hat{\beta}_2x_2+\cdots+\hat{\beta}_kx_k \tag{7-20}$$

式中：$\hat{\beta}_j(j=0,1,2,\cdots,k)$为样本回归方程的系数，是对总体回归参数 β_j 的估计。

多元回归中，由样本回归方程得到的因变量估计值$\hat{y}$与实际观测值 y 之间也存在偏差，即残差 e。多元线性样本回归方程也可以表示为

$$y=\hat{\beta}_0+\hat{\beta}_1x_1+\hat{\beta}_2x_2+\cdots+\hat{\beta}_kx_k+e \tag{7-21}$$

2. 参数的最小二乘估计

与一元线性回归模型的估计方法一样，可以用残差平方和最小准则，即最小二乘法，估计模型的回归参数。

残差为

$$e=y-(\hat{\beta}_0+\hat{\beta}_1x_1+\hat{\beta}_2x_2+\cdots+\hat{\beta}_kx_k) \tag{7-22}$$

要使残差平方和最小，即

$$\min\sum(y_i-\hat{y}_i)$$

式中：y_i 为对于第 i 次观测，因变量的观测值；$\hat{y}_i$ 为对于第 i 次观测，因变量的估计值。

多元线性回归方程的参数估计可以利用 Excel 或 SPSS 软件进行。详见 7.6 节。

7.5.3 多元线性回归模型的检验

1. 多元线性回归方程的拟合优度检验

在一元线性回归模型中，用可决系数 R^2 度量估计模型对观测值的拟合程度，在多元线性回归模型中称为多重可决系数。相类似地，同样可以得到

$$R^2=\frac{\sum(\hat{y}_i-\bar{y})^2}{\sum(y_i-\bar{y})^2} \tag{7-23}$$

多重可决系数 R^2 的值介于 0 和 1 之间，越接近 1，说明模型对数据的拟合程度越好。

值得注意的是，在样本量一定的条件下，R^2 离差平方和与自变量的个数无关，而残差平方和会随着模型中自变量个数的增加而减少。也就是说，随着模型中自变量的增加，多重可决系数 R^2 会随着自变量个数的增加而增大。因此，当比较因变量相同而自变量个数不同的模型拟合程度时，不能用多重可决系数进行对比。为此，需要用自由度去修正多重可决系数 R^2 中的残差平方和与回归平方和，为此引入了修正的可决系数 R_a^2，其计算公式为

$$R_a^2=1-(1-R^2)\frac{n-1}{n-k-1} \tag{7-24}$$

其中，n 表示观测值的数目，k 表示自变量的个数。

2. 回归参数的显著性检验

多元回归分析中对各个回归系数的检验，目的在于检验当其他自变量不变时，该回归系数对应的自变量是否对因变量有显著影响。检验方法与一元线性回归的检验基本相同。

1）提出假设

$$H_0:\beta_j=0,\quad H_1:\beta_j\neq 0,\quad j=1,2,\cdots,k$$

2）计算检验统计量

在 H_0 成立的条件下，根据样本观测值和参数估计值计算检验 t 统计量：

$$t=\frac{\hat{\beta}_j}{Se(\hat{\beta}_j)} \tag{7-25}$$

其中，$Se(\hat{\beta}_j)$是$\hat{\beta}_j$ 标准差的估计，其值可以由计算机软件给出结果。

3）检验

给定显著性水平 α，查自由度为$(n-k-1)$的 t 分布表，得临界值 $t_{\frac{\alpha}{2}}(n-k-1)$。

若$|t|\geqslant t_{\frac{\alpha}{2}}(n-k-1)$，就拒绝 H_0，说明在其他自变量不变的情况下，自变量 x_j 对因变量 y 的影响是显著的。

若$|t|<t_{\frac{\alpha}{2}}(n-k-1)$，则不拒绝 H_0，说明在其他自变量不变的情况下，自变量 x_j 对因变量 y 的影响不显著。

3. 回归方程的显著性检验

虽然 t 检验对单个回归系数是否显著进行了推断，但是由于多元线性回归模型包含了多个自变量，它们联合起来同因变量之间是否存在显著的线性关系还需要进一步作出判断，即对回归系数进行整体检验。该检验是在方差分析的基础上利用 F 检验进行的。所检验的假设为

$$H_0:\beta_1=\beta_2=\cdots=\beta_k=0,\quad H_1:\beta_j(j=1,2,\cdots,k)\text{不全为零}$$

如果 H_0 为真，则说明整个回归模型中所有自变量对因变量影响不显著，回归模型不

成立。

因变量 y 观测值的离差平方和 SST 等于回归平方和 SSR 与残差平方和 SSE 之和，考虑自由度将离差平方和转换为样本方差。

F 检验统计量为

$$F=\frac{\mathrm{SSR}/k}{\mathrm{SSE}/(n-k-1)}=\frac{\sum(\hat{y}_i-\bar{y})^2/k}{\sum(y_i-\hat{y}_i)^2/(n-k-1)}\sim F(k,n-k-1) \tag{7-26}$$

给定显著性水平 α，在 F 分布表中查出自由度为 k 和 $(n-k-1)$ 的临界值 $F_\alpha(k,n-k-1)$，将样本观测值代入式(7-26)计算 F 值，若 $F>F_\alpha(k,n-k-1)$，则拒绝原假设 $H_0:\beta_1=\beta_2=\cdots=\beta_k=0$，说明回归模型中所有自变量联合起来对因变量有显著影响。若 $F<F_\alpha(k,n-k-1)$，则不拒绝原假设，说明回归模型中所有自变量都为零，回归模型不成立。

7.6 相关与回归分析的可视化软件应用

在 Excel 软件中，数据分析功能中包含回归。其回归分析会出现三个表格，分别是拟合优度表、方差分析表、系数与 t 检验表。

【例 7-2】 某房地产经纪人从政府部门列举的地区中随机抽取了 15 户居民作为样本，记录了他们的家庭住房面积及其相应的价格，他想确认一下住房面积(m^2)与价格(千元)的关系(具体数据略)，并想据此拟合住房价格的回归方程，利用 Excel 可以得到回归统计表、方差分析表、回归参数表三张表格。

在"工具"菜单中选择"数据分析"选项，打开"数据分析"对话框，在"分析工具"列表中选择"回归"选项，单击"确定"按钮，打开"回归"对话框，选择 Y 值输入区域和 X 值输入区域；选择"标志"，置信度选择"95%"；在"输出选项"中选择"输出区域"，单击"确定"按钮。输出结果如图 7-3 所示。

Excel 的回归分析工具计算简便，但内容丰富，计算结果共分为三个模块：回归统计表、方差分析表和回归参数表。

1. 回归统计表

回归统计表包括以下几部分内容。

Multiple R(相关系数 R)：R^2 的平方根，它用来衡量变量 x 和 y 之间相关程度的大小。【例 7-2】中：R 为 0.848 466，表示二者之间的关系是高度正相关。

R Square(判定系数 R^2)：用来说明用自变量解释因变量变差的程度，以测量同因变量 y 的拟合效果。【例 7-2】中：复测定系数为 0.719 894，表明用自变量可解释因变量变差的 71.99%。

Adjusted R Square(调整复测定系数 R^2)：仅用于多元回归才有意义，它用于衡量加入独立变量后模型的拟合程度。当有新的独立变量加入后，即使这一变量同因变量之间不相关，未经修正的 R^2 也要增大，修正的 R^2 仅用于比较含有同一个因变量的各种模型。

标准误差：又称标准回归误差或估计标准误差，它用来衡量拟合程度的大小，也用于

	D	E	F	G	H	I	J
1	SUMMARY OUTPUT						
2							
3	回归统计						
4	Multiple R	0.848466					
5	R Square	0.719894					
6	Adjusted F	0.698347					
7	标准误差	46.53406					
8	观测值	15					
9							
10	方差分析						
11		df	SS	MS	F	ignificance F	
12	回归分析	1	72348.81	72348.81	33.411	6.38E-05	
13	残差	13	28150.45	2165.419			
14	总计	14	100499.3				
15							
16		Coefficients	标准误差	t Stat	P-value	Lower 95%	Upper 95%
17	Intercept	-140.125	44.15002	-3.17384	0.007327	-235.506	-44.7449
18	面积(平方	12.78098	2.211156	5.780225	6.38E-05	8.004068	17.55789

图 7-3 回归分析输出的三张表格

计算与回归有关的其他统计量，此值越小，说明拟合程度越好。【例 7-2】中标准误差为 46.534 06。

观测值：是指用于估计回归方程的数据的观测值个数。

2. 方差分析表

方差分析表的主要作用是通过 F 检验来判断回归模型的回归效果。可以考虑 P 值，当 P 值小于 0.05，说明整个方程的显著性检验通过，即整个方程的线性关系显著。【例 7-2】中 P 值为 6.38×10^{-5}，小于 0.05，因此整个方程的线性关系显著。

3. 回归参数表

Intercept：截距 β_0。【例 7-2】中 $\beta_0=-140.125$。

第二、三列：β_0（截距）和 β_1（斜率）的各项指标。第二列为回归系数 β_0（截距）和 β_1（斜率）的值。【例 7-2】中自变量的回归系数为 12.780 98。因此线性回归方程可以表示为 $\hat{y}=-140.125+12.780\,98$。第三列为回归系数的标准误差。

第四、五列：根据原假设 H_0：$\beta_0=\beta_1=0$ 计算的样本，统计量 t 的值及各个回归系数的 P 值（双侧）。【例 7-2】中 P 值均小于 0.05。说明两个回归系数都显著异于 0。

第六列：β_0 和 β_1 95%的置信区间的上下限。

在 SPSS 中，回归分析中有线性回归、曲线回归、二元 logistic 回归、多元 logistic 回归、Probit 回归、最小二乘回归等多种回归分析，有些已经超出了本科学生所掌握的基本原理。

※案例思考与商务实践

1. 案例思考

为了研究全国居民消费水平及其变动的原因，选择收入水平和物价指数作为自变量，收集数据得到表 7-3。

表 7-3 2016 年各地区居民消费支出与收入水平及物价指数数据

省、自治区、直辖市	居民人均消费支出/元	居民人均可支配收入/元	居民消费价格指数（上年＝100）	省、自治区、直辖市	居民人均消费支出/元	居民人均可支配收入/元	居民消费价格指数（上年＝100）
北京市	35 415.75	52 530.38	101.4	湖北省	15 888.65	21 786.64	102.2
天津市	26 129.35	34 074.46	102.1	湖南省	15 750.46	21 114.79	101.9
河北省	14 247.49	19 725.42	101.5	广东省	23 448.42	30 295.8	102.3
山西省	12 682.85	19 048.88	101.1	广西壮族自治区	12 295.18	18 305.08	101.6
内蒙古自治区	18 072.28	24 126.64	101.2	海南省	14 275.37	20 653.44	102.8
辽宁省	19 852.66	26 039.7	101.6	重庆市	16 384.83	22 034.14	101.8
吉林省	14 772.55	19 966.99	101.6	四川省	14 838.52	18 808.26	101.9
黑龙江省	14 445.81	19 838.5	101.5	贵州省	11 931.6	15 121.15	101.4
上海市	37 458.33	54 305.35	103.2	云南省	11 768.76	16 719.9	101.5
江苏省	22 129.89	32 070.1	102.3	西藏自治区	9 318.71	13 639.24	102.5
浙江省	25 526.63	38 529	101.9	陕西省	13 943.04	18 873.74	101.3
安徽省	14 711.53	19 998.1	101.8	甘肃省	12 254.25	14 670.31	101.3
福建省	20 167.48	27 607.93	101.7	青海省	14 774.66	17 301.76	101.8
江西省	13 258.62	20 109.56	102	宁夏回族自治区	14 965.41	18 832.28	101.5
山东省	15 926.36	24 685.27	102.1	新疆维吾尔自治区	14 066.46	18 354.65	101.4
河南省	12 712.34	18 443.08	101.9	—	—	—	—

资料来源：国家统计局网站。

根据案例中的问题，首先，分析解释变量和被解释变量，即自变量和因变量；其次，进行相关分析；再次，对数据进行回归分析；最后，得出分析结论。本案例中，自变量为居民人均可支配收入和居民消费价格指数，因变量为居民人均消费支出。

1）相关分析

由于7.6节说明了可视化软件应用的Excel方法，本案例中使用SPSS软件加以说明。数据输入后，利用“分析”功能“相关”中的“双变量”功能，选择皮尔逊相关系数，获得表7-4。居民人均消费支出与居民人均可支配收入高度相关，相关系数达到0.987（在0.01显著水平上），居民人均消费支出与居民消费价格指数的相关系数为0.368（在0.05水平上），低度相关。居民人均可支配收入与居民价格指数的相关系数为0.385（在0.05显著水平下），低度相关。从中可以发现居民人均可支配收入、居民消费价格指数均与居民人均消费支出显著相关,但相关程度不同。如果考虑线性回归,居民人均可支配收入与居民消费价格之间虽然相关强度不高,但也表现为显著相关,如果二者均作为自变量,就可能有相关性,即可能出现自变量之间的共线性。

表 7-4 相关性

		居民人均消费支出	居民人均可支配收入	居民消费价格指数
居民人均消费支出	Pearson 相关性	1	0.987**	0.368*
	显著性(双侧)		0.000	0.042
	N	31	31	31
居民人均可支配收入	Pearson 相关性	0.987**	1	0.385*
	显著性(双侧)	0.000		0.032
	N	31	31	31
居民消费价格指数	Pearson 相关性	0.368*	0.385*	1
	显著性(双侧)	0.042	0.032	
	N	31	31	31

注:**:在 0.01 水平(双侧)上显著相关。

*:在 0.05 水平(双侧)上显著相关。

2) 回归分析

利用“分析”功能菜单“回归”中的“线性”功能,打开线性回归对话框。将“居民人均消费支出”导入“因变量”,将其他两个变量导入“自变量”,回归方法选择“逐步回归”,即采用逐步回归法。因为本案例中两个自变量有相关性,有可能出现共线性的结果,逐步回归可以选择对因变量解释能力高的变量进入方程,而加入后降低变量对因变量解释能力的自变量会被剔除。因此,单击左侧“统计量”按钮,选择 D. W. 值和共线性诊断,其他用默认设置,即可得到表 7-5～表 7-7。D. W. =1.539 显示数据没有自相关性(这个值在 1.5～2.5 就基本上没有自相关性),表 7-8 显示自变量只有人均可支配收入,由于采用逐步回归法,居民消费价格指数变量被剔除掉(说明这个变量与居民人均可支配收入变量很可能具有共线性,如果不用逐步回归法,而采用进入回归法,是否可以发现这一问题,大家自己试验并思考)。其他内容的解释同 Excel 中的三个表格。因此,我们可以做出居民人均消费支出和居民人均可支配收入之间的回归模型(大家自己思考),每增减 1 元的人均可支配收入,可以使得人均消费支出增加 0.66 元。

表 7-5 模型汇总[b]

模型	R	R^2	调整 R^2	标准估计的误差	Durbin-Watson
1	0.987[a]	0.974	0.973	1 074.190 11	1.539

注:a. 预测变量:(常量),居民人均可支配收入。

b. 因变量:居民人均消费支出。

表 7-6 Anova[b]

模型		平方和	df	均方	F	Sig.
1	回归	1.242E9	1	1.242E9	1 076.068	0.000[a]
	残差	3.346E7	29	1 153 884.392		
	总计	1.275E9	30			

注：a. 预测变量：(常量)，居民人均可支配收入。

b. 因变量：居民人均消费支出。

表 7-7 系数[a]

模型		非标准化系数		标准系数	t	Sig.	共线性统计量	
		B	标准误差	试用版			容差	VIF
1	(常量)	1 496.476	516.326		2.898	0.007		
	居民人均可支配收入	0.660	0.020	0.987	32.803	0.000	1.000	1.000

注：a. 因变量：居民人均消费支出。

2. 商务实践

根据上述案例及案例思考，你能否分析各地区消费支出是否与人均可支配收入、物价指数相关？相关程度如何？能否对各变量的水平值进行回归分析，研究消费支出与各相关影响因素的数量关系？

习 题

1. 设销售收入 x 为自变量，销售成本 y 为因变量。根据某零售商店某年 12 个月的有关资料已经计算出以下数据：(单位：万元)

$$\sum(x_i-\bar{x})^2=425\,053.73,\quad \sum(y_i-\bar{y})^2=262\,855.25,$$

$$\sum(x_i-\bar{x})(y_i-\bar{y})=334\,229.09,\quad \bar{x}=647.88,\bar{y}=549.8$$

要求：

(1) 拟合简单线性回归方程，并对方程中回归系数的经济意义作出解释。

(2) 计算可决系数和回归估计的标准误差。

(3) 对 β_1 进行显著性水平为 0.05 的显著性检验。

(4) 假定下年 1 月销售收入为 800 万元，利用拟合的回归方程预测其销售成本，并给出置信度为 95% 的预测区间。

2. 某行业 8 家企业产品销售额和销售利润资料如表 7-8 所示。

表 7-8　某行业 8 家企业产品销售额和销售利润资料　　万元

企业编号	销售额	销售利润
1	170	8.1
2	220	12.5
3	390	18.0
4	430	22.0
5	480	26.5
6	650	40.0
7	950	64.0
8	1 000	69.0

要求：

(1) 计算产品销售额与销售利润的相关系数。

(2) 建立以利润额为因变量的直线回归方程，并说明斜率的经济意义。

(3) 当企业产品销售额为 500 万元时，销售利润为多少？

3. 某公司经理认为每月销售收入与广告费用相关，并想对每月的总收入作出估计。由 8 个月的历史数据组成的一个样本，如表 7-9 所示。

表 7-9　某公司销售收入与广告费用数据　　千元

月收入	电视广告费用	报纸广告费用	月收入	电视广告费用	报纸广告费用
96	5.0	1.5	95	3.0	3.3
90	2.0	2.0	94	3.5	2.3
95	4.0	1.5	94	2.5	4.2
92	2.5	2.5	94	3.0	2.5

要求：

(1) 用电视告费用作为自变量，建立回归方程。

(2) 用电视广告费用和报纸广告费用作为自变量，建立回归方程。

(3) 在(1)和(2)中建立的回归方程，电视广告费用的系数相同吗？利用 Excel 软件得出结果，并对每一种情形的系数作出解释。

(4) 在 0.05 显著性水平下，检验 β_1 和 β_2 的显著性。

(5) 若电视广告费用为 3 500 元，报纸广告费用为 1 800 元，月收入的估计值是多少？

4. 某运输公司的管理人员希望估计司机每天行驶的时间，考虑到行驶时间与每天运送货物行驶的里程及运送货物的次数有关。一个由 10 项运输任务组成的简单随机样本得到表 7-10 的数据。

表 7-10　某运输公司运输任务与行驶里程及运送次数的数据

运输任务	行驶里程/km	运送货物次数/次	行驶时间/h	运输任务	行驶里程/km	运送货物次数/次	行驶时间/h
1	100	4	9.3	6	80	2	6.2
2	50	3	4.8	7	75	3	7.4
3	100	4	8.9	8	65	4	6.0
4	100	2	6.5	9	90	3	7.6
5	50	2	4.2	10	90	2	6.1

要求：

(1) 根据样本数据，应用 SPSS 软件，拟合线性回归方程。

(2) 评价回归方程的拟合优度。

(3) 在 0.05 显著性水平下，利用 t 检验确定每个自变量的显著性。

(4) 在 0.05 显著性水平下，利用 F 检验确定整个回归方程的显著性。

(5) 对于一辆运货汽车，在运送货物行驶 100 km 和运送货物 2 次的情形下，该辆汽车行驶时间的预测区间。

第 8 章

时间序列分析

※本章与各小节能力培养提示

按照“工程教育认证标准(2015)版”12 条毕业要求，结合经济管理专业方向，本章对应于教学毕业要求(1)(2)(5)，即(1)将经济管理基础知识应用于实践中；(2)能够据此分析实际经济管理问题；(5)能够应用信息技术。本章的教学目标是掌握时间序列分析中的基本概念、基本分析方法、构成因素与组合模型、预测方法等基本的经济管理知识，并能熟练使用基本分析和预测方法，会使用 Excel 和 SPSS 统计分析软件进行预测。

章节名称	培养能力提示
8.1　时间序列的基本概念	了解时间序列的概念、作用，掌握时间序列的种类，理解时间序列的编制原则
8.2　时间序列的基本分析	熟练掌握时间序列的图形表示和描述指标
8.3　时间序列的构成因素与组合模型	掌握时间序列的构成因素，了解时间序列的组合模型
8.4　时间序列的预测方法	掌握时间序列的平滑法、趋势预测和季节因素分析，了解时间序列的循环因素分析
8.5　时间序列分析方法的可视化软件应用	掌握用 Excel 进行指数平滑、移动平均分析，了解 SPSS 的预测建模过程

※案例与案例问题

捷迅公司的车轮销量预测

捷迅公司是一家摩托车车轮和汽车车轮生产企业，1999 年以来，车轮产量如表 8-1 所示。试分析 1994 年到 2017 年企业铝车轮生产数量的变化，进行数据修匀，并预测未来 5 年铝车轮生产的数量。

表 8-1 1994—2017 年企业铝车轮生产数量

年份	车轮产量/万只	年份	车轮产量/万只	年份	车轮产量/万只
1994	22.79	2002	131.50	2010	261.95
1995	21.16	2003	145.34	2011	264.02
1996	44.11	2004	169.88	2012	321.54
1997	66.27	2005	228.51	2013	359.83
1998	78.00	2006	241.50	2014	452.01
1999	69.47	2007	231.74	2015	535.09
2000	94.71	2008	263.06	2016	555.94
2001	119.69	2009	316.00	2017	773.76

8.1 时间序列的基本概念

8.1.1 时间序列的概念与作用

1. 时间序列的概念

将某种现象在时间上变化发展的一系列同类的统计指标，按照时间先后顺序排列，就形成了一个时间序列，也称动态数列。

时间序列由两个基本要素组成：一个是资料所属的时间；另一个是时间上的统计指标数值，习惯上称为时间序列中的发展水平。

观察的时间可以是年份、季度、月份或其他任何时间形式；时间序列中每一项数据反映了现象在各个时间上达到的规模或水平，也成为相应时间上的发展水平。对时间序列进行分析的目的是描述时间序列的过去行为，分析这种行为，从而进一步预计未来的情况。

2. 时间序列的作用

时间序列分析在统计中具有特别重要的作用。运用时间序列分析方法可以描述社会经济现象在不同时间的发展状态和过程；可以研究社会经济现象的发展趋势和速度以及掌握发展变化的规律性；可以进行分析和预测。

8.1.2 时间序列的种类

1. 按表现形式分类

按表现形式，时间序列可分为绝对数时间序列、相对数时间序列和平均数时间序列三种。

1）绝对数时间序列

把一系列同类的总量指标按时间先后顺序排列而形成的时间序列，称为绝对数时间序列。按照绝对数所反映的社会经济现象的不同性质，绝对数时间序列又可分为时期数列和时点数列两种。

2）相对数时间序列

把一系列同类的相对指标数值按时间先后顺序排列而形成的时间序列，称为相对数时间序列。它可以用来说明社会现象间相互联系的发展变化情况。

3）平均数时间序列

把一系列同类的平均指标数值按时间先后顺序排列而形成的时间序列，称为平均数时间序列。它可以用来说明社会现象在不同时期的一般水平的发展变化情况。

2. 按绝对指标反映内容分类

按绝对指标反映内容，时间序列可分为时期数列和时点数列两种。

1）时期数列

在绝对数时间序列中，如果每一指标是反映某现象在一段时间内发展过程的总量，则这种时间序列称为"时期数列"。该数列具有时间量纲（如一月、一季或一年），如国内生产总值、收入量和产出值等指标均为某一时期的活动总量。

根据时期指标的性质可推得时期数列具有如下特点：数列中每一项的值表示现象在某一段时间过程中发展的总量；数列中若干项可以相加，相加后表示现象在若干期内发展的总量；数列中各项的数值大小直接受现象发展过程时间长短的影响，时期愈长，数值愈大，反之愈小；数列中各项的值一般通过连续性调查而取得。

2）时点数列

时点数列是指每个指标所反映的都是某种社会经济现象在某一时点（或时刻）上的状态及发展水平的绝对数时间序列。例如，企业年末人数、月末库存量、银行年末存款余额等。

时点数列的特点是：数列中每个指标所反映的都是社会经济现象在某时点上的数量；数列中的各个指标不能相加；数列中每个指标数值的大小，与时间间隔长短没有直接关系；数列中每一指标数值，通常都是通过按期登记一次取得的。

3）时期数列与时点数列区别

时期数列与时点数列的区别有以下几点。

（1）时期数列中的指标值为时期数，时点数列中的指标值为时点数。

（2）时期数列中的指标值具有可加性，而时点数列中的指标值不具有可加性。

（3）时期数列中指标值的大小与时间间隔的长短有直接关系，而时点数列中指标值的大小与时间间隔的长短没有直接联系。

（4）时期数列中的指标值是通过连续调查取得的，而时点数列中的指标值则是通过一次性调查取得的。

3. 按时间序列所呈现的平稳性分类

拿到一个观察值序列之后，首先要对它的平稳性和纯随机性进行检验，这两个重要的检验称为序列的预处理。根据检验的结果可以将序列分为不同的类型，对不同类型的序列我们会采用不同的分析方法。但由于这一部分内容为计量经济学和高级统计分析方法的内容，我们只介绍平稳序列和非平稳序列的概念。

粗略地讲，一个时间序列，如果均值没有系统的变化（无趋势）、方差没有系统变化，且严格消除了周期性变化，就称其是平稳的。而平稳数列又包含严平稳和宽平稳。严平稳是一种条件比较苛刻的平稳性定义，它认为只有当序列所有的统计性质都不会随着时间的推移而发生变化时，该序列才能被认为平稳。宽平稳是使用序列的特征统计量来定义的一种平稳性，它认为序列的统计性质主要由它的低阶矩决定，所以只要保证序列低阶矩平稳（二阶），就能保证序列的主要性质近似稳定。

如果时间序列的变量无法呈现出一个长期趋势并最终趋于一个常数或是一个线性函数，这样的时间数列是非平稳的。一般来讲，经济运行的时间序列都不是平稳序列。

8.1.3 时间序列的编制原则

编制时间序列的基本原则，就是要使数列各项指标数值具有可比性。这一基本原则具体体现在以下几个方面。

1. 总体范围一致

总体范围与指标数值有直接关系，如果总体范围有了变化，则指标数值须经过调整，使前后时间的数值能够进行比较。例如某市的行政辖区发生了变化，其辖区的工业总产值指标便应随之进行适当调整，才能进行前后对比。

2. 指标内容相同

有时时间序列的指标，在名称上相同而经济内容各异，如工业企业工资指标，按费用要素分组的工资包括全部职工工资；而按成本项目分组的工资则只包括基本生产工人的工资。如把不同经济内容的工资，混合编成时间序列反映工资的动态，就会产生错误的结论。

3. 时期长短相等

在时期数列中，由于各指标数值大小与时期长短有直接关系，因此，各指标所属时间不等，就难以直接比较。但这一原则也不能绝对化，有时为了特殊研究的目的，还要求编制时期不等的时间序列。时点数列因其指标只反映一定时点的状况，一般不要求时间长短相等。还需指出，时期数列和时点数列，都存在指标与指标间距离的所谓“时间间隔”，如果这种意义时间间隔相等，则更便于分析。

4. 指标口径一致

指标的计算方法有时也称计算口径，如指标计算口径前后不一致，则难以进行比较。价值指标的计算价格有多种，如零售价、批发价、出厂价、收购价等，应统一按照一种价格编制时间序列，才能保证价格的可比性。计量单位也要一致，如吨、千克、市斤等，在统计资料中变化很多，要注意调整一致后，再编制时间序列。

8.2 时间序列的基本分析

8.2.1 时间序列的图形描述

对时间序列有多种描述方式，可以用表格按照时间顺序进行描述，也可以用各种图形去描述时间序列的变化模式和变化趋势，分析观察数据随时间变化的形态，其中应用最多的是线图。

【例 8-1】 温塔基饭店(Vintage)位于靠近佛罗里达的 Fort Captiva 岛上,是一个公众常去的场所。它由 Karen Payne 拥有和经营,到目前经营已超过 30 年。在这期间,Karen Payne 一直在寻求建立以新鲜海味设置的高质量正餐的饭店信誉。Karen Payne 及其员工的努力被证实是成功的,她的饭店成为岛上最好和营业额增长最快的饭店之一。Karen Payne 为确定饭店未来的增长计划,需要建立一个系统,这个系统使她可提前一年预测今后每个月食品和饮料的销售额。现在请帮助该饭店做一个时间序列的线图。

表 8-2 中的资料是 Karen Payne 在 3 年的经营中有关食品和饮料的销售总额,是按照时间顺序描述食品和饮料的销售额。如果对 3 年中每一年的销售额做出线图并比较,如图 8-1 所示。

表 8-2　温塔基饭店连续 3 年食品和饮料的月销售额　　千美元

月份	第一年	第二年	第三年
1	242	263	282
2	235	238	255
3	232	247	265
4	178	193	205
5	184	193	210
6	140	149	160
7	145	157	166
8	152	161	174
9	110	122	126
10	130	130	148
11	152	167	173
12	206	230	235

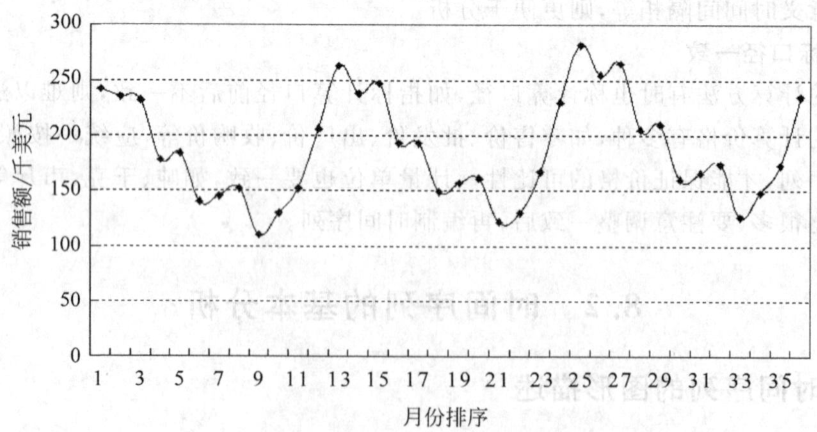

图 8-1　温塔基饭店连续 3 年食品和饮料的月销售额变化情况

8.2.2 时间序列的描述指标

1. 发展水平

发展水平,又称发展量,是指时间序列中的每一项具体指标数值,反映的是现象在不同时间发展所达到的规模和水平。发展水平是动态分析的基础指标。不论是时间序列的编制还是计算各种动态指标,都需要正确地计算发展水平,并进行发展水平分析。

例如,图 8-2 所示为 1986—2007 年淮安、苏锡常和上海的人均 GDP 增长速度比较。从曲线变化看,淮安与各城市经济增长情况逐渐趋于稳定,1994 年之前淮安与各极点城市的人均 GDP 增长速度相似性不高。但 1994 年之后人均 GDP 增长速度变化相互拟合程度提高,并逐渐稳定。

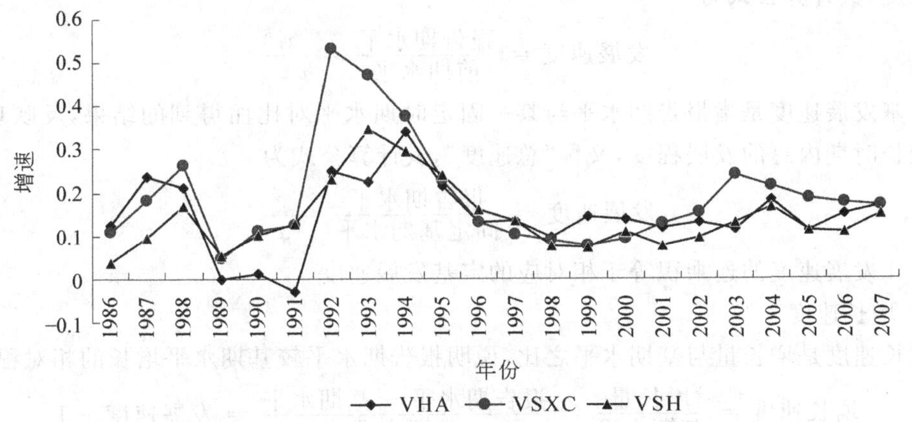

注:VHA、VSXC、VSH分别表示淮安、苏锡常和上海的人均GDP增长速度

图 8-2 1986—2007 年淮安、苏锡常和上海的人均 GDP 增长速度比较①

发展水平指标,可以表现为总量指标,如工资总额、企业职工总数、原材料消耗总额、利润总额等;也可以表现为相对指标或平均指标,如人口出生率、工人劳动生产率、单位产品原材料消耗量等。例如,表 8-1 中的食品和饮料第一年月销售额即为温塔基饭店第一年中每个月份的销售额发展水平,使用总量指标来表示;图 8-2 中淮安等市的人均 GDP 增长速度为相对指标。

在 $x_0,x_1,\cdots,x_n$ 水平时间序列中,第一项指标值用 x_0 表示;最末水平时间序列中最后一项指标值用 x_n 表示。例如,如果要研究温塔基饭店第一年各月份的销售额变化情况,表 8-2 中,如果将第一年 1 月的销售额设为 x_0,第一年 12 月的销售额可以设为 x_{11}。

中间水平是指时间序列中除最初水平与最末水平以外的所有各期发展水平。

作为分析时期的发展水平称为报告期水平,例如 $x_1,x_2,\cdots,x_{n-1},x_n$ 各项都可以作为报告期水平来研究。作为比较基础时期的发展水平称为基期水平,$x_0,x_1,\cdots,x_{n-1}$都可以作为基期。

① 舒波. 多增长极对经济合作边缘城市的溢出效应实证研究[J]. 统计与决策,2011(11).

2. 时间序列的速度分析

动态序列的速度指标是以相对数形式表示的动态分析指标，包括发展速度、增长速度、平均发展速度和平均增长速度等指标。

1）发展速度

发展速度是动态序列中报告期水平与基期水平之比，说明现象报告期水平较基期水平的相对发展速度。

$$发展速度=\frac{报告期水平}{基期水平} \tag{8-1}$$

由于对比基础不同，发展速度有环比发展速度和定基发展速度两种。

环比发展速度是指报告期水平与其前一期水平对比而得到的结果，反映现象逐期发展的程度，其计算公式为

$$发展速度=\frac{报告期水平}{前期水平}=\frac{x_i}{x_{i-1}} \tag{8-2}$$

定基发展速度是指报告期水平与某一固定时期水平对比而得到的结果，反映现象在一段较长时期内总的发展程度，又称“总速度”，其计算公式为

$$发展速度=\frac{报告期水平}{固定基期水平}=\frac{x_i}{x_0} \tag{8-3}$$

环比发展速度的连乘积等于相对应的定基发展速度。

2）增长速度

增长速度是增长量与基期水平之比，说明报告期水平较基期水平增长的相对程度。

$$增长速度=\frac{增长量}{基期水平}=\frac{报告期水平-基期水平}{基期水平}=发展速度-1 \tag{8-4}$$

增长速度也有环比增长速度和定基增长速度之分。

其中定基增长速度用累计增长量与固定基期水平相比，即

$$定基增长速度=\frac{累积增长量}{固定基期水平}=定基发展速度-1 \tag{8-5}$$

它用以反映社会经济现象在一段较长的时间内总的增长速度。

环比增长速度即用逐期增长量与前期水平相比，即

$$环比增长速度=\frac{逐期增长量}{前期水平}=环比发展速度-1 \tag{8-6}$$

它用以反映社会经济现象逐期的增长程度。

3）平均发展速度

平均发展速度是现象逐期发展的平均程度，如果各年的逐期发展速度分别用 G_1，G_2，…，G_n 来表示，则平均发展速度的计算公式为

$$\overline{G}=\sqrt[n]{G_1\cdot G_2\cdots G_n}=\sqrt[n]{\prod_{i=1}^{n}G_i} \tag{8-7}$$

4）平均增长速度

平均增长速度是用来反映现象逐期增长的平均程度的指标。

$$平均增长速度=平均发展速度-1 \tag{8-8}$$

平均增长速度是环比增长速度的平均数,但是平均增长速度不能由各期的环比增长速度直接求得,必须计算出环比发展速度,然后用几何平均法[式(8-7)]计算出平均发展速度,再减去 1 得到平均增长速度。

【例 8-2】 2010—2015 年某地区液晶彩电产量情况资料见表 8-3 第一行所示。试计算液晶彩电产量的环比发展速度和定基发展速度(具体计算结果见表 8-3 第三行到第八行,计算过程略)。

表 8-3 2010—2015 年某地区液晶彩电产量动态分析表

年份		2010	2011	2012	2013	2014	2015
产量	万台	500	600	700	1 000	1 200	1 500
环比发展速度	%	—	120.0	116.7	142.9	120.0	125.0
定基发展速度	%	—	120.0	140.0	200.0	240.0	300.0
环比增长速度	%	—	20.0	16.7	42.9	20.0	25.0
定基增长速度	%	—	20.0	40.0	100.0	140.0	200.0
平均发展速度	%	124.6					
平均增长速度	%	24.6					

8.3 时间序列的构成因素与组合模型

研究时间序列的一个重要目的,就是要掌握事物发展变化的规律和趋势,对现象未来发展的可能状态进行认识,为经济决策服务。时间序列的趋势分析提供了一系列有效的方法。

8.3.1 时间序列的构成因素

时间序列的形成是各种不同的影响事物发展变化的因素共同作用的结果。影响事物发展变化的因素很多,有起决定性作用的基本因素,也有起临时作用的、局部作用的偶然因素。例如,【例 8-1】中的温塔基饭店食品和饮料销售额的变动情况见图 8-1,有哪些因素对时间序列的变化起作用了呢?一般来说,影响时间序列的因素归纳起来有四类,即长期趋势、季节变动、循环因素和不规则因素。

1. 长期趋势

长期趋势是指现象在一段相当长的时期内所表现的沿着某一方向的持续发展变化。它是受某种长期的起根本性作用的因素影响的结果。长期趋势变动是指时间序列在一段长时期中的变动,若将其用图形表现,可得一长期趋势线。若趋势线是直线,则称为直线趋势;若趋势线是曲线,则根据其曲线形式称为某种曲线趋势,如二次曲线趋势、指数曲线趋势等。趋势线表示时间序列长期的动态。例如,我国近 40 年的国民收入增长趋势是 40 年间的动态,人口近 30 年的增长趋势是 30 年间的动态,等等。这种长期趋势,通常可认为是由各种固定的因素作用于同一方向而形成的。这些固定的因素,既有随时间的推移按直线变化的，也有表现为各种曲线形状的。

2. 季节变动

季节变动是时间序列由季节性原因而引起的周期性变动，许多经济领域的时间序列都受这种变动的支配。季节变动泛指一年内有规律的，按一定周期（年、季、月）重复出现的变化。季节变动的原因与自然条件有关，也可能是由于生产条件、节假日、风俗习惯等社会经济原因所致。

当反映时间序列的数据是按周、月或季的间隔记录时，季节变动很明显。如汗衫、背心的月零售量，糕点的季销售额，平板玻璃的月产量，等等。虽然不同时间序列季节变动的幅度不同，但它们的周期却是固定的，一般均为一年。在按年记录的时间序列中，季节波动无须体现出来。

3. 循环因素

循环因素是指以若干年（季或月）为一定周期的有一定规律性的周期波动，是时间间隔超过一年的、环绕长期趋势的上下波动。它与季节变动不同，循环的幅度和周期都可能不太规则。如某些经济活动序列表现出的以 8 年或 9 年为一个周期的循环，这种循环通常称为商业循环。

4. 不规则因素

不规则因素是由那些短期的、不可预见的、不重复出现的众多偶然因素引起的不规则变动。不规则变动是时间序列除去长期趋势、季节变动和循环因素（若存在此种变动）之后余留下来的变动。这种变动细分为两种类型：一是严格的随机变动，它是由许多细小的原因综合引起的，以一种纯随机的方式使序列产生上下波动；二是偶然性变动，它是不经常出现的、某些孤立的，或不规则的，但却是强有力的突发性变动，如政治动荡、战争爆发、大的自然灾害产生的影响。

8.3.2 时间序列的组合模型

将构成时间序列的因素与其关系按照一定的假设，用一定的数学关系式表示，就形成了时间序列的分解模型。主要有两种假设，即有两种最基本的分解模型：加法模型和乘法模型。

设时间序列为 Y，长期趋势为 T，季节变动为 S，循环因素为 C，不规则因素为 I，则两种模型可表述如下。

1. 加法模型

假设四个因素是相互独立的，则时间序列各期水平的数值可视为四个因素相加的总和，其分解模型为

$$Y = T + S + C + I \tag{8-9}$$

根据关系式(8-9)，为测定某种因素的影响，只需从时间序列数值中减去其余因素即可。

2. 乘法模型

假设四个因素变动之间存在某些相互影响的关系，则时间序列各期水平的数值就是四种因素相乘的乘积，其分解模型为

$$Y = T \times S \times C \times I \tag{8-10}$$

根据关系式(8-10),为测定某种因素的影响,用其余因素的乘积去除时间序列数值即可。实际工作中应采用哪一种模型进行分析为宜,要视研究对象的性质、研究目的及所掌握的资料的情况而确定。

8.4 时间序列的预测方法

预测是时间序列分析中一个非常重要的内容。预测时常常假定过去的变化趋势会延伸到未来,这样就可以依据已经有的数据和模式进行预测。而时间序列中包含长期趋势、季节变动和循环因素不明显的数列,也包含长期趋势、季节变动和循环因素较为明显的序列。不同类型数列预测方法有所不同。同时,时间序列的预测方法有传统的预测方法,也有 ARMA(自回归滑动平均模型)等现代更为精确的预测方法。本书主要介绍传统的预测方法。

8.4.1 平滑法

移动平均法、加权移动平均法、指数平滑法的目的是消除时间序列中的不规则成分所引起的随机波动,都属于平滑法。平滑法预测适用于稳定的时间序列,即长期趋势、季节变动和循环因素变动都不明显的时间序列。当然,在有长期趋势、季节变动和循环因素变动时,平滑法也可以用于数据的修匀,以便为下一步分析打下基础。本部分讨论移动平均法和指数平滑法。

1. 移动平均法

移动平均法是对时间数列的各项数值,按照一定的时距进行逐期移动,计算出一系列序时平均数,形成一个派生的平均数时间数列,以此削弱不规则变动的影响,显示出原数列的长期趋势。

设观测的时间序列各期水平为 $y_1, y_2, \cdots, y_n$,则 $k(1<k<n)$期的一次移动平均的计算公式为

$$M_t^{(1)} = \frac{1}{k}(y_t + y_{t-1} + \cdots + y_{t-k+1}) \quad (t = 1,2,3,\cdots,n) \tag{8-11}$$

下一期的预测值即为本期的平滑值。

为了评价预测效果,可以使用均方差来表示

$$\text{MSE} = \frac{\text{误差平方和}}{\text{误差个数}} \tag{8-12}$$

MSE 值越小预测效果越好。

应用移动平均法分析长期趋势时,应注意下列几个问题。

(1) 用移动平均法对原时间序列修匀,修匀程度的大小,与平均的项数多少有关。例如,用 5 项移动平均比 3 项移动平均效果要好些。这就是说,修匀的项数越多,效果越好,即趋势线越为平滑,但可能损失的数据项也相对越多。偶数项移动平均需要进行两次移动平均,第一次按照偶数项(例如 4 项移动平均),第二次进行移正移动平均,即还要进行

一次 2 项移动平均。采用奇数项移动平均比较简单,一次即得趋势值。

(2) 移动平均法所取项数的多少,应视资料的特点而定。如果原时间数列有较明显的周期性波动,则移动平均的项数要以周期的长度为准。事实证明,当移动平均的时期长度等于周期长度的整数倍时,就能把周期性的波动完全平滑掉,从而使时间数列只显露长期趋势的影响。例如,当数列资料为季度资料时,可采用 4 期移动平均;若根据各年的月份资料,则应取 12 项移动平均,这样可消除季节性变动的影响,能较准确地揭示现象发展的长期趋势。

(3) 移动平均后的数列,比原数列项数要少。移动时采用的项数越多,虽能更好地修匀数列,但所得趋势值的项数就越少。一般情况下,移动平均项数(设为 K)与趋势值的项数关系如下。

① 奇数项移动平均时,趋势值项数=原数列项数$-K+1$,这样首尾各少$(K-1)/2$项,共丢失 $K-1$ 项。

② 偶数项移动平均时,趋势值项数=原数列项数$-K$,这样首尾各少 $K/2$ 项,共丢失 K 项。

【例 8-3】 2006—2015 年某地区人口数量见表 8-4 第一列和第二列,请分别用三项、五项和四项移动平均来修匀时间序列的数据,形成平滑后的序列,同时分析三项、五项移动平均的预测值和预测效果。

表 8-4 和表 8-5 分析了三项、五项、四项移动平均的预测值和预测效果(省略了四项移动平均的预测效果),可见三项移动平均的预测效果更好,预测误差和均方差比五项移动平均更小。但在移动平均过程中,五项移动平均损失了 4 项,而三项移动平均只损失了 2 项。

表 8-4 2006—2015 年某地区人口数量的移动平均结果

年份	人口数量/万人	三项移动平均	五项移动平均	四项移动平均	
				四项移动	二次移动
2006	106.5	—	—	—	—
2007	107.3	110.9	—	—	—
2008	118.8	114.7	110.7	112.7	112.2
2009	118.0	113.3	110.1	111.8	111.3
2010	103.1	108.2	109.9	110.8	109.3
2011	103.4	104.3	109.1	107.7	107.3
2012	106.4	108.2	110.3	106.9	109.5
2013	114.7	115.1	113.1	112.2	113.9
2014	124.1	118.6	—	115.6	—
2015	117.1	—	—	—	—

表 8-5 2006—2015 年某地区人口数量的预测及效果

年份	消费价格指数	三项移动平均预测值	三项移动平均预测误差平方	五项移动平均预测值	五项移动平均预测误差平方
2006	106.5	—		—	—
2007	107.3	110.9	12.96	—	—
2008	118.8	114.7	16.81	110.7	65.61
2009	118.0	113.3	22.09	110.1	62.41
2010	103.1	108.2	26.01	109.9	46.24
2011	103.4	104.3	0.81	109.1	32.49
2012	106.4	108.2	3.24	110.3	15.21
2013	114.7	115.1	0.16	113.1	2.56
2014	124.1	118.6	30.25	—	—
2015	117.1	—		—	—
预测误差平方和	—	—	112.33	—	224.52
MSE	—	—	14.04	—	37.42

2. 指数平滑法

移动平均法在逐期进行移动平均时，将每个样本点的作用等同对待。但在时间序列中，越靠近当前时刻的观察值越能反映当前时刻的性质，而远离当前时刻的观察值对当前时刻的代表性越弱。指数平滑法在计算移动平均时引入一个权数使离当前时刻越近的样本点所起的作用越大。用数学公式表示指数平滑的递推公式为

$$F_{t+1} = \alpha X_t + (1-\alpha)F_t \tag{8-13}$$

式中：X_t 为时间序列第 t 时期的实际值；F_t 为第 t 期的预测值；α 称为平滑系数。平滑系数 α 的大小决定了平滑的程度，它与移动平均的间隔有类似的性质，适当选取 α 值是决定指数平滑结果优劣的重要因素。一般通过多次试算，然后比较各种 α 的趋势线以选出一个最优值。

需要注意的是，以指数平滑预测的结果存在滞后偏差，即当时间序列呈下降趋势时，预测值往往偏高；反之，则偏低。另外，一次指数平滑预测只能做下一期的预测。

【例 8-4】 桀骜棉产品公司 2000—2015 年生产的棉布产量见表 8-6。以一段时期的预测值与观察值的线性组合作为第 $t+1$ 期的预测值，其预测模型为

$$F_{t+1} = \alpha X_t + (1-\alpha)F_t$$

计算结果如表 8-6 所示。也可以计算预测误差。发现在本例中，$\alpha=0.5$ 时预测效果更好。

表 8-6 桀骜棉产品公司 2000—2015 年棉布产量及指数平滑预测过程比较

年份	棉布产量/万匹	α=0.3	预测误差	误差平方	α=0.5	预测误差	误差平方
2000	450.77	—	—	—	—	—	—
2001	567.50	450.77	116.73	13 625.89	450.77	116.73	13 625.89
2002	450.84	485.79	−34.95	1 221.50	509.14	−58.30	3 398.89
2003	373.93	475.30	−101.37	10 275.88	468.32	−94.39	8 909.47
2004	434.10	444.89	−10.79	116.42	424.62	9.48	89.87
2005	476.75	441.65	35.10	1 232.01	439.50	37.25	1 387.56
2006	420.33	452.18	−31.85	1 014.42	459.20	−38.87	1 510.88
2007	460.27	442.63	17.64	311.17	436.26	24.01	576.48
2008	450.10	447.92	2.18	4.75	451.45	−1.35	1.82
2009	382.88	448.57	−65.69	4 315.18	449.01	−66.13	4 373.18
2010	441.73	428.87	12.86	165.38	415.73	26.00	676.00
2011	532.35	432.73	99.62	9 924.14	435.30	97.05	9 418.70
2012	491.62	462.61	29.01	841.58	482.54	9.08	82.45
2013	485.97	471.31	14.66	214.92	477.12	8.85	78.32
2014	632.35	475.71	156.64	24 536.09	478.64	153.71	23 626.76
2015	571.62	522.70	48.92	2 393.17	554.03	17.59	309.41
合计			—	70 192.50	—	—	68 065.68

8.4.2 趋势预测法

1. 预测模型的建立

趋势预测模型是通过数学方法对时间序列配合一条理想的趋势方程，使其与原数列曲线达到最优拟合。分析过程如下。

1）定性分析

对所研究的现象的客观性质进行研究，分析其一般的发展规律，从而对现象长期趋势的性质做最初基本的判断。

2）判断趋势类型

长期趋势的测定模型是根据现象的趋势形态确定的，既有直线模型，也有非直线模型。可以利用散点图判断：根据时间序列的观测值描绘散点图，从散布图的基本态势判断现象随时间变化的大体类型。也可以利用差分法判断：①若观察值的一次差（逐期增长量）大致相同，可配合直线；②若二次差（逐期增长量的逐期增长量）大致相同，可配合二次曲线；③若各观察值的环比增长速度大致相同，可配合指数曲线等。

3）选择模型并估计参数

对线性和非线性模型估计回归参数。

4）预测方程评估

对预测方程进行评估可以参见回归分析章节。具体包括拟合优度检验、回归方程 F 检验、回归参数 t 检验、自相关检验等。

2. 线性趋势模型的建立

如果时间序列的逐期增减量相对稳定，即现象满足各逐期增减量大体相同的条件，可以用直线作为趋势线来描述趋势变化，据以进行分析和预测。

设趋势直线方程为

$$y = a + bt \tag{8-14}$$

式中：y 为时间序列的长期趋势值；t 为时间（指的时间序号）；a 为趋势直线 y 的截距，表示 $t=0$ 时 y 的数值；b 为趋势直线的斜率，表示每变动一个单位时，y 平均增减的数量。a、b 是趋势直线方程中的两个待估参数，有许多方法（如平均法、三点法、分段法、指数平滑法、最小平方法等）可采用，最常用的是最小平方法。

最小平方法的基本原理是：时间序列实际值与其趋势值的离差平方和达到一个最小值。满足这一条件的只有一条线，称为原时间序列的最适线，它使趋势线同原时间序列最佳配合。同时，这条线也满足离差之和为零的要求。

利用最小平方法（原理略）可以建立如下两个标准方程，求出 a、b 的值。即

$$b = \frac{b\sum ty - \sum t\sum y}{n\sum t^2 - \left(\sum t\right)^2} \tag{8-15}$$

$$a = \bar{y} - b\bar{t} \tag{8-16}$$

【例 8-5】 晶莹公司是生产服装的企业，10 年的产品销售额资料如表 8-7 第一列所示，请建立长期趋势模型。

表 8-7　晶莹公司销售额趋势预测计算表

年份	时间序号/t	销售额 y_i/百万元	ty	t^2
2006	1	50	50	1
2007	2	54	108	4
2008	3	56	168	9
2009	4	58	232	16
2010	5	70	350	25
2011	6	78	468	36
2012	7	84	588	49
2013	8	88	704	64
2014	9	95	855	81
2015	10	100	1 000	100
合计	55	733	4 523	385

根据表 8-7 的计算资料，将有关数据联立方程式或将有关数据代入式(8-15)和式(8-16)，现若按后者计算出 a 和 b 的值为

$$b=\frac{b\sum ty-\sum t\sum y}{n\sum t^{2}-\left(\sum t\right)^{2}}=\frac{10\times 4\ 523-55\times 733}{10\times 385-55\times 55}\approx 5.957\ 6$$

$$a=\bar{y}-b\bar{t}=\frac{733}{10}-5.957\ 6\times\frac{55}{10}\approx 40.533\ 2$$

因此

$$y=40.533\ 2+5.957\ 6t$$

据此方程，将 t 取 11、12，可以预测 2016 年、2017 年销售额为 106 百万元、112 百万元。

3. 非线性趋势模型

1）二次曲线

当现象发展趋势呈现抛物线型时，可拟合二次曲线。其方程为

$$y=a+bt+ct^{2} \tag{8-17}$$

该曲线的特点是各期观察值的二次差基本相等。所谓二次差是各观察值逐期增长量的逐期增长量。曲线中的三个未知参数 a,b,c，可根据最小二乘法求得。公式为

$$\begin{cases}\sum y=na+b\sum t+c\sum t^{2}\\ \sum ty=a\sum t+b\sum t^{2}+c\sum t^{3}\\ \sum t^{2}y=a\sum t^{2}+b\sum t^{3}+c\sum t^{4}\end{cases}$$

即可求得三个未知数 a,b,c 的值。

【例 8-6】 飞虎公司是生产汽车零部件的企业，其 8 年间的产值资料如下，计算逐期增减量和二级增减量分别如表 8-8 所示，请用二次曲线拟合趋势方程。

表 8-8 飞虎公司 8 年销售额资料

时间	产值/百万元	逐期增减量/百万元	二级增减量/百万元
1	240	—	—
2	290	50	—
3	360	70	20
4	450	90	20
5	560	110	20
6	690	130	20
7	840	150	20
8	1 008	168	18

从表 8-8 中可以发现，此时间序列显示出明显的二次曲线特征。

利用原序列计算出有关数据代入上述三个方程式，解三元一次方程组就可得出趋势方程所需要的 a、b、c 的估计值。

根据上述资料，按简捷法（不用 t 而用 t' 为时间坐标）配合二次抛物线模型，计算过程如表 8-9 所示。

表 8-9　二次抛物线计算表

时间 t	产值 y	t'	t'^2	t'^4	$t'y$	t'^2y
1	240	−7	49	2 401	−1 680	11 760
2	290	−5	25	625	−1 450	7 250
3	360	−3	9	81	−1 080	3 240
4	450	−1	1	1	−450	450
5	560	1	1	1	560	560
6	690	3	9	81	2 070	6 210
7	840	5	25	625	4 200	21 000
8	1 008	7	49	2 401	7 056	49 392
合计	4 438	0	168	6 216	9 226	99 862

得到 $a=502.6889$，$b=54.9166$，$c=2.4791$。

该资料的趋势方程为 $y=502.6889+54.9166t'+2.4791t'^2$。

2）指数曲线模型

如果时间序列满足环比发展速度大体相同的条件，那么可以配合指数曲线模型来反映现象发展变化的趋势。其趋势方程为

$$y = ab^t \tag{8-18}$$

式中：a，b 为待估的未知常数。若 $b>1$，增长率随着时间 t 的增加而增加；若 $b<1$，增长率随着时间 t 的增加而降低；若 $a>0$，$b<1$，趋势值逐渐降低到以 0 为极限。

指数曲线模型的参数求解办法可以采取“线性化”手段将其化为对数直线形式。

如果时间序列满足逐期增减量的环比发展速度大体相同的条件，则可配合修正指数曲线来描述现象的变化状态；如果时间序列的对数的逐期增减量的环比速度大体相同，则可以配合龚伯兹曲线模型来描述该现象的变化状态。具体模型不再详述。

8.4.3　季节因素分析

1. 原始资料平均法

如果原时间序列没有明显的长期趋势和循环因素，可以采取原始资料平均法分析季节变动。

原始资料平均法需要首先计算出各年同月平均数，以消除随机影响，作为该月（或季）的代表值；然后计算出全部月（或季）的总平均数，作为全年的代表值；再将同月（或同季）平均数与全部月（或季）的总平均数进行对比，即为季节指数。

具体步骤如下。

第一步，根据各年的月份（或季度）数据计算出同月（或同季）的平均数。

第二步，计算出全部数据的总平均数。

第三步，计算出各同月（或同季）平均数与总平均数的百分比，即为季节指数。其计算公式为

$$季节指数(S) = 同月(或季)平均数总月(或季)平均数 \times 100\%$$

【例 8-7】 盼盼酒店 2010—2014 年各季度销售额（万元）资料如表 8-10 所示。试用按季平均法计算各季的季节指数。

表 8-10 盼盼酒店 2010—2014 年各季度销售额资料 万元

年份	第一季	第二季	第三季	第四季	全年合计	季平均
2010	31.0	54.2	52.2	25.4	162.8	40.7
2011	30.4	51.0	50.3	27.1	158.8	39.7
2012	36.1	56.3	56.2	28.2	176.8	44.2
2013	36.0	59.1	55.3	26.8	177.2	44.3
2014	35.5	58.4	55.5	27.0	176.4	44.1
合计	169.0	279.0	269.5	134.5	852.0	213.0
同期平均数	33.8	55.8	53.9	26.9	170.4	42.6
季节指数	79.3	131.0	126.5	63.2	400.0	100.0

“季节指数”一栏，是以指数形式表现的典型销售额。每个指数代表 2010—2014 年每个季度的平均销售额。例如，第二季度的季节指数为 131.0％表示销售额为全年平均销售额的 131.0％，而全年平均销售额则作为 100％。这样从各季节指数序列，可以清楚地表明该酒店销售额的季节变动趋势。即第一、四季度是销售淡季，第二、三季度为销售旺季。

利用季节指数可以进行短期预测。例如，想预测 2015 年一季度该酒店销售额则可用 2014 年各季平均数乘以第一季度的季节指数。

原始资料平均法的适用条件：①长期趋势不明显，循环因素不明显或循环周期刚好与同期平均的年数相等时；②同期平均能够消除不规则变动。

2. 趋势剔除法

时间序列的趋势变动和季节变动同时存在，应先将序列的趋势剔除，再来测定季节变动。利用趋势剔除法测定季节变动时，可以用移动平均法得到各期的趋势值。

具体步骤如下。

第一步，根据各年的月份（或季度）数据，计算 12 个月（或 4 个季度）移动平均趋势值 TC。

第二步，将各实际观察值 Y 除以相应趋势值 TC，即 $Y/(\mathrm{TC})=S\times I$。

第三步，将 $S\times I$ 重新按月（季）排列，求得同月（或同季）平均数，再将其除以总平均数，即得季节指数 S。

【例 8-8】 根据表 8-11 的资料，按移动平均趋势剔除法计算销售量的季节指数。

解：首先求出 12 个月移动平均趋势值 TC，并求得 Y/(TC)，计算结果如表 8-11 所示。然后将表中的 Y/(TC)重新排列，如表 8-12 所示，求出各年同月平均数，使不规则变动消除，已是季节指数，但由于 12 个月的总和不等于 1 200%，需进行调整。

表 8-11 销售量季节指数计算中长期趋势的剔除

年 月	销售量 Y	12 月移动平均	移正平均 T	Y/(TC)/%
2011.01	80	—	—	—
2011.02	120	—	—	—
2011.03	200	—	—	—
2011.04	500	—	—	—
2011.05	800	—	—	—
2011.06	2 500	633.33	—	—
2011.07	2 400	636.67	635.00	377.95
2011.08	600	643.33	640.00	93.75
2011.09	200	655.83	649.58	30.79
2011.10	100	685.00	670.42	14.92
2011.11	60	743.33	714.17	8.40
2011.12	40	910.00	826.67	4.84
2012.01	120	1 243.33	1 076.67	11.15
2012.02	200	1 268.33	1 255.83	15.93
2012.03	350	1 285.00	1 276.67	27.42
2012.04	850	1 297.50	1 291.25	65.83
2012.05	1 500	1 300.83	1 299.17	115.46
2012.06	4 500	1 304.17	1 302.50	345.49
2012.07	6 400	1 320.83	1 312.50	487.62
2012.08	900	1 337.50	1 329.17	67.71
2012.09	400	1 366.67	1 352.08	29.58
2012.10	250	1 420.83	1 393.75	17.94
2012.11	100	1 495.83	1 458.33	6.86
2012.12	80	1 687.50	1 591.67	5.03
2013.01	320	1 754.17	1 720.83	18.60

续表

年 月	销售量 Y	12 月移动平均	移正平均 T	$Y/(TC)/\%$
2013.02	400	1 804.17	1 779.17	22.48
2013.03	700	1 820.83	1 812.50	38.62
2013.04	1 500	1 833.33	1 827.08	82.10
2013.05	2 400	1 841.67	1 837.50	130.61
2013.06	6 800	1 844.17	1 842.92	368.98
2013.07	1 200	—	—	—
2013.08	1 500	—	—	—
2013.09	600	—	—	—
2013.10	400	—	—	—
2013.11	200	—	—	—
2013.12	110	—	—	—

其调整系数为：调整系数＝1 200/1 194.07＝1.004 966，用调整系数乘以同月平均数，即得季节指数，见表 8-12 的最后一栏。

表 8-12 销售量季节指数计算过程

月份	2011	2012	2013	合计	同月平均	季节指数
1	—	11.15	18.60	29.75	14.88	14.95
2	—	15.93	22.48	38.41	19.21	19.31
3	—	27.42	38.62	66.04	33.02	33.18
4	—	65.83	82.10	147.93	73.97	74.34
5	—	115.46	130.61	246.07	123.04	123.65
6	—	345.49	368.98	714.47	357.24	359.01
7	377.95	487.62	—	865.57	432.79	434.94
8	93.75	67.71	—	161.46	80.73	81.13
9	30.79	29.58	—	60.37	30.19	30.34
10	14.92	17.94	—	32.86	16.43	16.52
11	8.40	6.86	—	15.26	7.63	7.67
12	4.84	5.03	—	9.87	4.94	4.96
合计	—	—	—	2 388.06	1 194.07	1 200.00

含有季节变动因素的时间序列，由于受季节影响而产生波动，使序列中的其他特征不能清晰地表现出来，因此，需要将季节变动的影响从时间序列中剔除，以便观察其他特征的影响，这称为季节变动的调整。其方法是将原时间序列除以相应的季节指数，即

$$\frac{Y}{S}=\frac{T\times S\times C\times I}{S}=T\times C\times I$$

【例 8-9】 根据表 8-11 和表 8-12 的资料，对 2011—2013 年各月的销售量做季节调整。根据调整后的序列配合的趋势线为 $Y_t=332.87+51.49t$，各月调整后的趋势值如表 8-13 所示。

表 8-13 销售量季节变动调整

年　月	销售量 Y	季节指数 S	剔除季节指数后的销售量 Y/S	t	销售量趋势值 Y_t
2011.01	80	14.95	535.12	1	384.36
2011.02	120	19.31	621.44	2	435.85
2011.03	200	33.18	602.77	3	487.34
2011.04	500	74.34	672.59	4	538.83
2011.05	800	123.65	646.99	5	590.32
2011.06	2 500	359.01	696.36	6	641.81
2011.07	2 400	434.94	551.80	7	693.30
2011.08	600	81.13	739.55	8	744.79
2011.09	200	30.34	659.20	9	796.28
2011.10	100	16.52	605.33	10	847.77
2011.11	60	7.67	782.27	11	899.26
2011.12	40	4.96	806.45	12	950.75
2012.01	120	14.95	802.68	13	1 002.24
2012.02	200	19.31	1 035.73	14	1 053.73
2012.03	350	33.18	1 054.85	15	1 105.22
2012.04	850	74.34	1 143.40	16	1 156.71
2012.05	1 500	123.65	1 213.10	17	1 208.20
2012.06	4 500	359.01	1 253.45	18	1 259.69
2012.07	6 400	434.94	1 471.47	19	1 311.18
2012.08	900	81.13	1 109.33	20	1 362.67
2012.09	400	30.34	1 318.39	21	1 414.16
2012.1	250	16.52	1 513.32	22	1 465.65
2012.11	100	7.67	1 303.78	23	1 517.14
2012.12	80	4.96	1 612.90	24	1 568.63
2013.01	320	14.95	2 140.47	25	1 620.12
2013.02	400	19.31	2 071.47	26	1 671.61
2013.03	700	33.18	2 109.70	27	1 723.10

续表

年　月	销售量 Y	季节指数 S	剔除季节指数后的销售量 Y/S	t	销售量趋势值 Y_t
2013.04	1 500	74.34	2 017.76	28	1 774.59
2013.05	2 400	123.65	1 940.96	29	1 826.08
2013.06	6 800	359.01	1 894.10	30	1 877.57
2013.07	1 200	434.94	275.90	31	1 929.06
2013.08	1 500	81.13	1 848.88	32	1 980.55
2013.09	600	30.34	1 977.59	33	2 032.04
2013.10	400	16.52	2 421.31	34	2 083.53
2013.11	200	7.67	2 607.56	35	2 135.02
2013.12	110	4.96	2 217.74	36	2 186.51

8.4.4 循环因素分析

循环因素引起的变动不同于季节因素引起的变动。循环因素引起的变动规律不固定，变动周期通常在一年以上。例如，产品的生命周期、宏观经济的周期性波动等。循环因素的测定方法包括直接法与剩余法。

1. 直接法

用直接法测定循环变动是通过计算序列的年距发展速度或年距增长速度，以消除或减弱趋势变动和季节变动。具体有以下两种方式。

一种是将每年各月(季)数值与上一年同期数据对比，所求得的年距发展速度序列大体上可消除长期趋势和季节变动，即

$$C\times I_{t,i}=\frac{y_{t,i}}{y_{t-1,i}} \tag{8-19}$$

式中：$i=1,2,\cdots,12$；或 $i=1,2,3,4$；t 为年份，i 为月份或季度。

另一种是将每年各月(或季度)数值较上年同期增长部分除以前一年对应月份或季度数值，得出的年距增长速度序列也可以大致消除长期趋势和季节变动，表示循环变动，即

$$C\times I_{t,i}=\frac{y_{t,i}-y_{t-1,i}}{y_{t-1,i}} \tag{8-20}$$

式中：$i=1,2,\cdots,12$；或 $i=1,2,3,4$；t 为年份，i 为月份或季度。

2. 剩余法

剩余法又称分解法，其基本思想是先从序列中分别分解出长期趋势和季节变动，然后再消除不规则变动成分，剩余的变动则揭示出序列的循环变动特征。如果原序列的因素组合为 $Y=T\times S\times C\times I$，可以先分别消除已经分解出的季节变动 S 和长期趋势 T，或者可以同时消除季节变动 S 和长期趋势 T。即

$$\frac{Y}{T\times S}=\frac{T\times S\times C\times I}{T\times S}=C\times I$$

最后将所得的循环变动和不规则变动的结果 $C\times I$ 进行移动平均，消除不规则变动 I，最后得到循环变动 C。

【例 8-10】 表 8-14 第一列是某企业产品销售额数据，据此可以进行季节指数、循环因素分析，如表 8-14～表 8-16 所示。具体过程不再详述。

表 8-14 某企业产品销售额数据

年 月	销售额 TCSI	移动平均值 TC	移动平均百分比 TCSI/TC	季节指数 S	调整后销售额 TCI=TCSI/S	时间 t	调整后趋势值 $T(\hat{y}_t=\hat{a}+\hat{b}t)$
2012.01	50	—	—	0.52	95.65	1	98.02
2012.02	60	—	—	0.62	97.43	2	98.32
2012.03	77	—	—	0.78	98.62	3	98.62
2012.04	96	—	—	0.96	99.59	4	98.92
2012.05	137	—	—	1.36	100.97	5	99.22
2012.06	158	—	—	1.56	101.40	6	99.52
2012.07	167	100.25	1.67	1.66	100.44	7	99.81
2012.08	159	100.42	1.58	1.58	100.92	8	100.11
2012.09	108	100.59	1.07	1.08	99.63	9	100.41
2012.10	75	100.80	0.74	0.75	100.19	10	100.71
2012.11	61	101.05	0.60	0.60	102.23	11	101.01
2012.12	54	101.38	0.53	0.53	101.08	12	101.31
2013.01	52	101.88	0.51	0.52	99.48	13	101.61
2013.02	62	102.42	0.61	0.62	100.68	14	101.91
2013.03	79	102.92	0.77	0.78	101.18	15	102.20
2013.04	99	103.30	0.96	0.96	102.70	16	102.50
2013.05	140	103.46	1.35	1.36	103.18	17	102.80
2013.06	163	103.59	1.57	1.56	104.61	18	103.10
2013.07	174	103.80	1.68	1.66	104.65	19	103.40
2013.08	165	104.05	1.59	1.58	104.72	20	103.70
2013.09	114	104.34	1.09	1.08	105.16	21	104.00
2013.10	78	104.63	0.75	0.75	104.20	22	104.29
2013.11	62	104.92	0.59	0.60	103.91	23	104.59
2013.12	56	105.17	0.53	0.53	104.83	24	104.89
2014.01	55	105.29	0.52	0.52	105.22	25	105.19
2014.02	65	105.38	0.62	0.62	105.55	26	105.49

续表

年　月	销售额 TCSI	移动平均值 TC	移动平均百分比 TCSI/TC	季节指数 S	调整后销售额 TCI=TCSI/S	时间 t	调整后趋势值 $T(\hat{y}_t=\hat{a}+\hat{b}t)$
2014.03	83	105.50	0.79	0.78	106.30	27	105.79
2014.04	102	105.71	0.96	0.96	105.82	28	106.09
2014.05	144	105.92	1.36	1.36	106.13	29	106.38
2014.06	165	106.09	1.56	1.56	105.89	30	106.68
2014.07	175	106.30	1.65	1.66	105.25	31	106.98
2014.08	166	106.55	1.56	1.58	105.36	32	107.28
2014.09	116	106.80	1.09	1.08	107.01	33	107.58
2014.10	81	107.09	0.76	0.75	108.21	34	107.88
2014.11	64	107.46	0.60	0.60	107.26	35	108.18
2014.12	58	107.88	0.54	0.53	108.57	36	108.47
2015.01	58	108.29	0.54	0.52	110.96	37	108.77
2015.02	68	108.71	0.63	0.62	110.42	38	109.07
2015.03	86	109.09	0.79	0.78	110.14	39	109.37
2015.04	106	109.42	0.97	0.96	109.97	40	109.67
2015.05	149	109.71	1.36	1.36	109.82	41	109.97
2015.06	170	109.96	1.55	1.56	109.10	42	110.27
2015.07	180	—	—	1.66	108.26	43	110.56
2015.08	171	—	—	1.58	108.53	44	110.86
2015.09	120	—	—	1.08	110.70	45	111.16
2015.10	85	—	—	0.75	113.55	46	111.46
2015.11	67	—	—	0.60	112.29	47	111.76
2015.12	61	—	—	0.53	114.19	48	112.06

表 8-15　计算季节指数

月份	2012 年	2013 年	2014 年	2015 年	同月平均	季节指数
1	—	0.51	0.52	0.54	0.522 8	0.522 7
2	—	0.61	0.62	0.63	0.615 9	0.615 8
3	—	0.77	0.79	0.79	0.780 9	0.780 8
4	—	0.96	0.96	0.97	0.964 1	0.963 9
5	—	1.35	1.36	1.36	1.357 0	1.356 8

续表

月份	2012 年	2013 年	2014 年	2015 年	同月平均	季节指数
6	—	1.57	1.56	1.55	1.558 3	1.558 2
7	1.67	1.68	1.65	0.54	1.662 9	1.662 7
8	1.58	1.59	1.56	—	1.575 8	1.575 6
9	1.07	1.09	1.09	—	1.084 2	1.084 0
10	0.74	0.75	0.76	—	0.748 7	0.748 6
11	0.60	0.59	0.60	—	0.596 7	0.596 7
12	0.53	0.53	0.54	—	0.534 3	0.534 2
合计	—	—	—	—	12.001 5	12.000 0

表 8-16 主要影响因素的计算

年 月	销售额 TCSI	季节指数 S	调整后销售额 TCI=TCSI/S	时间 t	调整后趋势值 T	循环及不规则波动相对数 CI	循环波动相对数 C
2012.01	50	0.52	95.65	1	98.02	0.98	—
2012.02	60	0.62	97.43	2	98.32	0.99	0.988 9
2012.03	77	0.78	98.62	3	98.62	1.00	0.999 2
2012.04	96	0.96	99.59	4	98.92	1.01	1.008 1
2012.05	137	1.36	100.97	5	99.22	1.02	1.014 5
2012.06	158	1.56	101.40	6	99.52	1.02	1.014 3
2012.07	167	1.66	100.44	7	99.81	1.01	1.011 1
2012.08	159	1.58	100.92	8	100.11	1.01	1.002 2
2012.09	108	1.08	99.63	9	100.41	0.99	0.998 3
2012.10	75	0.75	100.19	10	100.71	0.99	0.999 7
2012.11	61	0.60	102.23	11	101.01	1.01	1.001 6
2012.12	54	0.53	101.08	12	101.31	1.00	0.996 3
2013.01	52	0.52	99.48	13	101.61	0.98	0.988 3
2013.02	62	0.62	100.68	14	101.91	0.99	0.985 7
2013.03	79	0.78	101.18	15	102.20	0.99	0.993 3
2013.04	99	0.96	102.70	16	102.50	1.00	0.998 5
2013.05	140	1.36	103.18	17	102.80	1.00	1.006 8
2013.06	163	1.56	104.61	18	103.10	1.01	1.010 2
2013.07	174	1.66	104.65	19	103.40	1.01	1.012 2

续表

年　月	销售额 TCSI	季节指数 S	调整后销售额 TCI=TCSI/S	时间 t	调整后趋势值 T	循环及不规则波动相对数 CI	循环波动相对数 C
2013.08	165	1.58	104.72	20	103.70	1.01	1.011 1
2013.09	114	1.08	105.16	21	104.00	1.01	1.006 7
2013.10	78	0.75	104.20	22	104.29	1.00	1.001 3
2013.11	62	0.60	103.91	23	104.59	0.99	0.997 3
2013.12	56	0.53	104.83	24	104.89	1.00	0.997 7
2014.01	55	0.52	105.22	25	105.19	1.00	1.000 1
2014.02	65	0.62	105.55	26	105.49	1.00	1.001 9
2014.03	83	0.78	106.30	27	105.79	1.00	1.001 0
2014.04	102	0.96	105.82	28	106.09	1.00	1.000 0
2014.05	144	1.36	106.13	29	106.38	1.00	0.995 9
2014.06	165	1.56	105.89	30	106.68	0.99	0.991 4
2014.07	175	1.66	105.25	31	106.98	0.98	0.986 2
2014.08	166	1.58	105.36	32	107.28	0.98	0.986 9
2014.09	116	1.08	107.01	33	107.58	0.99	0.993 3
2014.10	81	0.75	108.21	34	107.88	1.00	0.996 4
2014.11	64	0.60	107.26	35	108.18	0.99	0.998 5
2014.12	58	0.53	108.57	36	108.47	1.00	1.004 2
2015.01	58	0.52	110.96	37	108.77	1.02	1.011 1
2015.02	68	0.62	110.42	38	109.07	100.88	1.013 2
2015.03	86	0.78	110.14	39	109.37	100.35	1.007 4
2015.04	106	0.96	109.97	40	109.67	99.94	1.002 8
2015.05	149	1.36	109.82	41	109.97	99.59	0.996 9
2015.06	170	1.56	109.10	42	110.27	98.66	0.989 1
2015.07	180	1.66	108.26	43	110.56	100.13	0.982 5
2015.08	171	1.58	108.53	44	110.86	98.76	0.984 6
2015.09	120	1.08	110.70	45	111.16	99.26	0.997 8
2015.10	85	0.75	113.55	46	111.46	101.53	1.006 4
2015.11	67	0.60	112.29	47	111.76	100.11	1.014 2
2015.12	61	0.53	114.19	48	112.06	101.53	—

8.5 时间序列分析方法的可视化软件应用

时间序列分析可以通过Excel中的“数据分析”对话框中的“指数平滑”“移动平均”和“回归”三个工具实现。

在SPSS软件中,可以利用回归分析进行趋势外推法预测。同时,SPSS有专门的预测分析功能。打开“分析”菜单,单击“预测”按钮,打开“创建模型”对话框,将要预测的变量导入因变量,选择下面的预测方法为“指数平滑”等方法,选择模型检验的统计量,包括“拟合度量”“个别模型统计量”等,并确定是否保存预测值,最后单击“确定”按钮,即可生成最后模型。SPSS能够对时间序列的自相关和互相关进行分析,并有“季节性分解”和“频谱分析”的功能。

※案例思考与商务实践

1. 案例思考

根据案例中的数据资料,利用Excel画出趋势曲线,如图8-3所示。

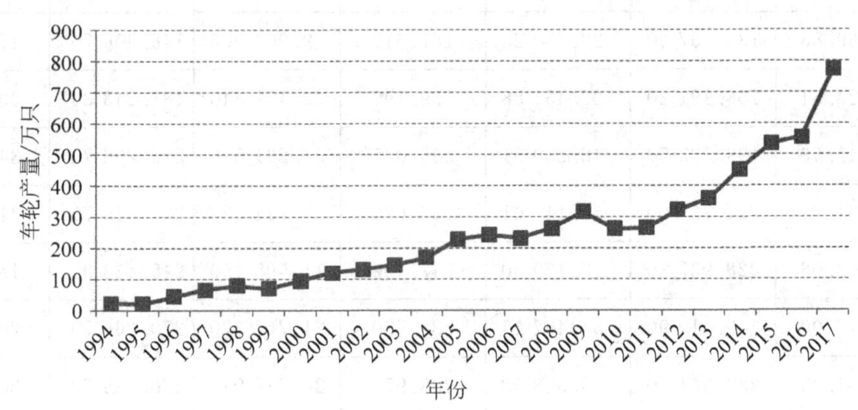

图8-3 1994—2017年捷迅公司车轮生产数量变化趋势

从趋势图中可以发现,该公司车轮的生产数量呈现出明显的长期趋势倾向。而由于是年度数据,没有季节性因素的影响,循环因素也不明显。那么,首先对数据进行修匀。用指数平滑方法,在Excel中单击“数据分析”功能,打开对话框,选择“指数平滑”,得到指数平滑值,同时选择“二项移动平均”和“三项移动平均”,得到结果如表8-17所示。根据分析结果可知,二项移动平均结果标准误差较小,因此得到实际数据和二项移动平均的对比图,如图8-4所示。

依据二次移动平均结果进行预测,选择“数据分析”中的“回归”进行趋势外推预测,可得到分析结果如表8-18所示。

表 8-17 公司车轮数量指数平滑值、移动平均值及其标准误差比较

年份	车轮数量/万只	指数平滑值及标准误差		二项移动平均及标准误差		三项移动平均及标准误差	
1994	22.79	—	—	—	—	—	—
1995	21.16	22.790 00	—	21.975	—	—	—
1996	44.11	21.812 00	—	32.635	8.134 490	29.353 330	#N/A
1997	66.27	35.190 80	—	55.190	11.279 230	43.846 670	#N/A
1998	78.00	53.838 32	22.104 11	72.135	8.864 667	62.793 330	17.812 05
1999	69.47	68.335 33	26.120 90	73.735	5.127 789	71.246 670	15.675 94
2000	94.71	69.016 13	22.737 57	82.090	9.419 518	80.726 670	11.971 26
2001	119.69	84.432 45	20.373 59	107.200	12.555 170	94.623 330	16.603 49
2002	131.50	105.587 00	25.196 28	125.595	9.769 061	115.300 00	19.029 03
2003	145.34	121.134 80	29.295 93	138.420	6.432 551	132.176 70	18.833 05
2004	169.88	135.657 90	28.870 23	157.610	9.960 906	148.906 70	17.084 05
2005	228.51	156.191 20	28.451 88	199.195	22.471 340	181.243 30	30.807 42
2006	241.50	199.582 50	48.259 91	235.005	21.231 510	213.296 70	34.007 09
2007	231.74	224.733 00	52.148 01	236.620	5.744 538	233.916 70	31.803 06
2008	263.06	228.937 20	48.429 30	247.400	11.598 490	245.433 30	19.242 88
2009	316.00	249.410 90	31.467 15	289.530	21.747 370	270.266 70	28.325 34
2010	261.95	289.364 40	43.388 08	288.975	26.748 940	280.336 70	30.223 10
2011	264.02	272.915 70	46.007 33	262.985	19.123 570	280.656 70	30.035 46
2012	321.54	267.578 30	41.891 89	292.780	20.349 560	282.503 30	26.700 25
2013	359.83	299.955 30	35.320 18	340.685	24.430 190	315.130 00	35.584 31
2014	452.01	335.880 10	46.818 72	405.920	35.290 360	377.793 30	54.863 66
2015	535.09	405.558 10	81.614 93	493.550	43.874 020	448.976 70	70.525 90
2016	555.94	483.277 20	106.222 50	545.515	30.284 090	514.346 70	69.889 50
2017	773.76	526.874 90	108.849 40	664.850	77.363 000	621.596 70	103.761 30

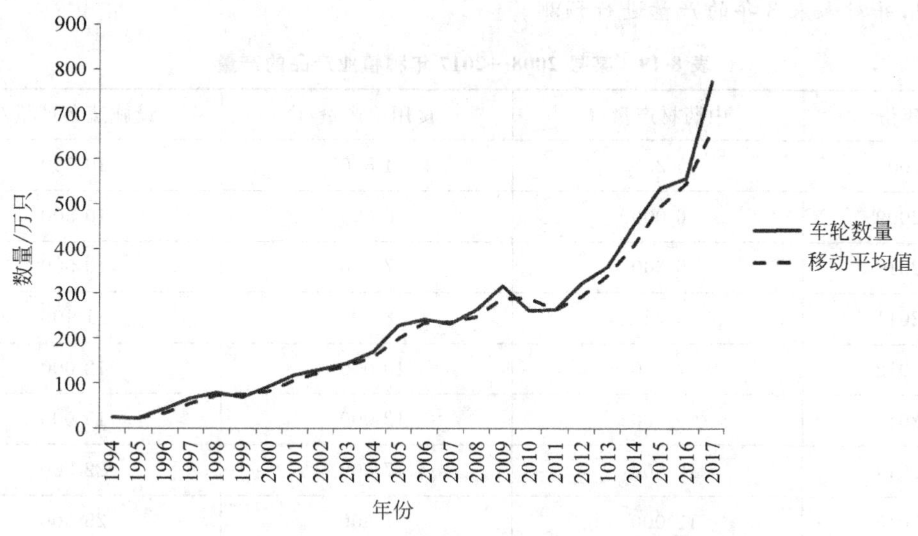

图 8-4 1994—2017 公司车轮产量及其二项移动平均值

表 8-18 趋势外推预测模型及检验

SUMMARY OUTPUT					
回归统计					
Multiple R			0.926 850 231		
R^2			0.859 051 350		
Adjusted R^2			0.852 644 594		
标准误差			72.724 092 890		
观测值			24		
方差分析					
	df	SS	MS	F	Significance F
回归分析	1	709 149.028 1	709 149.028 100	134.085 213	7.861 97E-11
残差	22	116 353.461 1	5 288.793 687		
总计	23	825 502.489 2			
	Coefficients	标准误差	t Stat	P-value	
Intercept	−70.077 90	30.642 330	−2.286 96	0.032 183	
X Variable 1	24.832 47	2.144 517	11.579 52	7.86E-11	

因此，预测方程为 $y=-70.08+24.83x$，当 x 取 25、26、27、28、29 时，可以得到未来 5 年预测值分别为 550.73 万只、575.57 万只、600.40 万只、625.23 万只、650.06 万只。

2. 商务实践

表 8-19 为某县 2008—2017 年种植业产品的产量，请对该县种植业产量变化情况进

行说明,并对未来3年的产量进行预测。

表 8-19 某县 2008—2017 年种植业产品的产量

年份	中药材产量/t	食用菌产量/t	设施蔬菜产量/t
2008	5 250	4 500	10 500
2009	6 000	6 000	10 500
2010	6 300	7 500	10 500
2011	6 750	8 500	11 400
2012	7 500	10 000	12 000
2013	9 000	12 000	15 000
2014	10 500	17 000	22 500
2015	12 000	17 500	25 500
2016	13 500	22 000	30 000
2017	20 000	25 000	31 500

习 题

1. 时间序列的基本分析指标有哪些?

2. 时间序列的速度分析指标有哪些?它们之间的相互关系是什么?

3. 平均发展速度如何计算?

4. 移动平均法、指数平滑法、趋势拟合法各有什么特点?

5. 时间序列的构成要素包括什么?如何计算季节指数?

6. 某地区国民生产总值在2001—2005年每年平均增长8%,2006—2010年平均每年增长12%,2010—2017年平均每年增长7%,则2017年与2001年相比共增长多少?年平均增长速度为多少?若2015年国民生产总值为234亿元,则按照你所计算的年平均增长速度,2020年国民生产总值会达到多少?

7. 某县2014—2017年各季度鲜蛋销售量数据如表8-20所示。

表 8-20 某县 2014—2017 年各季度鲜蛋销售量数据 万 kg

年份	一季度	二季度	三季度	四季度
2014	26.1	27.8	16.0	17.2
2015	21.6	23.0	20.0	22.0
2016	29.4	35.0	31.8	36.0
2017	26.8	41.1	33.8	36.2

要求：

(1) 计算 2015—2017 年的年均发展速度和年均增长速度。

(2) 用移动平均法消除季节变动。

(3) 用指数平滑法预测长期趋势(平滑系数 $\alpha=0.4$)。

(4) 用拟合线性模型测定长期趋势。

(5) 预测 2018 年各季度的鲜蛋销售数量。

第 9 章

指数分析法

※本章与各小节能力培养提示

按照“工程教育认证标准(2015)版”12 条毕业要求，结合经济管理专业方向，本章对应于教学毕业要求(1)(2)(5)，即(1)将经济管理基础知识应用于实践中；(2)能够据此分析实际经济管理问题；(5)能够应用信息技术。本章的教学目标是理解统计指数的概念，了解指数的种类及作用，掌握综合指数的编制方法，掌握指数体系的因素分析法，了解常见的经济指数，并应用于实际问题。

章节名称	培养能力提示
9.1　指数的概念、作用及种类	理解统计指数的概念，了解指数的种类及作用
9.2　总指数的编制方法	掌握综合指数、平均数指数和平均指标指数的编制方法
9.3　指数体系与因素分析	掌握指数体系的因素分析法
9.4　常见的统计指数	了解常见的经济指数
9.5　指数分析法的可视化软件应用	能够熟练应用 Excel 统计分析软件进行指数分析，并应用于实际问题

※案例与案例问题

春节期间的肉类消费的变化是由什么原因引起的

一个家庭 2004 年和 2005 年春节期间的肉类消费情况如表 9-1 所示。表中还列出了同期肉类的市场平均价格。试根据表中的数据分析：这个家庭用于肉类消费的支出 2005 年比 2004 年增加了多少？其中多少是由于消费数量的变化引起的？多少是由于价格变动引起的？

表 9-1　春节期间的肉类消费情况

肉类品种	价格/(元·kg^{-1})		数量/kg	
	2004 年	2005 年	2004 年	2005 年
猪肉	13.57	14.33	6	8
牛肉	16.94	18.28	3	3
羊肉	17.05	18.75	5	6
鸡肉	10.33	11.51	3	5

9.1　指数的概念、作用及种类

9.1.1　指数的概念

指数最早起源于人们对价格动态的关注。1650 年，英国人沃汉首创物价指数，用于度量物价的变化状况。统计学上所说指数是一种对比性的分析指标，是一种表明社会现象数量对比关系的相对数。运用指数可以考察许多社会经济问题，如通过物价指数可以分析商品价格综合变化情况。

统计指数有广义和狭义之分。广义的统计指数是指一切说明社会经济现象变动的相对数，包括不同时间、不同空间的同类经济现象，以及实际完成指标与计划指标对比形成的各种相对数。如某市 2014 年的国内生产总值为 400 亿元，2015 年为 500 亿元，2015 年为 2014 年的 125%。狭义上的统计指数是指一种特殊的相对数，它是说明不能直接相加或不能直接对比的多种事物综合变动的相对数。例如，在研究多种商品价格综合变动情况时，由于商品计量单位不同，不能将其直接相加，必须通过编制指数方法反映多种商品价格综合变动；在研究多种产品产量综合变动时，由于产品计量单位各自不同，不能将不同时期产品产量相加汇总，并对比不同时期汇总的产量，这种情况必须采用指数分析方法。

9.1.2　指数的作用

首先，指数可以综合反映现象总体的变动方向和变动程度，如综合反映多种产品物价、产量变动方向和变动程度。其次，指数可以分析现象总体变动中的各个因素的影响方向和影响程度，如销售额受价格和销售量的影响，通过指数可以掌握价格和销售量对销售额的影响方向与影响程度。最后，指数能够分析研究社会经济现象在长时间内的发展变化趋势，如编制某省、市生活消费品价格指数数列，能够反映该区域生活消费品价格变化态势。另外，指数能够对社会经济现象进行综合评价和测定。例如，用综合经济动态指数法评价一个地区或单位经济效益的高低。

9.1.3　指数的种类

指数是对有关现象进行对比分析的一种相对数，但是不同类型的指数往往具有不同的特征，通过指数进行分类，有助于深入了解指数的特征。统计指数的主要分类有以下几种。

1. 按指数说明对象范围分类

按指数说明对象范围，指数可分为个体指数和总指数。

1）个体指数

个体指数是反映个别现象变动的相对数。例如，某个别产品的价格指数、产量指数、成本指数等都属于个体指数。个体指数是一般的相对数，它是计算总指数的基础及前提。

2）总指数

总指数是反映不能直接相加的复杂现象变动的相对数。例如，为了反映多种产品产量综合变动时，由于各产品计量单位不同，不能将不同时期产量相加进行对比分析，这种情况下应编制产品产量总指数。

2. 按指数性质分类

按指数性质，指数可分为数量指标指数和质量指标指数。

1）数量指标指数

数量指标指数是指反映总体总规模或总水平变动或对比关系的指数。反映总体总规模或总水平变动的指数有产量指数、产品销售量指数、职工人数指数等。

2）质量指标指数

质量指标指数是指反映总体内涵数量变动或对比关系的指数。反映总体内涵变动或对比关系的指数有价格指数、成本指数、劳动生产率指数等。

究竟一个指标的指数属于数量指标指数还是质量指标指数，是需要进行比较才能确定的。例如，商品销售价格和商品销售数量相比，商品销售数量的指数就属于数量指标指数，商品销售价格指数就属于质量指标指数。再如商品销售数量、商品销售价格、商品销售价格利润率三个指标中，如果计算的是商品销售数量指数，那么商品销售价格、商品销售利润率相对于商品销售数量而言均为质量指标；如果计算的是商品销售利润率指数，那么商品销售价格、商品销售数量相对于商品销售利润率而言均为数量指标；如果计算的是商品销售价格指数，那么商品销售利润率相对于商品销售价格而言是质量指标，商品销售数量相对于商品销售价格而言是数量指标。

3. 按指数对比时间分类

按指数对比时间，指数可分为静态指数和动态指数。

1）静态指数

静态指数是指同一时间条件下不同单位或不同地区同一经济量的不同数值的对比，或同一单位、同一地区实际指标与计划指标的对比。

2）动态指数

动态指数是指两个不同时期的经济量在同一单位或同一地区同一现象对比而形成的指数，是指数的基本形式。

9.2 总指数的编制方法

9.2.1 综合指数

综合指数是编制总指数的基本形式，它是由两个总量指标对比形成的指数。凡是一个总量指标可以分解为两个或两个以上的因素指标时，将其中一个或一个以上的因素指标固定下来，仅观察其中一个因素指标的变动程度和变动方向，这样的总指数就叫综合指数。

这里需要明确指数化指标和同度量因素的概念。在指数分析中被研究的指标称为指数化指标；把不同度量的现象过渡成可以同度量的媒介因素，同时起到同度量和权数的作用，称为同度量因素。一般指数化指标的时期选择报告期与基期相比较，但是同度量因素的时期选择在什么时期呢？有拉氏公式、帕氏公式、马-埃公式和费氏公式四种，我们重点介绍拉氏公式、帕氏公式。拉氏公式是使用拉氏按基期权数加权(将同度量因素固定在基期，而不论其性质如何)。拉氏公式计算的指数的特点是不包含同度量因素变化的影响。帕氏公式是按报告期权数加权(将同度量因素固定在报告期，而不论其性质如何)。帕氏公式计算的指数的特点是包含同度量因素变化的影响。

一般而言，在编制价格等综合质量指标指数时，让质量指标发生变动，将数量指标固定作为同度量因素，如果采用帕氏公式，固定在报告期；如果采用拉氏公式，固定在基期。综合质量指数如果以价格指数为例，形式为

$$\overline{K}_p = \frac{\sum q_1 p_1}{\sum q_1 p_0} \tag{9-1}$$

式中：q 代表产量，p 代表价格，下标为 1 代表报告期，下标为 0 代表基期。

正如式(9-1)所示，一般综合质量指数的同度量因素固定在报告期，采用帕氏公式计算指数。

在编制销量、产量等综合数量指标指数时，让数量指标发生变动，将质量指标固定作为同度量因素，如果采用帕氏公式，固定在报告期；如果采用拉氏公式，固定在基期。一般综合数量指标指数以销量指数为例，形式为

$$\overline{K}_q = \frac{\sum q_1 p_0}{\sum q_0 p_0} \tag{9-2}$$

式中：q 代表产量，p 代表价格，下标为 1 代表报告期，下标为 0 代表基期。

正如式(9-2)所示，一般综合数量指数的同度量因素固定在基期，采用拉氏公式计算指数。

【例 9-1】 表 9-2 数据是某公司三种产品在不同时期的价格及销售量，下面通过编制指数方法反映公司产品价格综合变动、销售量综合变动及销售收入变动。

表 9-2 某公司产品价格及销售量

商品名称	计量单位	价格/元		销售量	
		基期 p_0	报告期 p_1	基期 q_0	报告期 q_1
甲	件	50	52	5 900	6 000
乙	t	120	110	5 200	5 000
丙	m	15	15	10 000	12 000

1. 质量指标指数

从表 9-2 数据可以看出，三种产品在不同时期的价格是不同的，为了全面反映公司三种产品价格综合变动程度及变动方向，由于三种产品的计量单位不同，不能将三种产品报告期价格之和与三种产品基期价格之和相比，为此需要编制价格综合指数。价格综合指数是反映总体内涵数量变动的指数，所以该指数属于质量指标指数。

$$\overline{K}_p = \frac{\sum q_1 p_1}{\sum q_1 p_0} = \frac{6\ 000 \times 52 + 5\ 000 \times 110 + 12\ 000 \times 15}{6\ 000 \times 50 + 5\ 000 \times 120 + 12\ 000 \times 15} = \frac{1\ 042\ 000}{1\ 080\ 000} \approx 96.48\%$$

计算结果表明三种产品价格平均下降了3.52%，由于产品价格变动对销售收入影响的绝对值为

$$\sum q_1 p_1 - \sum q_1 p_0 = 1\ 042\ 000 - 1\ 080\ 000 = -38\ 000(\text{元})$$

计算结果表明三种产品价格平均下降了3.52%，由于产品价格下降使公司产品销售收入下降了38 000元。

2. **数量指标指数**

为了全面反映公司三种产品销售量综合变动程度及变动方向，为此，需要编制销售量综合指数。销售量综合指数是反映总体总水平变动的指数，所以该指数属于数量指标指数。

为了反映三种产品销售量的综合变动，在编制销售量综合指数时，销售量让其发生变动，三种产品价格作为同度量因素，并将其固定在基期，销售量综合指数形式为

$$\overline{K}_q = \frac{\sum q_1 p_1}{\sum q_0 p_0} = \frac{6\ 000 \times 50 + 5\ 000 \times 120 + 12\ 000 \times 15}{5\ 900 \times 50 + 5\ 200 \times 120 + 10\ 000 \times 15} = \frac{1\ 080\ 000}{1\ 069\ 000} \approx 101.03\%$$

计算结果表明三种产品销售量平均上升了1.03%，由于产品销售量上升对销售收入影响的绝对值为

$$\sum q_1 p_0 - \sum q_0 p_0 = 1\ 080\ 000 - 1\ 069\ 000 = 11\ 000(\text{元})$$

计算结果表明由于三种产品销售量平均上升了1.03%，使销售收入增加了11 000元。

3. **综合指数**

为了反映不同时期销售收入的变动情况，应编制销售收入综合指数，即报告期销售收入与基期销售收入之比，销售收入综合指数为

$$\overline{K} = \overline{K}_p \times \overline{K}_q = \frac{\sum q_1 p_1}{\sum q_1 p_0} \times \frac{\sum q_1 p_0}{\sum q_0 p_0} = 96.48\% \times 101.03\% \approx 97.47\%$$

计算结果表明三种产品总销售收入量下降了2.53%，主要原因是由于三种产品价格平均下降了3.52%和三种产品销售量平均上升了1.03%共同作用引起的。

销售收入变化绝对额：

$$\sum q_1 p_1 - \sum q_0 p_0 = \left(\sum q_1 p_1 - \sum q_1 p_0\right) + \left(\sum q_1 p_0 - \sum q_0 p_0\right)$$
$$= -38\ 000 + 11\ 000 = -27\ 000(\text{元})$$

计算结果表明报告期与基期相比三种产品总销售收入减少了27 000元，主要原因是由于三种产品价格平均下降导致销售收入减少了38 000元，三种产品销售量上升导致销售收入增加了11 000元，两因素的共同作用最终导致销售收入减少了27 000元。

9.2.2 平均数指数

为了直观地反映复杂的社会经济现象的动态变动情况，我们经常采用综合指数来分析经济现象变动。但是在实际工作中，因受所掌握资料的限制，有时不能直接编制综合指数。为此，产生了平均数指数，平均数指数不是一种特殊的指数，其实质是数量指标或质量指标指数，它是由于资料不同所产生的指数。平均数指数可以分为加权算术平均数指

数和加权调和平均数指数。

1. 加权算术平均数指数

加权算术平均数指数实质是数量指标指数，由于仅知道基期总量指标和个体数量指标指数，由此计算数量指标指数。如果知道某公司基期销售额及个体销售量指数，在此情况下计算商品销售量综合指数。销售量综合指数见式(9-2)。

又已知

$$K_q = \frac{q_1}{q_0}$$

所以

$$q_1 = K_q \cdot q_0$$

将此式代入上式，即得加权算术平均数指数：

$$\overline{K}_q = \frac{\sum K_q q_0 p_0}{\sum q_0 p_0} \tag{9-3}$$

式中：$q_0 p_0$ 为权重，即以基期销售额为权重。

【例 9-2】 某公司基期销售额及销售量个体价格指数如表 9-3 所示。请计算销售量指数，并说明其影响作用。

表 9-3 某公司基期销售额及销售量个体价格指数

商品名称	基期销售额 $q_0 p_0$/万元	销售量个体指数 K_q
甲	308	1.1
乙	67	0.9
丙	300	1.2

某公司销售量综合指数为

$$\overline{K}_q = \frac{\sum K_q q_0 p_0}{\sum q_0 p_0} = \frac{308 \times 1.1 + 67 \times 0.9 + 300 \times 1.2}{308 + 67 + 300} = \frac{759.1}{675} \approx 112.5\%$$

结果表明该公司的销售量报告期比基期增加了 12.5%。

$$\sum q_1 p_0 - \sum q_0 p_0 = 759.1 - 675 = 84.1(\text{万元})$$

即由于销量的变化可以使得销售额增加 84.1 万元。

当然，据此我们也可以分析销售价格指数和销售额指数，留给大家自己思考。

2. 加权调和平均数指数

加权调和平均数指数实质是质量指标指数，由于仅知道报告期总量指标和个体质量指标指数，由此计算质量指标指数。价格综合指数的计算见式(9-1)。

又已知：$K_p = \frac{p_1}{p_0}$，所以，$p_0 = \frac{p_1}{K_p}$，将此式代入式(9-1)，即得加权调和平均数指数：

$$\overline{K}_p = \frac{\sum q_1 p_1}{\sum \frac{q_1 p_1}{K_p}} \tag{9-4}$$

【例 9-3】 某公司报告期销售额及价格个体指数如表 9-4 所示。计算销售价格指数，并说明其影响作用。

表 9-4 某公司报告期销售额及价格个体指数

商品名称	报告期销售额 q_1p_1/万元	价格个体指数 K_p
甲	3 000	1.2
乙	660	0.8
丙	2 000	1.1

某公司价格综合指数为

$$\overline{K}_p=\frac{\sum q_1p_1}{\sum\frac{q_1p_1}{K_p}}=\frac{3\ 000+660+2\ 000}{\frac{3\ 000}{1.2}+\frac{660}{0.8}+\frac{2\ 000}{1.1}}=\frac{5\ 660}{5\ 143.18}\approx 110.05\%$$

结果表明，公司报告期价格比基期价格增加了 10.05%。

$$\sum q_1p_1-\sum q_1p_0=5\ 660-5\ 143.18=516.82(\text{万元})$$

从绝对数上看，价格的增加使得销售额增加了 516.82 万元。

9.3 指数体系与因素分析

9.3.1 指数体系

在经济分析中，一个指数通常只能说明某一方面的问题，而实践中往往需要将多个指数结合起来加以运用，这就要求建立相应的指数体系。我们把反映现象间在经济上有联系、在数量上保持一定对等关系的三个或三个以上的指数组成的整体称为指数体系。

对于指数体系的含义，可以从广义和狭义两方面来理解。

广义的指数体系类似于指标体系的概念，泛指由若干个内容相互联系的统计指数构成的整体或体系。根据研究目的的需要，构成这种体系的指数可多可少，如工业产品出厂价格指数或批发价格指数、农产品收购价格指数、消费品零售价格指数等一些价格指数就构成了反映市场物价变动情况的指数体系；而反映国民经济运行状况的生产、分配、流通和消费各环节与国民经济各部门、各行业的多种经济指数以及评价国民经济整体变动程度如国内生产总值(GDP)物量指数等则构成了国民经济核算指数体系。

狭义的指数体系仅指几个指数之间在一定的经济联系基础上所构成的严格的数量关系式，最为典型的表现形式就是：一个总值指数等于两个或两个以上因素指数的乘积。下面专门讨论这种形式的指数体系。例如：

销售额指数 = 销售量指数 × 销售价格指数

总产值指数 = 产量指数 × 产品价格指数

总成本指数 = 产量指数 × 单位产品成本指数

销售利润指数 = 销售量指数 × 销售价格指数 × 销售利润率指数

指数体系的分析作用主要有两个方面：一是进行指数推算，即根据已知的指数推算未知的指数；二是进行因素分析，即分析现象的总变动中各有关因素的影响程度。

9.3.2 因素分析

指数的因素分析是指利用指数体系，从数量上分析现象的综合变动受各因素影响的程度、方向和绝对数量的一种分析方法。因素分析的基本特点是：假定一个因素变动，其余因素就必须不发生变动，分析的过程要依据因素的次序分步进行，每一步只测定诸因素中一个因素的影响方向和程度。

按分析的因素多少分类，因素分析可分为两因素分析和多因素分析；按分析的指标种类分类，因素分析可分为总量指标变动的因素分析和平均指标变动的因素分析。在此，只讨论总量指标变动的两因素分析。

因素分析法是建立在指数体系基础上的，并依据指数体系从相对数和绝对数两方面进行分析计算。其步骤如下。

(1) 计算被分析的总量指标的总变动程度和影响的绝对额。

(2) 计算各因素指标的变动程度和影响的绝对额。

(3) 利用指数体系间的等量关系进行综合分析，即总变动程度等于各因素变动程度之连乘积；总变动绝对额等于各因素变动影响绝对额之总和。这些差额可正可负，说明各因素影响的方向和程度。

下面对总量指标变动的两因素分析过程进行说明。

相对数分析：将总值指数分解为拉氏数量指标指数和帕氏质量指标指数之乘积，即

$$\frac{\sum p_1 q_1}{\sum p_0 q_0}=\frac{\sum q_1 p_0}{\sum q_0 p_0}\times\frac{\sum p_1 q_1}{\sum p_0 q_1} \tag{9-5}$$

绝对数分析：将总量指标变动的绝对额分解为数量指标变动影响的绝对额和质量指标变动影响的绝对额之和，即

$$\sum p_1 q_1-\sum p_0 q_0=\left(\sum q_1 p_0-\sum q_0 p_0\right)+\left(\sum p_1 q_1-\sum p_0 q_1\right) \tag{9-6}$$

【例 9-4】 表 9-5 给出某公司三种商品的销售价格和销售数量。

表 9-5 某公司三种商品的销售价格和销售数量

商品	计量单位	销售价格/元		销售量	
		基期 p_0	报告期 p_1	基期 q_0	报告期 q_1
A	件	6	6	6 450	7 483
B	台	540	670	72	103
C	箱	300	320	85 592	84 332

请从相对数和绝对数两方面对商品价格与销售量的变动对总销售额的影响进行因素分析。

总销售额的变动相对数：

$$\frac{\sum p_1 q_1}{\sum p_0 q_0}=\frac{27\ 100\ 148}{25\ 755\ 180}=105.22\%$$

绝对数：

$$\sum p_1q_1 - \sum p_0q_0 = 27\ 100\ 148 - 25\ 755\ 180 = 1\ 344\ 968\ (\text{元})$$

由于销售量变动对销售额的影响相对数：

$$\frac{\sum p_0q_1}{\sum p_0q_0} = \frac{25\ 400\ 118}{25\ 755\ 180} = 98.62\%$$

绝对数：

$$\sum p_0q_1 - \sum p_0q_0 = 25\ 400\ 118 - 25\ 755\ 180 = -355\ 062(\text{元})$$

由于销售价格变动对销售额的影响相对数：

$$\frac{\sum p_1q_1}{\sum p_0q_1} = \frac{27\ 100\ 148}{25\ 400\ 118} = 106.69\%$$

绝对数：

$$\sum p_1q_1 - \sum p_0q_1 = 27\ 100\ 148 - 25\ 400\ 118 = 1\ 700\ 030(\text{元})$$

因此：

$$98.62\% \times 106.69\% = 105.22\% - 355\ 062 + 1\ 700\ 030 = 1\ 344\ 968(\text{元})$$

计算结果表明，由于销售量减少了1.38%使总销售额减少了355 062元，由于价格上涨6.69%使总销售额增加了1 700 030元，两者共同作用使总销售额增加了5.22%，即增长了134 496 198元。

9.4 常见的统计指数

指数作为一种重要的经济分析指标和方法，在实践中具有广泛的应用。但在不同的场合，往往需要运用不同的指数形式。一般而言，选择指数形式的主要标准应该是指数的经济分析意义，除此之外，有时还要考虑实际编制工作的可行性，以及对指数分析性质的某些特殊要求。现以国内外常见的主要经济指数为例，对指数方法的具体应用加以介绍。

9.4.1 工业生产指数

工业生产指数概括反映一个国家或地区各种工业产品产量的综合变动程度，它是衡量经济增长水平的重要指标之一。世界各国都非常重视工业生产指数的编制，但采用的编制方法却不完全相同。在我国，工业生产指数是通过计算各种工业产品的不变价格产值来加以编制的。

其基本编制过程是：首先，对各种工业产品分别制定相应的不变价格标准(记为 p_c)；然后，逐项计算各种产品的不变价格产值，加总起来就得到全部工业产品的不变价格总产值；将不同时期的不变价格总产值加以对比，就得到相应时期的工业生产指数。

采用不变价格法编制工业生产指数的特点是，只要具备完整的不变价格产值资料，就能很容易地计算出有关的生产指数；而且可以在不同层次上(如各地区、各部门、各企业等)进行编制，满足各方面的分析需要。然而，不变价格的制定和不变价格产值的计算本身却是一项非常浩繁的工作，这项工作又必须连续不断地、全面地展开。

9.4.2　居民消费价格指数

居民消费价格指数，也称消费者价格指数，是世界各国普遍编制的一种指数。它反映一定时期内城乡居民所购买的生活消费品价格和服务项目价格的变动趋势与程度，通常简记为 CPI。居民消费价格统计调查的是社会产品和服务项目的最终价格，一方面同人民群众的生活密切相关，另一方面在整个国民经济价格体系中也具有重要的地位。它是进行经济分析和决策、价格总水平监测和调控及国民经济核算的重要指标。其变动率在一定程度上反映了通货膨胀或紧缩的程度。一般来讲，物价全面地、持续地上涨就被认为发生了通货膨胀。

我国的消费者价格指数(居民消费价格指数)是采用固定加权算术平均指数方法来编制的。其主要编制过程和特点是：首先，将各种居民消费划分为八大类，包括食品、衣着、家庭设备及用品、医疗保健、交通和通信工具、文教娱乐用品、居住项目以及服务项目，下面再划分为若干个中类和小类；其次，从以上各类中选定 325 种有代表性的商品项目(含服务项目)入编指数，利用有关对比时期的价格资料分别计算个体价格指数；再次，依据有关时期内各种商品的销售额构成确定代表品的比重权数，它不仅包括代表品本身的权数(直接权数)，而且还包括该代表品所属的那一类商品中其他项目所具有的权数(附加权数)，以此提高入编项目对于所有消费品的一般代表性程度；最后，按从低到高的顺序，采用固定加权算术平均公式，依次编制各小类、中类的消费价格指数和消费价格总指数。

9.4.3　货币购买力指数

货币购买力指数是反映货币购买力变动情况的相对数，单位货币所能买到的商品和服务的数量。它的大小，直接受商品和服务价格的影响。商品和服务价格上涨，单位货币购买力就下降，居民以货币购买的商品和服务的数量就减少，生活水平就会下降。

货币购买力指数的计算公式为

$$\text{货币购买力指数} = \frac{\text{报告期单位货币购买的某种商品或服务的数量}}{\text{基期单位货币购买的该种商品或服务的数量}}$$

货币购买力同商品和服务的价格水平变动成反比，因此也可用下列公式计算：

$$\text{货币购买力指数} = 1/\text{某种商品或服务的价格指数}$$

综合反映购买力指数的公式为

$$\text{货币购买力指数} = 1/\text{生活费用价格指数}$$

$$\text{货币购买力指数}(\%) = 1/\text{居民消费价格指数} \times 100\%$$

因此，货币购买力指数实际是居民生活费用价格指数(含消费品价格指数和服务性支出价格指数)的倒数。

货币购买力指数反映了币值的稳定程度，综合反映了各时期币值的变动情况，可以从一个侧面分析一个国家的财政经济状况，寻找影响币值稳定程度的因素和解决存在问题的办法。

9.4.4 股票价格指数

股票价格指数反映某一股票市场上多种股票价格变动趋势的一种相对数，简称股价指数。股票作为一种特殊的金融商品，也有价格。广义的股票价格包括票面价格、发行价格、账面价格、清算价格、内在价格、市场价格等。狭义的股票价格，即通常所说的市场价格，也称股票行市。它完全随股市供求行情变化而涨落。股票价格指数是根据精心选择的那些具有代表性和敏感性强的样本股票某时点平均市场价格计算的动态相对数，用以反映某一股市股票价格总的变动趋势。

股票价格指数的单位一般用“点”表示，即将基期指数作为100，每上升或下降一个单位称为“1点”。计算时一般以发行量为权数进行加权综合。其公式为

$$I_p = \frac{\sum p_{1i}q_i}{\sum p_{0i}q_i}$$

式中：p_{1i}和p_{0i}分别为报告期和基期样本股的平均价格；q_i为第i种股票的报告期发行量(也有采用基期的)。

世界主要证券交易所的股票价格指数包括：美国的道·琼斯指数和标准普尔指数；伦敦金融时报FTSE指数；法兰克福DAX指数；巴黎CAC指数；瑞士的苏黎世SMI指数；日本的日京指数；香港的恒生指数。我国上海和深圳两个证券交易所的股票价格指数包括：上交所的综合指数和180指数以及深交所的成分股指数和综合指数。

美国的标准普尔500指数，我国内地的上证30指数和香港的恒生指数等，都是采用综合公式编制的。以美国的标准普尔500指数为例，该指数由美国的标准普尔公司逐年、逐月编制，目前其入编股票共计500种，其中包括400种工业股、20种运输业股、40种金融业股和40种公用事业股，对比基期为1941—1943年，采用拉氏公式，权数为基期各种股票的发行量。该指数具有较强的代表性和广泛的影响力。

9.5 指数分析法的可视化软件应用

用Excel进行指数分析与因素分析，可以使用Excel的“粘贴函数”中的统计分析功能，按照指数分析方法一步一步地实现。SPSS中没有对指数的分析方法。

【例9-5】 某企业甲、乙、丙三种产品的生产情况、以基期单位成本p作为同度量因素，计算产量综合指数。

Excel软件计算产量综合指数的资料及结果如图9-1所示。

	A	B	C	D	E	F	G	H
1	产品	计量单位	基期单位成本p0	基期产量q0	报告期单位成本p1	报告期产量q1	p0*q0	p0*q1
2	甲	万件	8	20	6	24	160	192
3	乙	万吨	10	8	8	11	80	110
4	丙	万桶	20	4	17	6	80	120
5							320	422
6	产量指数:		1.31875					

图9-1 Excel软件计算产量综合指数的资料及结果

Excel 可视化软件应用步骤为：第一步：计算各个 p_0q_0：在 G2 中输入"＝C2 * D2"，并用鼠标拖曳将公式复制到 G2:G4 区域。第二步：计算各个 p_0q_1：在 H2 中输入"＝C2 * F2"，并用鼠标拖曳将公式复制到 H2:H4 区域。第三步：计算 $\sum p_0q_0$ 和 $\sum p_0q_1$：选定 G2:G4 区域，单击工具栏上的"Σ"按钮，在 G5 出现该列的求和值。选定 H2:H4 区域，单击工具栏上的"Σ"按钮，在 H5 出现该列的求和值。第四步：计算生产量综合指数 $\sum p_0q/\sum p_0q_0$：在 C6 中输入"＝H5/G5"便可得到产量综合指数。

※案例思考与商务实践

1. 案例思考

为了解决案例中的问题，可以使用指数体系分析方法，Excel 可视化软件应用步骤：第一步：在 F3 单元格中输入公式"＝B3 * D3"，并把公式复制到 F4:F6，在单元格 F7 中输入公式"＝SUM(F3:F6)"，可以计算出 2004 年的总支出。第二步：在单元格 G7 中计算 p_0q_1 的合计值，在单元格 H7 中计算 2005 年的总支出。第三步：在 F8 单元格中输入公式"＝H7/F7"，在 F9 单元格中输入公式"＝H7－F7"，可以得到 2004—2005 年消费支出变动的相对数和绝对数。第四步：在 G8 单元格中输入公式"＝G7/F7"可以得到消费数量的加权综合指数(拉氏指数)，在 F9 单元格中输入公式"＝G7－F7"可以得到消费数量变化引起的消费额变动绝对数。第五步：在 H8 单元格中输入公式"＝H7/G7"可以得到加权价格综合指数(帕氏指数)，在 F9 单元格中输入公式"＝H7－G7"可以得到价格变化引起的消费额变动绝对数。Excel 软件进行因素分析资料及结果如图 9-2 所示。

	A	B	C	D	E	F	G	H
1		价格/(元·kg⁻¹)		数量/kg		p0*q0	p0*q1	p1*q1
2		2004	2005	2004	2005			
3	猪肉	13.57	14.33	6	8	81.42	108.56	114.64
4	牛肉	16.94	18.28	3	3	50.82	50.82	54.84
5	羊肉	17.05	18.75	5	6	85.25	102.3	112.5
6	鸡肉	10.33	11.51	3	5	30.99	51.65	57.55
7						248.48	313.33	339.53
8						1.366427882	1.260987	1.083618
9						91.05	64.85	26.2
10	相对数分析结果:	136.64%=126.10%×108.36%						
11	绝对数分析结果:	91.05 =64.85 +26.20						

图 9-2 Excel 软件进行因素分析资料及结果

相应的计算结果为 136.64%≈126.10%×108.36%；91.05 ＝64.85 ＋26.20。总支出增加了 36.64%，91.05 元，其中由于消费数量增加了 26.1%，增加支出 64.85 元，由于价格上涨 8.36%，增加支出 26.20 元。

2. 商务实践

请分小组讨论两年间某企业产品销售收入的变化，可能受哪些影响？利用指数分析方法进行分析。

习　题

1. 指数的概念是什么？指数包括哪些种类？

2. 什么是同度量因素？同度量因素在编制综合指数时有什么作用？

3. 编制综合指数的一般原则是什么？

4. 指数体系有哪些作用？

5. 综合指数和平均数指数的联系与区别是什么？

6. 说明居民消费价格指数的编制过程。居民消费价格指数和货币购买力指数之间是什么关系？

7. 某商场三种商品的价格和销售量资料如表 9-6 所示，试编制商品销售价格总指数、商品销售量总指数和商品销售额总指数。

表 9-6　某商场三种商品的价格和销售量资料

商品名称	计量单位	销售量		销售价格/元	
		基期	报告期	基期	报告期
甲	双	3 000	4 000	11	14
乙	件	220	260	25	20
丙	台	700	850	1 000	890

8. 假设仍然为第 7 题的商场，已知基期和报告期的销售收入与每种商品的销售量增长率如表 9-7 所示，试编制商品销售价格总指数、商品销售量总指数和商品销售额总指数，并与第 7 题相比较。

表 9-7　某商场三种商品的销售量和销售收入

商品名称	计量单位	销售量增长率/%	销售收入/元	
			基期	报告期
甲	双	33	33 000	56 000
乙	件	18	5 500	5 200
丙	台	21	700 000	756 500

9. 某企业生产两种产品，其产量和成本资料如表 9-8 所示，试从相对数和绝对数两个方面对该企业总成本变动进行因素分析。

表 9-8　某企业两种产品的产量和成本

产品	计量单位	产量		单位成本/元	
		基期	报告期	基期	报告期
A	只	1 000	1 350	15	11
B	件	2 300	2 400	170	154

第10章

实验与三级项目[①]内容及要求

本课程的实验和三级项目是验证、巩固和补充课堂讲授的理论知识、加强培养学生的实际运用统计分析软件理解统计基础理论的必要环节。

10.1 描述统计分析实验的内容

通过统计分析实验的学习，使学生对统计分析方法所适用的范围有一定程度的掌握，使学生熟知统计分析的具体流程，掌握基本的统计分析技术和判别标准。实验课程培养学生初步具备应用统计分析软件解决实际问题的能力，从而为后续课程的学习奠定基础，同时也有助于学生更加深入地理解和掌握统计学相关知识。

10.1.1 本实验的教学目标

通过描述统计分析实验，使学生了解 Excel 数据分析软件的主要功能，掌握 Excel 在统计表格和图形辅助设计上的基本功能，建立统计调查方案，制作出统计分析报告。

10.1.2 本实验的内容及要求

1. 实验内容

(1) 熟悉不同图形设计的基本操作。

(2) 熟悉不同交叉表与频数分布表的基本操作。

(3) 根据题目性质设计图形和表格。

(4) 进行描述性基本统计分析。

(5) 提出分析结论。

2. 实验要求

通过此实验的学习和操作，使学生能了解基本描述性统计分析的各项技术，能具体利用描述性统计分析功能解决实际经济管理问题。

10.1.3 本实验的实施步骤

本实验的实施步骤如下。

---

① 所谓三级项目，是指某课程的应用类项目；二级项目是指一个课程模块所对应的应用类项目；一级项目是指综合应用所有模块课程所进行的应用类项目，例如：毕业论文。

(1) 分发题目和相应数据资料。

(2) 待选题目包含运动鞋调查数据资料、资本信用中心的客户数据等。

(3) 描述性统计分析方案的确定包含选定的统计分析方法、统计分析指标、统计表和统计图种类。

(4) 描述性统计分析的基本方法练习。

① 频数分布表练习。打开文件→选择粘贴函数→打开统计分析功能→找到频数分布→输入数据域→按 Ctrl+Shift+Enter 键→获得频数分布。

② 绘制各类图形的练习。打开插入图形，进行各种统计图形的练习，包含直方图、条形图、散点图、线图、雷达图等。

③ 描述性统计指标的分析。打开数据分析→描述性统计→理解各类统计指标的含义。

④ 数据透视表的应用和练习。数据透视表的制作。打开数据→数据透视表→布局→选项填写→确定。

(5) 结合题目进行各种统计图表和指标计算的 Excel 应用、美化和设计工作。

(6) 提交实验报告。

10.2 推断统计分析实验的内容

10.2.1 本实验的教学目标

通过推断统计分析实验，掌握 Excel 在区间估计、假设检验和方差分析方面的应用，并结合案例数据情境，设定统计分析方案，制作出统计分析报告。

10.2.2 本实验的内容及要求

1. 实验内容

(1) 熟悉区间估计、假设检验、方差分析的基本步骤。

(2) 根据题目性质选择推断性统计分析方法。

(3) 提出分析方案。

(4) 推断性统计分析工具的运用。

(5) 提出分析结论。

2. 实验要求

通过实验，使学生准确掌握不同推断性统计分析技术的应用条件，要求学生熟练掌握统计分析工具的操作，并能解决实际问题。

10.2.3 本实验的实施步骤

本实验的实施步骤如下。

(1) 分发题目和相应数据资料。

(2) 待选题目包含耐吉尔饮料调查数据资料、富兰克林供应商的承诺数据、三团体消费影响因素数据资料等。

(3) 推断性统计分析方案的确定。包含推断性统计分析方法,统计分析指标、假设检验种类、方差分析种类的选择与确定。

(4) 推断性统计分析的基本方法练习。

① 区间估计的练习。打开工具→描述性统计→生成描述性统计表→找到区间估计部分。

② 假设检验的练习。打开工具→数据分析→假设检验相关功能。

③ 方差分析的练习。打开工具→数据分析→各类方差分析。

(5) 结合题目进行 Excel 的实现操作。

(6) 提交实验报告。

10.3 回归与时间序列分析实验指导书

10.3.1 本实验的教学目标

通过回归与时间序列分析实验,掌握 Excel 在回归分析、指数平滑、移动平均等方面的应用,并结合案例数据情境,设定统计分析方案,并制作出统计分析报告。

10.3.2 本实验的内容及要求

1. 实验内容

(1) 熟悉回归分析、时间序列分析的基本内容。

(2) 根据回归分析方面的题目性质分析讨论所使用的方法。

(3) 提出回归分析方案。

(4) 回归分析模型的设计与工具检验、比较。

(5) 根据时间序列题目分析讨论所使用的方法。

(6) 提出时间序列分析方案。

(7) 时间序列分析指标和模型的计算与比较。

(8) 提出分析结论。

2. 实验要求

通过此实验的设计和操作,使学生掌握回归分析与时间序列分析的基本方法、模型选择的技巧,使学生能熟练应用这些方法解决实际问题。

10.3.3 本实验的实施步骤

本实验的实施步骤如下。

(1) 分发题目和相应数据资料。

(2) 待选题目包含中西部公司的薪金与公司业绩数据、第一城市销售额与影响因素数据等。

(3) 回归与时间序列统计分析方案的确定。

(4) 相关与回归分析的基本方法练习。

① 相关分析的练习。打开工具→数据分析→相关系数→输入范围→得到相关系数表。

② 回归分析的练习。打开工具→数据分析→回归分析→得到回归分析检验三个表格。

③ 时间序列分析的练习。打开工具→数据分析→回归分析及指数平滑法→得到分析结果。

(5) 结合题目进行 Excel 的实现操作。

(6) 提交实验报告。

10.4 SPSS 统计分析实验指导书

10.4.1 本实验的教学目标

通过 SPSS 统计分析实验,了解 SPSS 软件的基本功能,以及 SPSS 软件在描述统计、推断统计等方面的作用,并能应用 SPSS 作为分析工具完成一个统计分析报告。

10.4.2 本实验的内容及要求

1. 实验内容

(1) SPSS 统计分析基本功能的应用练习。

(2) 重点应用均值比较、相关与回归、回归分析等功能。

(3) 提出所要研究的问题。

(4) 讨论分析方案。

(5) 利用 SPSS 分析功能进行分析。

(6) 说明分析结论。

(7) 课后完成实验报告。

2. 实验要求

通过此模拟实验的学习和操作,使学生掌握 SPSS 基本功能的应用,掌握回归分析、均值比较等功能的应用技巧。

10.4.3 本实验的实施步骤

本实验的实施步骤如下。

(1) 分发题目和相应数据资料。

(2) 待选题目包含爱华健身公司的减肥效果、我国财政收入的数据资料、温度是否影响电池的寿命等案例数据材料。

(3) 统计分析方案的确定。

(4) 利用 SPSS 进行统计分析的基本练习:①数据录入方法的说明;②主要分析功能的说明。

(5) 结合案例题目进行 SPSS 的实现操作。

(6) 提交实验报告。

附：SPSS 基本功能的说明

1. 基本统计分析概述

(1) 基本统计分析是进行其他更深入的统计分析的前提，通过基本统计分析，用户可以对分析数据的总体特征有比较准确的把握，从而选择更为深入的分析方法对分析对象进行研究。

(2) 在 SPSS 的 Analyze 菜单中包括一系列统计分析过程。其中 Reports 和 Descriptive Statistics 命令项中包括的功能是对单变量的描述统计分析。

(3) Descriptive Statistics 包括的统计功能有：

- Frequencies：频数分析。
- Descriptives：描述统计量分析。
- Explore：探索分析。
- Crosstabs：多维频数分布交叉表(列联表)。

(4) Reports 包括的统计功能有：

- OLAP Cubes：OLAP 报告摘要表。
- Case Summaries：观测量列表。
- Report Summaries in Row：行形式输出报告。
- Report Summaries in Columns：列形式输出报告。

1.1　一维频数分布表 Frequencies

(1) 了解变量的取值分布情况对整体把握数据的特征是非常有利的。

(2) 求分类(定类、定序)变量的频数和作 Bar 图。

(3) 求定距变量(连续变量)的分布情况和作直方图 Histogram 比 Descriptives 多百分位，在 Statistics 选项(见 Excel 第三章数据描述与分析)和 Format 选项。

(4) 对连续变量进行分组(recode)后再求频数，如老中青的比例，文化程度(中学、大学及以上)的人数及比例等。

(5) Analyze＋Descriptive Statistics＋Frequencies。

1.2　描述统计分析过程 Descriptives

(1) 功能：了解数据的基本统计特征和对指定的变量值进行标准化处理(标准化后的新变量的均值为 0，标准差为 1，目的是消除各变量间变量值在数量级上的差异，从而增强数据间的可比性)。

(2) 描述统计分析过程通过平均值(mean)、算术和(sum)、标准差(std dev)、最大值(maximum)、最小值(minimum)、方差(variance)、范围(range)、平均数标准误(S. E. Mean)等统计量对变量进行描述。

(3) 一般是求定距变量的描述统计量，从中分析差异性(max，min)。

(4) Analyze＋Descriptive Statistics＋Descriptives。

1.3　探索分析 Explore

(1) 考察数据的奇异性和分布特征。

- 奇异性：数据的过大或过小(找出、分析原因、是否剔除)。
- 分布特征：数据是否来自正态分布总体
- 考察方法：统计量和统计图形[箱图、茎叶图(频数、茎和叶)、方差齐次性检验 Spread vs level 图]

(2) 一般是考察定距变量。

(3) Analyze+Descriptive Statistics+Explore。

- 因(分析)变量(dependent List)：定距变量。
- 分组变量(factor list)：分类变量。
- 标识变量(label cases by)：为方便查找输出观测量。

1.4　多维频数分布表(交叉表，列联表)

(1) 二维或多维交叉频数表(列联表)，分析事物(变量)之间的相互影响和关系。

(2) Analyze+Descriptive Statistics+Crosstabs。

- 行变量(row)：需分类变量。
- 列变量(column)：需分类变量。
- 分层变量(layer)：条件(若有，需分类变量)。
- Statistics 选项：

  Chi-square 复选项及其四种检验结果。

  Correlations 复选项：相关系数。

1.5　OLAP 报告摘要表 OLAP Cubes

(1) OLAP(online analytical processing)在线分析处理过程以分组变量为基础，计算各组的总计、均值和其他统计量。而输出的报告摘要则是指每个组中所包含的各种变量的统计信息。

(2) Analyze+Reports+OLAP Cubes。

- Summary Variables：要进行统计汇总的数值型变量。
- Grouping Variables：分组变量(分类变量)，注意：此分组变量在实际的运算过程中并不发挥分组的功能，而是确定进入统计的观测量的范围。如选择数学成绩作为摘要分析变量，而性别作为分组变量，要计算数学平均成绩，则结果中显示的并不是男生的数学平均成绩和女生的数学平均成绩，而是所有男女生观测量的数学成绩的总平均值。即所有性别有值(非 Missing Value)的 Case，才参与分析计算。
- Statistics 选项：Sum 和、Number of Cases 观测量数目、Mean 均值、Median 中位数、Maximum 最大，等等。

2. 均值比较与检验

2.1　均值比较与均值比较的检验过程

(1) MEANS 过程：不同水平下(不同组)的描述统计量，如男女的平均工资，各工种的平均工资。目的在于比较。术语：水平数(指分类变量的值数，如 sex 变量有 2 个值，称为有两个水平)、单元 Cell(指因变量按分类变量值所分的组)、水平组合。

- Analyze→Compare Means→Means。
- Dependent List：因变量(分析变量，一般为定距或定序变量)。

- Independent List：自变量(分组变量，为分类变量，注意可分层)。
- 选项：统计量选择项，对第一层每个控制变量的分析(方差分析和线性度检验)。

(2) t test 过程：对样本进行 t 检验的过程。

- 单一样本的 t 检验：检验单个变量的均值是否与给定的常数之间存在差异。
- 独立样本的 t 检验：检验两组不相关的样本是否来自具有相同均值的总体(均值是否相同，如男女的平均收入是否相同，是否有显著性差异)。
- 配对 t 检验：检验两组相关的样本是否来自具有相同均值的总体(前后比较，如训练效果，治疗效果)。

单样本菜单：Analyze→Compare Means→One-Samples t test。

- Test Variable(s)：要求平均值的变量(一般是定距变量)。
- Test Value：常数。
- 零假设 H_0：样本均值 Mean＝常数(检验值)。
- 结果中比较有用的值：Mean 和 Sig 显著性概率值。

独立样本菜单：Analyze→Compare Means→Independent Samples T test

- Test Variable(s)：要求平均值的变量(一般是定距或定序变量)。
- Grouping Variable ：分组变量(只能分成两组)。
- 结果中比较有用的值：方差齐次性检验 F 的 Sig 和方差相等或不相等的 Sig(Sig 为显著性概率值)。

配对样本菜单：Analyze→Compare Means→Paired Samples T test(注意数据结构，即前后在一个观测量中)。

Paired Variables：配对两变量。

结果中比较有用的值：差值变量的均值 Mean 和 Sig 显著性概率值。

(3) One-Way ANOVA：一元(单因素)方差分析，用于检验几个(三个或三个以上)独立的组，是否来自均值相同的总体。

(4) 如果分析变量明显是非正态分布的，应该选择非参数检验过程。

One-Way 过程：单因素简单方差分析过程。在 Compare Means 菜单项中，可以进行单因素方差分析、均值多重比较和相对比较。

```
Analyze-> Compare Means-> One-Way ANOVA
```

- Dependent List：因变量列示。
- Factor：因子。
- 结果只有方差分析表。
- 结果中比较有用的值：Sig 显著性概率值。

单因变量多因素方差分析的菜单和选择项。

- 菜单：Analyze→General Linear Model→Univariate。
- 选项：
- 选择分析模型 Model：
    - ♦ 默认全模型 Full Factorial：包括所有因素变量的主效应、所有协变量的主效应、所有因素与因素的交互效应,不包括协变量与其他因素的交互效应。

♦ 自定义模型 Custom:主效应(Main effects 及其因素变量)、交互变量(有交互效应维数之分)。

♦ 选择分解平方和的方法(默认为 TYPE III)。

♦ Include Intercept in model:系统默认截距包括在回归模型中。

- 选择对照方法 Contrasts。
- 选择分布图形 Plots。
- 选择多重比较分析 Post Hoc。
- 保存运算结果的选择项 Save。
- 选择输出项 Options。

General Linear Model(GLM)过程:GLM 过程由 Analyze 菜单直接调用。这些过程可以完成简单的多因素方差分析和协方差分析,不但可以分析各因素的主效应,还可以分析各因素间的交互效应。

3. 回归模型分析

(1) 在回归过程中包括:

- Liner:线性回归。
- Curve Estimation:曲线估计。
- Binary Logistic:二分变量逻辑回归。
- 自变量中有定性变量(哑元)和定量变量而因变量为定量变量时的线性回归分析。

菜单:Analize-General linear model-Univariate,在 Options 中选择 Parameter Estimates,再在主对话框中把因变量选入 Dependent Variable,把定量自变量选入 Covariate,把定性因变量选入 Factor 中。

单击 Model,在 Specify Model 中选 Custom,再把两个有关的自变量选入右边,再在下面 Building Term 中选 Main effect。然后就 Continue-OK。

(2) 自变量和因变量都是定量变量时的线性回归分析:

- 菜单:Analize-Regression-Linear。
- 把有关的自变量选入 Independent,把因变量选入 Dependent,然后 OK 即可。如果自变量有多个(多元回归模型,选 Method: Stepwise),只要都选入就行。

3.1 线性回归模型

先做数据散点图,观测因变量 Salary 与自变量 Salbegin 之间关系是否有线性特点。

- Graphs→Scatter→Simple。
- X Axis:Salbegin。
- Y Axis:Salary。

若散点图的趋势大概呈线性关系,可以建立线性回归模型。

- Analyze→Regression→Linear。
- Dependent:因变量。
- Independents:自变量。
- Method:Stepwise。

- 比较有用的结果：
  - ♦ 拟合程度 Adjusted R^2：越接近 1 拟合程度越好。
  - ♦ 回归方程的显著性检验 Sig。
  - ♦ 回归系数表 Coefficients 的 Model 最后一个中的回归系数 B 和显著性检验 Sig。
  - ♦ 得模型。

3.2　曲线回归模型

- 先做散点图(Graphs→Scatter→Simple)。
- 建立若干曲线模型(可试着选用所有模型 Models)。
  - ♦ Analyze→Regression→Curve Estimation。
  - ♦ Dependent：因变量。
  - ♦ Independent：自变量。
  - ♦ Models：可以全选(除了最后一个逻辑回归)。
  - ♦ 选 Plot models：输出模型图形。
  - ♦ 比较有用的结果：各种模型的 Adjusted R^2，并比较哪个大(拟合情况可见图形窗口)。

10.5　三级项目的主要内容和要求

10.5.1　三级项目概览

三级项目是本课程学习的一个很重要的组成部分。该课程三级项目要求学生根据统计学原理所学习的理论知识，将数据收集、整理、分析等过程运用于社会实践中的经济管理方面的问题。学生将组成课题小组，调研诸如某种产品或服务的市场需求；某种现象、政策的社会反响；对社会新事物的态度；其他感兴趣的经济管理方面的问题为研究对象。通过小组讨论形成完整的调研方案，调查获得数据，对数据进行审核、整理，选用研究方法，利用 Excel、SPSS 统计软件进行分析，最后形成规范的数据分析调查报告，进行 PPT 展示。通过调研、分析的过程使学生系统掌握统计工具的作用，培养学生利用所学知识科学阐述和解决实际问题的能力，同时培养学生团队合作、系统思维。

10.5.2　项目名称及主要内容

本课程三级项目名称：

《关于****(经济管理方面的问题)的统计分析方案设计与调查分析报告》。可以选择某地区经济发展等宏观问题进行调查研究，也可以选择大学生偏好、旅游者消费行为等专题或微观问题进行研究。

本课程三级项目的主要内容如下。

(1) 统计分析目的和必要性，说明为什么选择这个项目展开统计分析研究。

(2) 统计分析的方案设计。第一，主要说明获取数据的方法，采用一手数据还是二手数据,如果采用一手数据,那么如何调研,调研问卷的主要内容,如何发放,收集数据的过程,等等。如果是二手数据,那么数据来源是什么,是如何获取的。第二,说明主要采用的研究方法是什么,为什么。

(3) 统计分析的过程。应用多种统计分析方法详细描述和分析你感兴趣的问题,说明通过统计数据的分析发现了什么样的数据规律或者存在的主要问题。

(4) 分析结论。综合统计分析过程的所有内容,提出主要的分析结论和对该问题的对策与展望。

10.5.3 项目小组主要分工

每4～5个同学一组,相互协作完成《关于****(经济管理方面的问题)的统计分析方案设计与调查分析报告》所规定的研究内容。

每个小组要在项目报告中标明每个人在总体工作中的贡献和工作比例或者每个人负责的内容。

项目完成的质量会影响到每组的最终成绩,鼓励学生自己选取感兴趣的项目内容进行创新设计和深入研究。

10.5.4 项目考核方式

三级项目的考核成绩占该课程总成绩的20%,其中5%由小组内部讨论协调决定(按2∶4∶3∶1比例分出分数档次),主要依据为在项目完成过程中每个同学在总体工作中的贡献和工作比例。其余15%由授课教师决定,主要依据为项目报告内容复杂度及完整程度、PPT展示及汇报情况等来评定每组学生的项目成绩。授课教师具体的成绩评定标准如表10-1所示。

表10-1 成绩评定标准

课程名称	评定条目	评定标准
统计学原理	经济管理问题的统计分析方案设计与Excel实现(共15分)	三级项目共包含3项任务,三项任务任选两个以上共10分。 (1) 描述统计分析方案设计与统计软件实现。 (2) 推断统计分析方案设计与统计软件实现。 (3) 回归和时间序列分析方案设计与统计软件实现
		研究报告撰写规范程度及PPT展示共占5分

注:不参加三级项目的学生本门课程记零分。

10.5.5 项目报告撰写

项目报告主要包括以下内容,具体格式见模板。

(1) 封面:封面包括的内容如下。

① 项目名称:某经济管理问题的统计分析方案设计与统计软件实现。

② 姓名:课题小组所有同学的姓名。

③ 课题组的分工或贡献。

④ 课程名称。

⑤ 指导教师。

⑥ 日期：　年　月。

(2) 摘要：简明、确切地记述报告的重要内容，150 字左右。

(3) 前言：简要说明三级项目报告的目的和范围，项目报告的意图、预期的结果。

(4) 项目报告正文：包括介绍相关项目开展的研究内容、所采用的相关理论知识及软件工具；详细说明项目的方案设计与完成过程；给出 Excel 或 SPSS 软件分析结果并进行结果分析和讨论等。

(5) 结论：项目报告的总结。简要总结小组的主要工作、主要结果、心得感受等。

(6) 主要参考文献。

注意：

(1) 项目报告要求撰写规范、图文清晰、格式统一。

(2) 各组项目报告内容要独立完成，若严重雷同，将会影响成绩；同时各个小组成员也要有明确的分工和合作。

(3) 要在汇报的前一天提交项目报告电子版和纸质文档。

10.5.6　参考资料的来源

通过学校查阅电子资料库中可以搜索到大量的有关统计学原理和商务统计学等参考资料。根据学校图书馆资源查找纸质期刊资料。

10.5.7　严禁剽窃抄袭行为

发现有剽窃抄袭行为的，研究项目成绩为零。剽窃抄袭行为主要包括以下两点。

(1) 从参考资料中引用有关结果，但没有在报告中指明该结果的出处并且没有与项目结果进行清晰的区分。

(2) 直接复制他人提出的现成的经济管理问题及将其软件分析结果当作自己的项目结果。

某经济管理问题的统计分析方案设计与统计软件的实现

姓　　　　　　　　名：你们的名字

课题组的分工或贡献：每人完成的百分比或者每人负责的内容

课　　程　　名　　称：

指　　导　　教　　师：

2018 年 9 月

项目名称(宋体、加粗、小二号字)

作者1,作者2,作者3

(××大学 经济管理学院)

摘 要:字数一般在150字以内。摘要必须反映全文中心内容,内容应包括目的、过程及方法、结论。要求论述简明、逻辑性强、尽量用短句。

标题1

可接下一级标题或正文。

论文要求主题明确、数据可靠、逻辑严密、文字精练。

标题1.1

标题名应恰当简明地反映文章的特定内容,要便于编制题录、索引和选定关键词。不宜使用非公知的缩略词、首字母缩写字符、代号等,也不能将原形词和缩略词同时列出。

标题1.1.1

下接正文。页码采用B5纸型纵向排列,页边距上为3 cm、下为2 cm,左右均为2.5 cm。文字大小规定如下:摘要、图名、表名及内容、参考文献均为小五号字,正文中除标题外均为五号字,标题见样例。均采用宋体。

文中各级标题采用阿拉伯数字分三级编序,且一律左顶格排版。一级标题形如1,2,3,…排序,二级标题形如1.1,1.2,…排序,三级标题形如1.1.1,1.1.2,…排序。

表1 中文表题居中(表随文出现)换行时此处对齐

基本要求	表中文字中文采用小5号宋体。

注:表注采用小5号宋体

公式主体居中,编号右对齐。

参考文献

[1] 作者1[,作者2,作者3][,等]. 期刊论文题名[J]. 刊名,出版年份,卷(期):起止页码.

[2] 作者.书名[M].版本,出版地:出版者,出版年:起止页码.

各类主要文献的著录格式如下。

(1) 期刊：[序号]作者. 题名[J]. 刊名，出版年份，卷(期)：起止页码.

(2) 专著：[序号]作者. 书名[M]. 版本(第1版不著录)，出版地：出版者，出版年：起止页码.

(3) 论文集：[序号]作者. 题名[A]. 编著者. 论文集名[C]. 出版地：出版者，出版年：起止页码.

(4) 学位论文：[序号]作者. 题名[D]. 保存地点：保存单位，年份.

(5) 专利文献：[序号]专利申请者. 题名[P]. 专利国别：专利号，出版日期.

注：文献作者3名以内全部列出，4名及以上则列前3名。

教学支持说明

▶▶课件申请

尊敬的老师：

您好！感谢您选用清华大学出版社的教材！为更好地服务教学，我们为采用本书作为教材的老师提供教学辅助资源。鉴于部分资源仅提供给授课教师使用，请您直接用手机扫描下方二维码完成认证及申请。

任课教师扫描二维码
可获取教学辅助资源

▶▶样书申请

为方便教师选用教材，我们为您提供免费赠送样书服务。授课教师扫描下方二维码即可获取清华大学出版社教材电子书目。在线填写个人信息，经审核认证后即可获取所选教材。我们会第一时间为您寄送样书。

任课教师扫描二维码
可获取教材电子书目

清华大学出版社

E-mail: tupfuwu@163.com　　网址：http://www.tup.com.cn/
电话：8610-83470332/83470142　　传真：8610-83470107
地址：北京市海淀区双清路学研大厦B座509室　　邮编：100084